国際移動と親密圏

ケア・結婚・セックス

安里和晃 編

休日になると多くの家事労働者がビクトリアパークにやってくる
(香港，2007年，第1章，第8章，第9章)

高齢者のデイセンターでマージャンを見守る移住労働者
(シンガポール，2007年，第1章)

韓国のコミュニティケア。高齢者が雇用されるカフェの前で。
(ソウル，2017年，第4章)

雇用契約書の内容についての質問に殺到する看護師・介護福祉士候補者
(ジャカルタ，2008年，第1章)

日本と中国の介護技術に関する交流会
（北京，2016年，第1章）

奴隷の扱いをしないよう
求める移住労働者のデモ
（台北，第5章）

新日系人向けのワークショップの様子
（フィリピン，2010年，第6章）

日本人向けのパブで働く女性たち。一部はエンターテイナーとして，結婚移民として，「偽装」結婚を通じて来日する
（フィリピン，2016年，第1，2章）

目　次

はじめに　［安里和晃］　1

第I部
理論編

第1章　親密性の労働と国際移動　　　　　　　　　　　　　［安里和晃］　13

はじめに　13

1　親密性の労働の性質と3つの外部化　16

  1-1.　ケアの外部化 —— 市場化　19

  1-2.　ケアの外部化 —— 社会化　22

  1-3.　ケアの外部化 —— 農村／都市と世代間分業　26

2　親密性の労働の再構築　27

  2-1.　親密性の生成　27

  2-2.　親密な社会関係の商品化1 —— エンターテイナー　28

  2-3.　親密な社会関係の商品化2 —— 国際結婚の斡旋　30

  2-4.　親密圏を横断する人々　33

3　脆弱性の克服 —— 親密圏・公共圏と市民社会　35

第2章　現代日本におけるジェンダー構造と国際結婚女性の
　　　　シティズンシップ　　　　　　　　　　　　　　　　［髙谷　幸］　49

はじめに　49

1　在日国際結婚女性をめぐる議論 —— 構造と「主体」　51

2　シティズンシップの構築 —— ジェンダー・人種・階級の交差性　54

  2-1.　「包摂と排除の弁証法」としてのシティズンシップ　54

  2-2.　シティズンシップ獲得における経路依存性　56

  2-3.　日本における人種・ジェンダー・階級　58

3　国際結婚女性のシティズンシップ　61

i

目 次

　　　3-1. 結婚を通じたシティズンシップ　61

　　　3-2. 国家のモラルエコノミー　63

　　　3-3. 広がるシティズンシップの実践　65

　4　階級化するシティズンシップ　67

　　　4-1. 増加する離婚と母子世帯　67

　　　4-2. 階級としての婚姻地位　70

　　　4-3. 既存のジェンダー構造とその変革　72

　　おわりに　73

第3章　「不法滞在」をする側の論理

　　　　── とくに性風俗産業で働く人びとについて　［青山　薫］　79

　はじめに　79

　1　女性の移住 ── 経済活動の奨励と性労働の可能性　81

　2　人身取引の問題化と「不法残留者半減計画」　83

　3　性取引にたずさわる人びとの論理　87

　　　3-1. 2005 年法改正の影響 ── ネットワークの喪失と選択肢の下方限
　　　　　定　88

　　　3-2.「生本番」── 性感染症の危険を招く市場の要請　90

　　　3-3.「偽装結婚」── 移住女性のエージェンシーを取り締まる　92

　　おわりに　96

第Ⅱ部
親密性の労働の国際化の現状

第4章　韓国におけるケア労働市場及び移住ケアワーカーの位置付け

　　　　　　　　　　　　　　［李　恵景, 翻訳　左海陽子］　103

　はじめに　103

　1　背景　104

　2　ケア労働市場及び移住ケアワーカー　105

　3　新しい LTCIE 制度　108

　　　3-1. 長期的なケア利用者にとってのケア提供者　110

ii

3-2.　ケアワーカーの労働条件　114
　　4　LTCIE 制度の効果　117
　　5　韓国における現在の外国人療養保護士数　120
　　おわりに　122

第 5 章　台湾におけるケアの不足と外国人労働者・結婚移民

　　　　　　　　　　　　　　　[王宏仁，翻訳・編集 左海陽子]　127
　　1　台湾におけるケア不足　127
　　　　1-1.　人口動態の推定　127
　　　　1-2　外国人労働者の雇用の傾向　130
　　2　ケア不足への対処　132
　　　　2-1.　中流階級は市場サービスを利用　132
　　　　2-2.　介護をおこなうのは誰なのか　137
　　3　結婚移民とケア　142
　　　　3-1.　台湾における結婚移民　142
　　　　3-2.　低福祉の体制とケア従事者の不足　145
　　　　3-3.　移民の妻とケア従事者の不足　147
　　　　3-4.　中国大陸／ベトナム出身の結婚移民　148
　　4　結婚移民の実態　149
　　　　4-1.　嫁と家事労働者の二重負担　149
　　　　4-2.　育児をめぐる不和　150
　　　　4-3.　高齢の家族の介護をめぐる不和　153
　　　　4-4.　家事をめぐる不和　154
　　おわりに　155

第 6 章　親密性の労働を担う「JFC」　　　　　　[原めぐみ]　159

　　はじめに　159
　　1　再生産労働から親密性の労働へ　160
　　2　調査参加者の背景と方法論　164
　　　　2-1.「JFC」とは誰か　164
　　　　2-2.　法的地位と国籍（再）取得　166
　　　　2-3.　調査方法と調査参加者プロフィール　167

目　次

3　移動の動機と移住過程　169

3-1.　移動の動機　171

3-2.　移住過程　173

3-3.　職業選択　176

4　親密性の労働に伴い生じる問題　178

4-1.　下層階級化する JFC 母子　178

4-2.　教育による社会上昇への弊害　181

4-3.　親密性への期待　183

おわりに　187

第7章　セーフティネットとしての故郷 —— 非都市部に生きるマレーシア華人家族の再生産労働と生存戦略　　　　　　［櫻田涼子］　193

母性愛の欠如？ —— 女性の就労と再生産労働の空間的分離の検討　193

1　移民社会マレーシアにおける華人というアンビバレントな存在　195

1-1.　ケアの網からこぼれ落ちるもの，それを受け止める伝統的相互扶助組織　196

1-2.　マレーシアにおける経済構造の再編　199

1-3.　女性の労働力率の上昇と母性規範の不在？　200

2　故郷と都市を移動する華人女性の実践　201

2-1.　アホイの場合　202

2-2.　アユーの場合　205

2-3.　ペニーの場合　209

2-4.　シーナの場合　210

3　女性親族間関係の維持と養老実践としての子ども養育　212

おわりに　214

第Ⅲ部
脆弱性の克服

第8章　ラブ・ゲイン ── シンガポールの住み込み外国人家事労働者に
みる親密性の変容　　　　　　　　　　　　　［上野加代子］　219

1　関心の所在　219
2　親密性を規定する構造的要因　222
3　調査方法　225
4　親密性，お金，交渉　226
おわりに　240

第9章　東アジアにおける移民労働と市民社会　　　［五十嵐誠一］　247

はじめに　247
1　分析視角の検討　249
　1-1．生産領域・再生産領域の国際分業　249
　1-2．政治システムと経済システムの介在　251
　1-3．市民的公共圏と市民社会の成長　253
　1-4．シビル・レギュラシオンとシビル・ガバナンス　255
2　東アジアの移民労働政策とグローバルな移民労働レジーム　256
　2-1．労働基準法と労働基本権　256
　2-2．移民労働に関わる国際レジーム　259
3　受入国の市民社会　261
　3-1．香港の市民社会　261
　3-2．台湾の市民社会　263
　3-3．シンガポールの市民社会　266
　3-4．タイの市民社会　268
4　AESAN と市民社会ネットワーク　270
　4-1．成長する市民社会ネットワーク　270
　4-2．ASEAN 憲章と SAPA　273
　4-3．TFAMW の政策提言活動　275
　4-4．ASEAN 移民労働フォーラムへの関与　279

目　次

　　5　メコン地域と市民社会ネットワーク　283
　　　5-1.「上」からのメコン地域主義　283
　　　5-2.「下」からのメコン地域主義　284
　おわりに　289

あとがき　［安里和晃］　299
索　引　303
執筆者紹介　310

vi

はじめに

　近年は人の移動にまつわるニュースが多く，移動だけでなく，主権国家について考えさせられることもしばしばだ。2015 年に欧州で発生した移民危機（難民危機）には，とりわけ大きな注目が寄せられた。以前から増加していた欧州への移動は，シリア内戦でピークに達した。移動の自由と好調な経済に支えられた EU の魅力は増し，100 万人を超える難民認定申請者が流入した。実際には，EU に避難した人数よりも，シリア周辺の国々にとどまっている人数の方が多いのだが，EU ではこうした移動を通じて「難民危機」という言葉も生まれ，受け入れが拒否されるという現象も起こった。

　イギリスでは，2016 年 6 月の国民投票において，EU 離脱への票が EU 残留への票を上回り，いわゆる Brexit の端緒となった。人の移動 — 前述の「難民」の流入ではなく，EU 域内での移動 — に伴う労働市場競合も，原因の一つとして挙げられている。他方で，同年 5 月に当選したロンドン市長はEU 初となるイスラム系移民であり，人々のスタンスが一枚岩でないことも分かった。EU 離脱をめぐる国民投票の動向は，所得，学歴，資格，年齢，英国外出生者率と相関を持っていた（The Gurdian 2016 年 6 月 23 日）。ロンドンは，人口構成が若い上に他国からの移民も多く，所得や学歴水準が高くて，他の地域とは大きく異なっていた。ロンドン市長選は，移民の多い地域における「寛容さ」の帰結とも言える。

　難民受け入れ批判に曝されたドイツのメルケル首相は三選を果たしたが，移民の少ない東ドイツ在住者や男性失業者を支持層とした極右政党「ドイツのための選択肢（AfD）」の議席誕生を許した（Wall Street Journal 2017 年 9 月 25日 Strong Showing by Nationalist Party Jolts German Politics）。メルケル首相による人々の受け入れは，人権や人口政策的観点，歴史的贖罪という観点からおこなわれているが，AfD はホロコーストへの行き過ぎた贖罪を批判している。

　アメリカでも，大統領選では候補者が資本と人の移動を規制する閉鎖的な経済圏の構築を主張した。従来の北米自由貿易協定（NAFTA）では，開放経

済を通じて先進国企業はメキシコなどに展開し，競争力を高めてきた。多く
の日系企業もしかりである。メキシコ側も雇用の確保と経済効果を見込める
ため，新古典派経済学的には，国家間の経済格差是正も期待できた。他方で，
先進諸国の男性労働力率は微減傾向にあり，先進国の産業の空洞化も，それ
が原因の1つであると考えられる。

　それぞれの地域における政治上の不安定さと自由経済上の不安定さが，人
や資本の移動を促し，さらにはこれを受けた国境管理の国家裁量権の維持と
いうナショナリズムへと向かわせている。特に目につきやすい「移民」に対
しては，排斥やヘイトスピーチ，国境管理の見直しなど，人々のナショナリ
ズム回帰を招く原因となっている。ジェンダー，年齢，人種などによる差別
は許されないという一定の規範は概ね認められているが，国籍の違いを理由
とした措置は，国民主権の前に黙認されているといってよい。

　ただし，他方で，景気にかかわらず「静かに」，移民や外国人労働者の増
大を続けている職種がある。それは，家事労働や介護労働，あるいは性労働
といった「親密圏における労働＝ケア」を提供する再生産労働である。イタ
リアのフィリピン出身家事労働者や，ドイツで高齢者ケアに従事するポーラ
ンド人・ウクライナ人・ベトナム人介護従事者，同じくドイツで就労する旧
ユーゴスラビア・EU 出身の老年看護師，タイ出身の性労働者，オランダに
おける南アフリカ出身のオペア，チリやアルゼンチン出身の在スペイン家事
労働者。福祉先進国と言われたスウェーデンにおいても，介護に従事する移
民や家事労働者の数は増大している。

　こうした人々は欧州だけで 200 万人を優に超え，アジアにも 100 万人が
存在する[1]。そして，そのほとんどが女性だ。先の安全保障上の「危機」と
される移民・難民のイシューと，この性役割分業化された国際分業体制とは，
いくつかの点で大きく異なる。それは，第1にケアを必要とする人々が増え
続けていることである。共働き世帯の大幅な増加による家事労働の外部化の
進展，寿命の伸長，認知症や麻痺などを抱えた要介護者の増大，独居率の上
昇，高齢化を受けたケアの担い手不足，性の外部化等々，これらすべてがケ

---

1)　欧州については例えば以下を参照。Helle Stenum, 2011, ILO, 2013, Hobson, Barbara, Zenia
　Hellgren, and Luwam Bede, 2015 などを参照。

2

アの外部化需要を助長しているのだ。

　ここで重要なのは，イギリスやアメリカがそれぞれ EU や NAFTA を脱退してまでもその維持にこだわったように，国境を開けるか閉じるかは国家が裁量権を有する。移住労働者や移民・難民の受け入れは，移動する側ではなく，これを迎える側のあり方に依存しているのだ。これは，日本の難民政策を見ればよくわかることである。

　外国人ケア従事労働者の受け入れにおいて特徴的なのは，東アジア諸国では，本書でも各章で検討されているように，1970 年代の受け入れ当初から一貫してこれが増大し続けているという点だ。2000 年代に入るまで，シンガポールや香港ではこうした外国人ケア従事労働者の数さえ公には明らかにされてこなかったが，時間をかけながら徐々にその雇用は浸透していったのである。こうした「静かな増大」は，まさしく国家の裁量に他ならない。つまり，移動する人々の脆弱性を担保しながら，受け入れを閉じるという選択肢をほとんど行使してこなかったのが，親密なる労働にかかる国際移動なのである。

　ケアにまつわる国際移動の増加が可能となった理由の第 2 が，こうした領域は国内労働市場においてほとんど競合しないという点である。経済成長を通じて，人々は多くの時間を生産労働に費やすようになった。一方で，私たち自身の生活を維持し支える再生産労働に対する価値は下落し，少子化も進展した。生活や生命の維持はサブシスタンスであり，基本的な欲求であり，すべての人々に不可欠である。ひとりひとりが社会的な存在として自らを維持し続けるということは，生命にかかわる根本事項であるにもかかわらず，市場はもっぱら新たな価値の創出（付加価値）の方に反応し，維持し続けることの価値は概して認められてこなかった。こうした親密性の労働は維持的であり所与的であり，何かを新しく生み出しているという感覚に乏しい。それどころか，特に高齢者ケアの場合，相手の生命の維持のために「自らをすり減らしている」という感覚に陥ることもある。

　こうした労働は，従来は家族やコミュニティといった親密なる関係の中で営まれてきた。それを性役割分業として内部化させ，そしてその性役割分業を維持したまま社会化したのが日本である。またシンガポールや香港など，

より人口の少ない社会では，教育水準の高度化もあって，人口の多くが「魅力的」な生産労働に集中した結果，生命や生活の維持のために，外国人女性に対して入国管理の扉が開けられた。自国民は生産労働へというベクトルにより，彼女たちと国内労働者との競合はほとんどなかった。特に住み込みの外国人家事労働者については，「住み込みである」という点で国内労働者にとっては基本的にありえない労働環境のため，労働市場において外国人が100％近くを占めるという，競合なき独占状態が作り出された。ケア労働とは，政府にとっては競合を心配することもなく，出入国の扉をあけっぱなしにできる職種なのである。

　結婚もまた，社会関係の構築を通じて互いの生活や生命を維持しあうという意味において，再生産労働の一環と考えることができる。生涯独身率の高まりのなか，国際結婚についても，あまり国内での競合は生じなかった。こうした国際結婚では，高齢男性と海外出身の相対的に若い女性との組み合わせが多く，国内女性とはバッティングしなかったのだ。排斥が起こり，国境が閉じられるという移民・難民「危機」に比べると，国際結婚もまた比較的「静かに」進行してきたと言えよう。むしろ，アジアでは2000年代になってこうした国際結婚が急増し，台湾や韓国では社会統合政策や多文化共生の「ブーム」を作り出す大きなきっかけとなった。法的な根拠を持つ，「多文化」時代への社会の信認は，再生産の危機から生じたのである。

　ところが，こうした親密な労働に従事する人々は必要とされているにもかかわらず，その処遇にはさまざまな問題がある。彼女たちの賃金水準は低く，その権利の多くが制限されていて交渉力を持たない。彼女たちは脆弱な人々であるという点が，「静かな増大」を保てた第3の要因である。

　そもそも，家庭内労働や性労働は賃金労働として認められているだろうか。国によって異なるが，多くの場合，これらはグレーゾーンに置かれていて，労働として認められにくいという危うさを孕んでいる。つまり製造業などとは異なり，親密圏の中に閉じ込められてきた活動は，近年になってようやく賃金労働に変わろうとしているのだが，その変容は移住労働を契機としている。ケア労働に従事する外国人労働者 —— 先進国の家事労働を下請けする，経済階層の高くない，シチズンシップの限定された途上国出身の女性た

ち——は，ジェンダー，ナショナリティ，階層，職業という幾重もの秩序に規定されており，その脆弱性の抜本的な克服は容易ではない。さらには，家庭内労働としての密室性や職住一致といった労働環境が，彼女たちの脆弱性をさらに深刻にしている。

　具体的に見てみよう。シンガポールで筆者がインタビューしたフィリピン人家事労働者は，同じく移住労働者の男性と恋に落ちて妊娠した。ところが，シンガポールでは外国人労働者の妊娠自体が禁止されている。強制出国を恐れた彼女は，斡旋費用を賄うために非合法の手段で中絶し，シンガポールでの就労を続けた。同じくシンガポールのNGOで出会ったフィリピン人家事労働者は，シンガポール人男性と恋に落ちた。シンガポール政府は，家事労働者と市民との結婚も認めていない。彼女はインドネシアのバタム島に移住し，男性がそこへ通うことで，恋愛関係を維持した。あるインドネシア人家事労働者は，ペットフードを食べさせられていた。日本で働くフィリピン人介護労働者は，雇用契約時に「死亡しても遺族は訴えない」という覚書にサインさせられ，月に夜勤13回，夜勤手当1400円という条件で就労していた。日本語学校に通うフィリピン人女性は，介護施設でも週に28時間就労していたが，授業料30万円の返済が間に合わず，不法滞在となることを承知でフィリピンパブや工場でも就労を続けた。19歳のフィリピン人女性は，日本人の40代の風俗店経営者との結婚のために，フィリピン政府フィリピン人在外委員会の講習を受けに来た。夫が経営する風俗店で就労させられる危険が大きかったが，日本からのビザはすでに出ていたので，止めることができなかった。ケア労働に従事する女性たちの脆弱性を利用した「虐待」「搾取」は，いくらでも例示できる。

　これまで，多くの研究がさまざまな角度から，こうした脆弱性に焦点を当ててきた。そのなかで，脆弱性の克服を試みる事例もまた，受け入れ側／受け入れられる側の双方において見られるようになった。ドイツのトリアーで出会ったタイ出身のシングルマザーは，結婚移民としてドイツに来て，ドイツ語の統合教育を受け，のちに職業教育を受けて老年看護師となった。学びながらでも給料がもらえるため，異国の地で離婚してシングルマザーとなっても，子育てしながら教育を受け，生計を立てることができるのだ。

1990 年代には，ボスニア・ヘルツェゴビナ難民がドイツに入ってきた。今ではその多くが職業訓練を受けていて，老年看護師の資格を取り介護の分野で働いている者も多数存在する。シリア難民にも早く職業訓練を受講させてほしい。そして，彼らも介護の分野で働いてほしい。もうすでに難民の受け入れの経験があるので，受け入れそのものに躊躇はない。そういう人々の声を，筆者の訪問先ではよく耳にした。難民に関する報道と現場とは大きな差があることを痛感した。

　ドイツでは，20 万人以上と推測される，主にポーランドからの家事労働者の問題に取り組む女性にもインタビューした。EU 内では労働力移動が自由なのもあって，こうした人々は「家事労働者」としてドイツにやってきて，実質的には在宅の高齢者介護に従事している。このポーランドからの出稼ぎの家事労働者については，長時間労働や低賃金などの問題が発生している。「そうした実態を変えたい，ドイツの労働法上もポーランドの労働法上も適切な労働にするために，新たな制度を作っているところだ」と意気込んでいた。

　このようにドイツの事例を見ると，脆弱性の問題は，ケア労働に本来的に存在するのではなく，制度上に構築されているということがわかる。落合恵美子がアジア女性は親密性の労働から抜けられないと評するように（落合 2012），受け入れ国には途上国女性のための膨大なケアの空間が制度的に用意されている。そして受け入れ国は，その受け入れを短期的なものとし，シチズンシップと機会を限定的にすることによって，途上国女性の社会的上昇の手段を狭め，彼女たちをケアの檻に閉じ込めたのである。前述のドイツのような社会的上昇の手段としての職業訓練の事例は，ここでは政策としてわざと生じにくくしてあるのだ。アジアの多くの社会における経済成長は，男女総力戦だ。（自国民）女性の労働市場への動員は，政府を挙げての政策の一環である。その意味では生産部門偏重政策であり，対照的に再生産部門には途上国女性のための大きな空洞が形成されたのだ。

　アジアの女性はその従順さゆえにケアに適性があるという，主体の特性に着目した言説もあるが，実際には受け入れ諸国の入国管理政策や社会統合政策上のガラスの天井によって，ケア労働へと導かれている。本書では，親密

性の労働をめぐる国際移動が，こうした不可視化された枠組みに規定され，「静かに」増大しているさまを検討している。

　親密性の労働をめぐる国際移動は，これからも続くことだろう。ケアニーズの高まりにより，ケアは情緒性を持たなくても成立する「商品」となった。それだけではなく，ココナツオイルやパイナップルと同じ「南」の商品として，高齢化が進展する「北」の先進国への輸出商品となり，何億ドルもの「付加価値」を生み出すようになった。

　明確な性役割分業を持つケアの展開は，それが国際商品となった後も，男性の参入という変更を伴わないまま，逆に性役割分業を固定化するかのように「南」の女性が担い続けている。それは，インドネシアや他のイスラム諸国の女性たち，また従来は出稼ぎ労働の少なかったベトナムやミャンマーの女性たちも巻き込んだ。女性の出稼ぎ労働はいつのまにか正統化され，国際機関も多額の送金は貧困者への機会の創出，教育水準の向上，衛生状態の改善に寄与しているといった肯定的評価を下すようになった（ADB 2013）。開発経済においてもこうした労働が追認された結果，親密性の労働をめぐる国際移動は，規範上も正統化されているのである。アジア女性がケアにつながるのは，こうした外的要因も働いているのだ。

　本書では，増大を続ける親密性の労働＝ケアと，それが惹起する国際的な分業体制について，多角的に検討する。第1部の理論編では，主に家事・介護労働，性労働，結婚移民（外国人住民）のカテゴリーごとに，それらの親密性の労働がいかに（国際的に）外部化され，承認されてきたかを論じている。家事労働者の雇用は，家事労働の外部化であるとともに，家族福祉の生産を他者に委ねることである。その過程において家事労働は商品化され，途上国女性に委託される。その意味では，「外部化」と言いつつ実態としては家族福祉の強化であり，家族主義的福祉レジームに沿っている。今世紀に入って結婚移民が盛んになったのも，家族を形成して福祉を生産するという家族主義的福祉レジームの一環といえよう。その過程において結婚もまた，斡旋業者の介入などにより，国家を超えて一般商品化した。性労働も同様に親密圏を飛び出た市場であり，かつ多くの場合，法の枠組みの境界にあるため，女性は合法／違法空間を跨ぎながら就労する。親密性の労働は，常に両義的だ。

無償性を求められる賃金労働，親密なる他者，合法と非合法。そうしたあいまいさと不完全さが制度的に構築されてきたのが，親密性の労働の脆弱性とも言える。第1部ではこうした点を理論的に扱う。

　第2部では，国別（韓国，台湾，日本，マレーシア）に，ケアをめぐる国際移動が親密圏を再編成している事例を取り上げている。介護保険制度を成立させ，ケアの社会化が進む韓国。22万人の在宅の外国人介護従事者がいる中で，介護の社会化を進める台湾。親密性の労働を渡り歩く移住女性たち —— かつてのエンターテイナーが結婚移民となり，子の認知をめぐる闘争とそのための再来日を通じて介護職に取り込まれる —— を抱える日本。都市部から農村部の親密圏にケアを押し込むマレーシア。福祉のあり方はそれぞれ異なっていても，いずれにせよ各国ともケアの担い手の確保に奔走している。それは典型的な自己完結型の近代家族モデルの終焉を示すとともに，親密圏が再編成されつつある過程の詳述にほかならない。

　第3部では，ここまで指摘されてきたケア労働者の脆弱性がどのように克服されるのかについて，ミクロなストラテジーの諸相を報告している。例えば労働法令の適用など，マクロな法整備が脆弱性の解消において必須であることは自明だが，そこに至るまでにどのようなアプローチが実践されているのだろうか。移住労働者自身の親密圏の（再）構築が人々の定着を促進しているとする「主体からのアプローチ」に加えて，国家を超えた公共圏の構築を通じて移住労働者の枠組みを再設定する「対抗的アプローチ」も存在する。移住労働者のウェルビーイングを規定するのは構造か主体かという議論もあるが，本書ではその両方をとりあげ，脆弱性克服の可能性について論じている。

　親密性の労働は，すでに親密圏内部だけでは完結しなくなっている。その理由はわかりやすい。供給の低下と需要の増大。ケアの担い手不足と，ケアを必要とする人々の増大である。この問題に対して，日本は性役割分業によって，シンガポールなどは国際分業によって，これまでは対応してきた。こうした動向は，確かにしばらくは続くだろう。

　しかし，今後どのように対処するかは，制度を作る人々にとっても，制度の担い手にとっても，そして制度の受益者にとっても，大きな課題だ。福祉

国家体制や家族主義を通じて親密性の労働が外部化されてきたし，その正統性が今日まで持続したが，これからもそれが安定的に続くとは限らない。送り出し国もまた，先進国と同じ軌跡をたどっているからである。したがって，私たちは改めて以下の諸点に着目せざるを得ないであろう。雇用システム，多様性，性役割分業，国際分業体制，ケアを外部化することの倫理的問題，資本移動を認め人の移動を認めない倫理的問題，限定的なシチズンシップ，短期滞在型の移民レジーム，社会統合政策と社会階層移動，そしてケアをする権利について。ただし，本書は普遍的なあるべき姿や解を求めているのではない。ケアミックスということばが示す通り，ケアにはさまざまな組み合わせが考えられ，可能性がある。本書が以上の諸点を考えるきっかけとなれば幸いである。

・参考文献・

Asian Development Bank 2013. *Impact of Global Crisis on Migrant Workers and Families: Gender Perspective*, Asian Development Bank.

Helle Stenum, 2011. *Abused Domestic Workers in Europe: The case of au pairs*, Policy Department C - Citizens' Rights and Constitutional Affairs European Parliament.

Hobson, Barbara, Zenia Hellgren, and Luwam Bede, 2015. How institutional contexts matter: Migration and domestic care services and the capabilities of migrants in Spain and Sweden, Families and Societies Working Paper Series, No. 46. http://www.familiesandsocieties.eu/wp-content/uploads/2015/11/WP46HobsonEtAl2015.pdf

ILO, 2013. *Domestic workers across the world: global and regional statistics and the extent of legal protection*, International Labour Office.

安里和晃

第 I 部
理論編

資本主義のグローバルな展開とその構造については，これまでにも世界システム論をはじめとして数多く議論されてきた。再生産のための無償労働，そして最も付加価値の低い部門を受け持つこと，それが資本主義におけるサブシスタンス・エコノミーであり，生産労働に対置した形での再生産労働であった。現在では，先進国における親密性の労働は移住労働者や結婚移民に外部化され，ナショナリティを超えて補填されることで，先進国の高齢社会や労働市場におけるある種の「ジェンダー平等」が維持されている。ところが，親密性の労働の再編成は，受け入れ国のジェンダー秩序や経済の論理に従っているため，ジェンダー・ナショナリティ・階層と深く結びついて，移動のプロセスのなかで新たな弱者を生み出している。

　第 I 部では，東アジアにおける親密性の労働の再編成を理論的側面から検討する。親密性の労働が国際移動を通じて移住労働者や結婚移民に置き換えられるとき，どのようなメカニズムで親密なる労働の移動・置き換え・脆弱性が生じているのかについて検討している。ここで取り上げるのは，住み込みの家事労働者や結婚移民，性労働者といった，親密性の労働と国際移動を考えるうえで主要な人々である。家事労働者は，労働法令が適用されにくく，短期滞在なので職業選択や移動の自由がない。結婚移民は，長期の滞在が認められ，職業選択や移動の自由があるにもかかわらず，社会包摂政策や社会統合政策の不在により社会で十分に活躍できない。そして，最も脆弱な立場に置かれているのが，不法滞在する性労働者であろう。性労働の商品化については，家事労働や結婚の商品化にまして議論の分かれる点である。しかし，これらのプロセスを丹念に見ていくと，彼女たちが不法な存在へと落とし込まれる移動のメカニズムがあることがわかる。これを検討することで，脆弱性を克服するヒントが得られるだろう。

第1章

親密性の労働と国際移動

安里和晃

はじめに

　親密圏とは互酬性と端的に表現されてきた社会的交換の単位であり，生命や労働力の再生産を機能的につかさどる。親密圏は生が営まれる領域そのものであり，コミュニティや家族は親密圏を代表する1つのサブの単位である。関係の構築／持続の煩わしさを抱えることはあっても，家族は生殖・生産・消費の基本単位を構成する。そこで育まれる親密性の営みは，生命や労働力の再生産と結びつき，家事・育児・介護・性などにまつわるケアを生成する。「愛」や「性」には，性の親密性・非公然性や抑制，モノガミー，ヘテロセクシュアリティといった規範が伴う。そして，こうした親密圏における行為は，需要と供給をもとに価格が付けられて経済取引化されることを嫌う。「本来商品化されるべきではない」という規範は，市場経済とは対極にある。

　したがって，生を育む親密圏における行為が売買の対象となって市場経済に飲み込まれるとき，多くの人々は違和感を覚える。ケアの商品化，性の商品化は，その時々で大きな議論の対象となってきた。この違和感は，親密圏で育まれ身体化された「規範」と商品化された行為との離齬から生じるものであり，売買によって身体が所有関係へ転嫁することに対する嫌悪感でもある（Zelizer 2007）。また，「本来商品化されるべきではない」とされている場合，

第Ⅰ部　理論編

商品化はその過程において罪悪感を生み出し，それにかかわる人々の尊厳にも大きな影響力を及ぼす。したがって，親密性の労働が商品へと転化し，さらにそれが受容されるためには，従来の規範を覆す正統性を必要とする。

　こうした嫌悪感は，経済人類学者によって早くから指摘されてきた。カール・ポランニー（1944）は市場経済の膨張が非経済領域を侵食しているとして批判したが，こうした状況は今日も進展している。国際移動において問題化していることからも自明なように，非市場領域が商品化の対象となっているのである。ケアという親密性が重視される領域でも，その商品化は人の国際移動を引き起こす求心力を持ち，移住労働の女性化を招いた。家事・育児・介護の外部化には，保育園や高齢者介護施設などの施設にケアをゆだねること，外国人家事労働者を雇用して就労させることなどを含む。こうした動きが徐々に浸透しているということは，例えば多様な性指向を認めようといった動向と同じく，親密性に付随する規範が変化していることを示す。理論的な観点からも，従来の移動とは大きく異ってきた（Massey et al. 1993）

　ここで取り上げる東アジアでは，家事・介護・育児・性・婚姻など，親密な領域における営みの多くが商品化されてきた。1970年代のアジアの経済成長とともに構築されてきた香港やシンガポールの外国人家事労働市場は，その嚆矢である。経済成長が著しく労働力人口が限定されるシンガポールや香港，台湾，韓国，ブルネイ，それにタイやマレーシアの都市部では，外国人家事労働者の雇用という家事の外部化が進行した。前者の三カ国だけでも，75万人近くの外国人家事労働者が就労している。性の商品化も進展し，日本や韓国，シンガポールでは，興行ビザの発給のように，性の商品化を促すような国際移動の制度化があった。日本では，髙谷や原が後章で論じるように，こうした滞在を通じた結婚や非嫡出子の誕生，国籍の喪失，機会の不平等，社会統合の問題が生じている。

　香港，台湾，韓国，日本では，企業の多国籍化や移動の激化，冷戦の崩壊などにより，中国大陸との往来も活発になり，東アジア・東南アジア域内の国際結婚も増加した。こうした空間を超えた関係の形成において斡旋業者や仲介業者が果たした役割は大きいが，これには婚姻過程の商品化という側面も付随している。2000年代にはいると，高齢化によるケアの担い手確保が

14

社会問題として取り上げられるようになり，外国人介護従事者がシンガポール，台湾，日本で導入されるようになった。アジアの家族主義も，「親孝行の下請け」(Lan 2006) あるいは結婚移民による核家族の補強を通じて維持されるようになった。

専門的・技術的職業従事者以外の受け入れが認められていない日本では，親密な領域における外国人の導入は東アジア諸国のなかでも遅かった。しかし 2008 年以降は経済連携協定 (EPA) を通じた介護福祉士や看護師の受け入れがおこなわれ (安里 2007, 2016a)，今後は訪問介護にも EPA 介護福祉士による在宅ケアが認められる。また，2015 年からは女性の就業促進の名目で外国人家事労働者が導入され，2016 年には技能実習制度に「介護」が加わった。留学生の資格取得を念頭に，「介護」ビザも創設された。外国人配偶者などの住民による介護従事も含めると，多様なチャネルのなかで介護人材の国際化が展開していることがわかる。一見すると外部に対して閉ざされた日本の仕組みであっても，実態としてはケアが人の国際移動を生じさせているのである。ただし，いわゆる外国人「単純」労働者の受け入れができない法体系となっているのは相変わらずで，厚生労働省は労働力不足を否定し，職能団体も基本的には外国人導入に反対している。ケアに従事する外国人労働者は，必要とされる存在でありながらも，制度的には排除される人々である。これは日本に限らず，多くの国で同じだ。

このように，親密な領域で担われると考えられてきた行為が広く外部化／商品化されるようになったことは，非経済的な行為の経済的な行為への転換を意味しており，しかもその領域は拡大している。前述のように，世界の中でも経済成長著しいアジアでは，女性が従事していた家事・育児・介護の国際商品化も早くから展開してきた。そのため，アジアの途上国女性たちは幾重ものケアチェーンの中に取り込まれ，その都度「親密性の労働」と結びつけられてきた。こうして，アジアの親密性の労働が構築されてきたのである (落合 2012)。

親密圏の再編成とは，女性の労働力化，高齢化，多様な性や家族といった近代化のプロセスにおいて，性役割分業を前提とした労働の配置とそれを支える再生産を担う親密圏のあり方の限界を乗り越えるための動きでもある。

15

第 I 部　理論編

これは，再帰的近代と指摘することもできるだろう。本書は，親密圏の再編成にあたり，その過程がどのような国際移動を伴いながら，ジェンダー・エスニシティ・階層・農村／都市の再配置をもたらすのかを検討する。こうした変化は，親密圏を崩壊させる方向に向かっているのではなく，親密圏の再編成と見るほうがよい。というのは，福祉レジーム論では福祉責任の多くが家族に委ねられている状況を「家族主義的福祉レジーム」と指摘するが (辻 2012; 落合他 2010)，アジア諸国はまさにこれに合致する。アジアの国々は，世帯の人数が減少したり共働き世帯が増大したりして「家族」が変容しても，移動する人々を取り込みつつ親密性の労働を補填・維持してきた。親密圏の再編成とは，政府・市場・コミュニティ・家族の役割のダイナミックな再編成であり，人口構成が大きく変わろうとしている今，その親密圏の再編成に関する研究には大きな意義がある。

① 親密性の労働の性質と３つの外部化

　親密性の労働とは，社会的交換関係に基づく関係が目的化された営為であり，家事・育児・介護・性などのケアが想定されている。その担い手の多くは女性で，言わばジェンダー化された労働でもある。またケアが「手当て」と訳される通り，ケアは手の届く非匿名的な関係の間で営まれるものであり，愛の労働や感情労働とも形容されてきた (Hochschild 1983)。こうした労働は，生命や労働力の再生産と結びつくことから，生産労働に対置して再生産労働と定義される。市場経済の外における営みという特性により，市場領域に対置して非市場領域という表現も用いられる。

　親密性の労働における典型的な生産単位は家族であり，特に近代家族論は，親密圏における家族領域の確定と家族領域外からの隔離を明らかにした。背景にあったのは，ロマンチックラブ (性愛一致の確立)，夫婦愛，母性愛といった家族の情緒化である (宮坂 1985; 2011)。家族の情緒化は，親密圏における家族役割を浮き上がらせ，特徴づけた。さらに資本主義の浸透は，親密性の労働と性愛の結びつきを前提とした性役割分業を通じて，家庭を労働力の再

生産の単位として位置づけ，資本主義における生産と労働力再生産体制の強固な結びつきを確立した。資本主義体制も家族役割を重要視したが，逆にコミュニティなどのその他の親密圏は見えにくくなったといってよい。

　しかし，サービス経済化などの産業構造の変化や，女性の高学歴化，共働き化，少子高齢化といった人口構成の変化により，親密な関係に閉じ込められていた家事労働が家族内で自己完結できなくなり，これを親密な領域から外に押し出さざるを得なくなった。つまり，近代家族や性役割分業を前提としてきた近代化過程そのものが近代家族や性役割分業の限界を創りだし，再生産労働の外部化や国際商品化を進行せしめたのである。親密圏という用語が登場するようになったのも，こうした限界が認識されたためである（落合 2013）。

　再生産労働の外部化には，いくつかの形態が考えられる。ひとつは，家事労働の商品化や市場化であり，家事代行や中食の利用，家事労働者の雇用などがその例である。また，社会保障制度を通じてサービスが提供される場合，ケアの提供は社会の責任として「脱商品化」「社会化」される。子ども手当を通じたサービスの確保や，介護保険などの高齢者ケアはその一例である。同様に，NGO・NPO あるいはコミュニティによる市場価格に依らないサービスの供給は，「脱市場化・コミュニティ化」の形態をとる。このように，親密圏の内部で完結するとされてきた労働は，その単位が家族から市場，政府，コミュニティなど多様な担い手にとってかわられた。特にアジア諸国では，さまざまな形態が見られる[1]。

　では，親密圏における労働をどう理解したらいいのか，経済人類学の知見を借用しつつ，より深く考察することにしよう。贈与論では，資本主義経済が浸透する前の社会における財の動きに着目し，非市場領域に関する交換について検討してきた（Malinowski 1922; Mauss 1923 = 2009）。そして，経済的な交換と非市場領域における交換（社会的交換）を区別してきた（Blau 1964）。親

---

1)　末廣はアジアにおける企業の役割も大きく評価しており，アクターに企業を加えることを提案している（末廣 2010）。厚労省も，政府の役割の拡大をこれ以上望むことはできないが，企業の福祉サービスの充実化はこれからの領域と考えている（厚生労働省に対する聞き取りから。2010年 12 月）。

第 I 部 理論編

密性の労働が非市場領域で営まれてきたとすると，贈与論では親密圏におけ
る行為も経済的な行為とは峻別される。例えば，親密圏における社会的交換
は，非匿名で利他的な交換関係である。贈答の過程に見られるとおり，交換
の目的はモノには内在せず，交換する関係そのものである。お中元やお歳暮
のやりとり，誕生日プレゼントでは，その中身そのものはさして重要ではな
い。交換されるモノが目的化されるわけではないことから，交換基準は非市
場領域で決定され，通常は貨幣を媒介としない交換である[2]。「気持ち」は，（形
式的には）市場交換ではなく，関係の過去と未来を確認する作業である。親
密圏における社会的交換では，交換によって関係を清算するのではなく，む
しろ継続しておこなわれる交換が関係の永続性を志向している。そのため親
密圏における労働は無償である場合が多いが，その役割分担がジェンダー化
されてきたことが貨幣経済では問題となる。こうした領域は，非市場領域と
表現されることも多い。

　他方で経済的交換は，親密圏における交換とは全く異なる特徴を持つ。交
換の基準となる価格は，需要と供給のバランスで決定される。需要が大きけ
れば価格は高くなるし，供給が大きければ価格は安くなる。交換基準は価格
であり，対価を支払えば関係が清算される点も特徴である。従って，こうし
た交換には過去も未来もなく，対価を支払うことで交換は瞬時に終わり，関
係は均衡する。交換相手を覚える必要もないため，相手との関係は切り離さ
れている。したがって交換の目的がモノにある場合，市場を通じた交換は，
人間関係に左右されたり権力におびえたりすることのない，価格を介した交
換となる。経済的交換はこうした匿名性を持つだけでなく，運送手段や通信
手段の発達により，理論上は物理的空間にも制限されない。市場経済は匿名
性と即時性，さらには空間を超えるグローバルな「つながり」を創りだした
のである[3]。

　こうした経済的交換・経済的関係・生産労働と，社会的交換・社会的関
係・再生産労働は，それぞれ対立する概念とされてきたが，あくまで両者の
関係は相対的であると考えた方がよいだろう。つまり，一本の線の A 極に

---

2)　非市場経済論では法や慣習によるとされる（Polanyi 1944）。
3)　もちろん権力という要素を加えると，市場交換もゆがめられ需給均衡ではなくなってしまう。

18

第 1 章　親密性の労働と国際移動

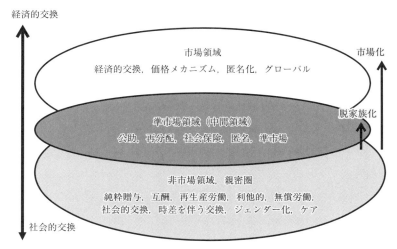

図 1　親密圏の労働と外部化の概念図

Malinovski (1992), Mauss (1925), Blau (1964), Gilbert (2002), 京極 (2008), Gouldner (1960), Le Grand(2002), 圷 (2008) をともに安里が作成

経済的交換・経済的関係・生産労働を，B 極に社会的交換・社会的関係・再生産労働をおき，そのあいだに市場経済の浸透度合いに応じた具体的な交換・関係・労働をみることができる。例えば，経済的取引においても「信用取引」のように時間の概念が入って社会的交換と似た側面を持つことがあるし，社会的交換の典型的な例としてのプレゼントも，市場価格を気にしながら均衡をとろうとすることはよくある。

1-1．ケアの外部化 ── 市場化

　では，社会的交換としての親密性の労働が「市場化」するとは，どういうことだろうか。市場化では，需給マッチングを通じてケアの提供者とケアの受け手が結び付けられる。ケアの担い手は，ケアを供給したいと思う匿名のだれかで，顔なじみのだれかである必要はない。ケアの価格は，基本的に需要と供給によって決定されるが，国際移動においては，送り出し国が寄せる

19

第 I 部　理論編

受け入れ国での期待賃金や最低賃金が重要な役割を果たす。通常の売買であれば売買の時点で決済されるが，労働はモノの売買とは異なり，労働の期間から賃金の支払いに至るまでに時間がかかる。そのため，信用の担保や労働者保護の立場から，雇用契約を結ぶことが多い。ところが，親密性の労働の多くは親密圏で営まれる。そして，その密室性や親密性が労働監督の障害となり，雇用契約としてなじまないという理由から，これが親密性の労働に労働法令が適用されない根拠となっている。親密性の労働の市場化においては，そもそも親密性の労働が「労働」としてなじみにくいという考え方の方が主流であり，問題の根源となっている。

東アジア諸国におけるケアの市場化では，二国間協定を結んで人の送り出し／受け入れをおこなう場合と，受け入れ国の裁量で受け入れる場合がある。家事労働者を例にとると，フィリピンは，自国から送り出す家事労働者の最低賃金を 400 ドル／月と要求している。シンガポールは，受け入れ人数に制限を設けるクォータを課している。またシンガポールと台湾は雇用主を受益者ととらえ，受益者負担の観点から受け入れ人数調整を目的とした雇用税を導入している。しかしシンガポールでは，有業女性が家事労働者を雇用する場合には逆に税額控除が受けられ，有業女性の優遇・支援の一環となっている。さらに，65 歳以上の高齢者や 12 歳以下の子を抱える世帯では，雇用税が減免される（安里・中江 2008）。台湾でも，中低所得者が外国人家事労働者を雇用する際には，雇用税減免制度がある。高齢社会に対応すべく，介護目的であれば外国人の雇用を促進するという，いわば「疑似的な福祉」となっているのだ。家事労働者の雇用が進むと，ケアの担い手は増え，さらに政府財政も潤う。これは，内外価格差を利用した低賃金と雇用税が結託した，再分配なきサービスの供給体制という意味においてユニークである。当然のことながらこうしたリベラリズムは古くから批判の対象となった（Romero 2000）。

人の移動では斡旋業者も重要な働きをしており，その際の斡旋料の設定に国家が介入するかどうかは国によって異なる。斡旋料を就労先の給料の 1 カ月分と規定しているフィリピンや，自国の平均給与の 20 カ月分に相当する 40 万円程度の斡旋料を実質的に容認しているベトナムまで，多種多様であ

20

る。こうした諸制度を通じて，見知らぬ外国人のケアの担い手が先進国家庭と結びつけられ，親密圏の再編成がおこなわれてきた。

では，外部化による規範的側面に目を転じてみよう。前述のように，親密性の労働の外部化や，その受容の過程では，従来の規範を覆す正統性が必要となる。家族主義とされるアジア諸国では，家事労働者の雇用にあたって，それが家族ケア規範に抵触しないよう，家事労働者受け入れの「正統性」が求められた。これは2つの局面に分けられ，女性の労働市場への進出という点においては，「労働市場のジェンダー平等」がある種の「正統性」となり，高齢社会においては「親孝行」が「正統性」となったのだ。「親孝行の下請け」(Lan 2006) というネガティブな言説よりも，女性の就労と，その成果としての所得を用いた親孝行というポジティブな側面が強調されたのである。こうして東アジア諸国では，100万人以上の外国人女性が家事の担い手として就労している。シンガポール・香港の家事労働者，台湾の介護を主眼とした家事労働者，韓国の家事労働者や付添婦は，その顕著な例である。

他方で，雇用される家事労働者の側は，さまざまな制限を受けてきた。家事労働者には労働法令が適用されないか，あるいは限定的な適用にとどまった。睡眠すら，ケア対象の高齢者や乳児にあわせてとるしかない家事労働者も多い。逆に，ケアを必要とする雇用主側は，安価でフレキシブルな労働力を享受することができた (安里 2001; Constable 2007)。

シンガポールでは外国人家事労働者の婚姻・出産は禁じられており，台湾や香港も類似の制限を設けていた。つまり，家事労働の国際商品化を通じたケアの提供は奨励されるが，家事労働者による親密圏の形成は国家によって厳重に監視されている。雇用主や斡旋業者も厳しい管理を強いるが，こうした移動の特性も親密圏の再構築に影響を及ぼす。例えば，受け入れ国において外国人労働者が友人・恋人関係を構築することは，雇用側に不利な情報の入手源となったり，他の雇用主と比較される契機となったり，逃亡で保証金の損失が発生したりするため，雇用側にとっては死活問題となる。

そこで受け入れ側は，労働者の親密圏を管理しつつ，その制限をてこに親密性の労働の最大化を狙う。外国人家事労働者が自分の子に会えない代わりに雇用主の子を「代理子」としてかわいがるといった実践は，自らの親密圏

が制限されるからこそ「代理子」に対する親密性が強化されるということと表裏一体である。つまり，人の移動においては，受け入れ側でも受け入れられる側でも，その親密圏は不断に再構築されているのだ。国家の政策だけではなく，このような親密性の活用も，賃金労働としてのケアの地位を曖昧にしている。

台湾では，外国人家事労働者の導入について，当初こそ反対の声が大きかったものの，今ではその利便性から雇用が広く浸透している（行政院労工委員会1991）。そして，この利便性や「親孝行」という「正統性」をもって，ケア外部化の「罪悪感」は払拭された。親密性の労働には多くの場合労働法令が適用されないため，家事労働者の雇用は「現代の奴隷制度」と批判されることもある。それにも関わらず家事労働市場の形成は，雇用主の親密圏の再編成を促す形で制度化され，その結果として市場はさらに拡大したのである。

1-2. ケアの外部化 —— 社会化

外部化とは，必ずしも前述の市場化（商品化）だけではない。というのも，政府による再分配，つまりケアの社会化も，親密性の労働の外部化と考えることができるからだ。社会化は，社会の責任としてリスクをプールすることを意味し，脱家族化や脱商品化と呼ばれることもある。脱商品化では，ケアを市場の商品としては扱わず，通常は再分配や，国家レベルでの「相互扶助」や「共助」を通じて，サービスの提供（現物支給）や現金給付をおこなう。つまり市場交換とは異なった原理を持ち，福祉の基本的な概念として位置づけられている。

親密圏における再分配では，例えば農村における相互扶助を通じた分配など，コミュニティにおける平準化機能もある。しかし福祉政策を通じた再分配は，政府などの公権力によって正統化された「匿名」の相互扶助であり，いわゆる「国家共同体」の基盤となる。言い換えれば，福祉政策とは公権力を介した，空間や社会関係を越えた相互扶助形態なのである。日本の介護保険制度は，社会保険制度を通じて普遍的な高齢者ケアの分配を実施しているが，市場メカニズムを活用しているという点で「準市場」とも呼ばれる（京

極 2007; 2008; Gilbert 2002）。つまり，相互扶助という意味においては親密圏における社会的交換と類似しているが，匿名で民間企業を活用しながらサービスを供給しているという点においては市場原理と同じである。したがって，再分配構造は社会的交換と経済的交換の中間形態である。そのため，市場を通じた経済的交換と公権力を介した再分配は，相互に排他的というわけではない。重要なのは，こうした再分配が，社会的交換から経済的交換への連続性のなかに位置づけられている点である。

　介護保険は，日本における壮大なケアの社会化の試みであった。従来の家族ケアの一部は，訪問介護や施設介護を通じて外部化され，介護は部分的に社会化された。無償のケア労働に従事する家族のための介護手当は給付されないことになり，制度に脱家族化が埋め込まれた。しかし，結局は介護労働市場で就労する介護職員のほとんどが女性で構成されており，彼女たちはいわば「社会の嫁」（春日 2001）である。ジェンダー化された親密性の労働は，それが外部化され，社会化されてもジェンダー化されたままだったのだ。

　日本に次いで介護の社会化を実施したのが韓国の介護保険で，開始は2008 年である。第 4 章で李は，韓国の介護保険制度がどのような介護労働市場を形成したかについて検討している。ケアの社会化は日韓で共通しているが，労働市場を比較すると大きく異なる点がある。第 1 は，韓国では，介護保険導入時にはすでに多数の中国から移住してきた朝鮮族家事労働者，病院付添婦が家族ケアを補っていた点である。つまり，韓国におけるケアの社会化は，国際労働市場が形成された後にやってきたのだ。これは，日本や韓国に続いて介護保険制度導入を検討している台湾でも同じで，すでに 22 万人の在宅の外国人家事労働者が高齢者や障害者のケアに従事している。第 2は，韓国では家族介護手当を支給する制度となっている点である。このため，日本とは逆に介護保険が家族ケアの補強材料となっており，家族介護者という安価な労働力依存から抜け出せない根拠となっている（第 4 章）。台湾においても，2016 年時点では，介護保険では家族介護手当を支給することが予定されていた。家族でない者に対しては報酬が支払われるのに，家族介護者は無償労働のままなのかという批判があったからである。また，介護の事業者が入らない農村部では介護保険サービスが利用できない可能性があり，都

第 I 部　理論編

市部との不平等性も指摘されていたため，選択肢のない家族介護に配慮する必要があった。いずれにせよ，韓国・台湾の両国とも，ケアの社会化に際しては家族介護の補強，つまりケアの家族化が意図されている[4]。家族手当の支給を制度化することによってケアの社会化がおこなわれ，これが結果的には家族化の再補強となった原因には，すでに国内に家族ケアを補強する外国人家事労働者や看病人が多数存在していたという素地がある。

　他方で，ケアの社会化はケアの国民化を志向する。というのも，社会保険制度の確立とともにケア供給の資格化が備わり，これが外国人にとっては壁になるからだ。日本では，介護福祉士制度が 1850 時間もの教育時間を要件とするなど資格の高度化が進み，経済連携協定（EPA）で来日した外国人が資格を取得するのは困難であった。その意味においては，資格の高度化とケアの国民化が同時に進行したと言えよう。また EPA 介護福祉士候補者は職員配置基準に算入しないことや候補者の夜勤を認めないことも，実質的には国籍条項であった。韓国でも，介護保険制度制定時に成立した療養保護士（Yoyanbohosa）には言語要件やビザ要件が付されている。すでにケア労働市場の多くを外国人（中国朝鮮族）が住み込み家事労働者や病院付添婦という形で占めており，競合をさける必要があったのだ。韓国政府は，こうしてケアの資格化と国民化を狙ったのである。

　しかし，国民化がケア労働の地位を押し上げたとまでは言えない。韓国政府は 240 時間の研修時間を義務化して「療養保護士」資格制度を整備したが，「国家認定の家庭内労働者」といった批判が相次いだ（第 4 章）。ケアのプロ化が失敗した理由として，親密性の労働が脱社会化しても，その担い手を中高年女性という特定層に依存したため，脱女性化をなしえなかったことが挙げられている。前述の家族ケア手当により，そもそも脱家族化も十分ではなかった。また，保険制度がカバーできる領域が小さいため，既存の外国人労働者の役割が常に温存されてきた。療養保護士と，同胞といっても国籍

---

4)　なお，日本で家族ケアの有償労働化が認められなかったのには，いくつか理由があった。第 1 は，ケアの監督が困難な点である。ネグレクトなどの虐待の問題も含めて，ケアの質を担保するのが難しい。第 2 は，女性のケアからの解放である。そもそも家族手当の支給はケアの社会化にはならず，逆にケアの家族化を補強しかねない。そして家族化とは，具体的には担い手としての女性のことを指す。日本では，家族手当はジェンダー平等の観点から逆行的であるとみなされた。

24

条項上は「外国人」の中国朝鮮族が従事する看病人との差別化により，労働市場は分節化した。女性労働力率が伸び悩むなかで，本国人／外国人で分節化した労働市場を統合する流れにはなっていない。韓国の事例で興味深いのは，介護の社会化とともに様々な要件を設けて労働市場を差別化しても，それでも介護職の社会的地位は上がらなかったという点である。

　社会化はケアの国民化を志向したものの，必ずしもそれが持続可能な制度を創りだせたわけではなかった。2014年，厚労省は2025年までに38万人の不足と予測したが，いずれにせよ深刻な不足に変わりはない。日本は，経済連携協定（EPA）や技能実習制度，留学制度を通じて介護従事者の受け入れを継続しており，さらに外国人住民の介護従事もいろいろな形で実施している（例えば第6章の原論文）。台湾や韓国においては，介護保険制度導入以前にすでに数万人から数十万人の外国人労働者が家族ケアに従事していたという点において，家族ケアの補填が完了していた。さらに，台湾や韓国の年金制度は整備されたとはいえ，まだすべての高齢者が経済的自立を果たすレベルではない。換言すれば，高齢者は年金による経済的自立と介護保険によるケアサービスによって，家族から自立した個人となる。日本はその基盤を有していたが，台湾や韓国，あるいはその他の国々では（外国人労働者も含めた）家族内の福祉サービスが常に前提とされているため，社会化さえも家族ケアの補強になるのである（cf. Colombo et al. 2011）。

　家族主義と呼ばれるアジア諸国だが，福祉レジームの観点からは多極化していると言ってよい。シンガポールのように開発主義的な小さな政府志向で，家族主義がケアの商品化を通じてリベラリズムに向かう場合もあれば，日本のように相対的に手厚い再分配による社会民主的な福祉国家へ向かう場合もある。また台湾や韓国のように，ケアの市場化と社会化がともに家族主義を補強する場合もある。国際結婚が多くみられるこれらの社会では，家族内の高齢者ケアや障害者ケアに従事している「外国人女性」も多く，家族主義的な風潮が強い。商業化した婚姻による帰結のひとつであるといえるだろう。このように親密性の労働は，社会的交換と経済的交換の連続線上を往還しながら，その担い手の供給を受けている。

　東アジア諸国は，経済政策に基づく（国内）女性の労働力化を必要とし，

第Ⅰ部　理論編

生産部門における男性と再生産部門における女性という分業体制を壊した。そしてケア不足の補填に途上国女性を充てることで女性の労働力化を実現し，労働市場におけるジェンダー平等を達成し，ブレッドウィナーモデルから共働きモデルへの移行に成功したのである。これは，ある意味では女性の経済的自立を伴った親密圏内部のアトム化・個人化とも考えられる。しかし実際は，家事労働の外部化といっても，家族規範が消えたわけではない。逆に女性の労働力化が進展しても，これは家族福祉が維持されることを前提としたものであり，つまりは親密圏内部の維持機能強化といえる。

1-3. ケアの外部化 —— 農村／都市と世代間分業

　不足するケアを補填する別の例としては，農村の余剰労働力への「押しつけ」が指摘できるだろう。親密圏内部でケアを補填しようとしている点で，もっとも原初的と言えるかもしれない。開発経済学では，農村人口は工業化の過程における余剰労働力であった。労働集約的な工業化に際して，農村の余剰労働力が必要な人材を都市部に適宜提供してきたのである。農村人口は労働力不足による発展の頭打ちを回避して，持続的な経済成長を遂げるうえで重要な役割を果たしてきた。都市を生産部門とすれば，農村は食料や労働力を提供する再生産部門とでも呼ぶべき構図である。第7章で櫻田は，シンガポールやマレーシアの都市部で就労する人々のケアを受け持つ，農村の老親の事例を報告している。農村がケアを引き受けるという農村―都市のケアチェーンのほか，老親―子―孫というケアの世代別分業体制も見られる。退職後の老親の役割は，孫の養育を受け持つことなのだ。つまり，都市における保育施設や保育士の不足が福祉政策によって解決されない場合，あるいは利用可能な市場が十分には形成されない場合，都市―農村や，世代間のケア強化というケアのチャネルが形成されることになる。こうした育児は，台湾などでも広く見ることができる。

26

第 1 章　親密性の労働と国際移動

② 親密性の労働の再構築

　親密性の労働は，その多くを女性が担うという点でジェンダー非対称であり，高齢者ケアやチャイルドケアを含むことから弱者を抱える領域でもある。そして親密性の労働が国際移動を伴う場合，その担い手は途上国女性に外部化され，ジェンダー化が再生産されて，しかもより強化される。なぜなら，そうした家事労働者のほぼ100％が女性だからであり，従来の性役割分業とも異なった様相が出来る。また，雇用関係の形成を通じて，女性が先進国の女性雇用主と途上国の女性労働者に分化される。さらに国際移動における賃金水準では，受入国の最低賃金が移住労働者にとっては最高賃金であり，彼らは労働市場の最底辺となる。Asian Migrant Centre（2001）の香港における調査では，家事労働者の感じる差別は，外国人であることでも女性であることでもなく，家事労働者であることに由来していた。つまり，外部化は新たな社会的・経済的な底辺の階層形成でもあるのだ。このように，国際労働移動を伴う外部化は，新たな制度のジェンダー・ナショナリティ・階層に深くかかわる。ただし，そのあらわれ方は，それぞれの制度や文脈に応じて大きく異なってくる。では，外部化された親密性の労働はどのように再編成されるのであろうか。

2-1.　親密性の生成

　アジアの家族主義は，人の国際移動を伴い，「親密なる他者」を巻き込みながら，その親密圏を維持・強化している。なぜなら，その「親密なる他者」である家事労働者も結婚移民も，寄与しているのは近代家族における家族役割の補填・強化・再形成だからである。家族役割の再形成が国際移動を伴うという点では新しい局面だが，それゆえ移動する人々は，親密圏の再構築を生業としながらも，自らの親密圏の構築は厳しく制限されている。第8章で上野が述べている通り，家事労働者の素行問題を恐れて日曜日の外出を制限しようとする雇用主もいる。そもそもシンガポールではいかなる形態であれ

27

第Ⅰ部　理論編

外国人家事労働者の結婚は基本的に禁止されていて，妊娠は国外退去の対象となっている。彼女たちは，己の親密なる関係を断ち切って移動することで「ケア放棄」の罪悪感を覚えつつ，出身国の老親や子を想いながら就労先の老親，子を「代理子」「代理母」としてケアする。ここでは労働は，経済的交換としてのケアというよりも，社会的交換としてのケアに転化している。このように，自らの親密圏から遠く離れた家事労働者や結婚移民によって先進国の親密圏が形成・補填されることを考えると，現代のケアチェーンは，一方の親密圏の切断・解体を通じて他方を強化するという親密性の搾取と言ってもいい。

　とはいえ，「（多くの制限を受け入れ）構造的に周辺化された存在である家事労働者には，親密な関係性への渇望が生じやすい」（第8章の上野論文）。どんなに制限が課されようとも，彼女たちが自らの親密圏構築を担う主体であることには違いなく，それは日々実践されている。移住労働者同士の親密な関係をめぐる交渉も不断におこなわれるものの，妊娠は強制出国の対象であり，シンガポールでは「望まない妊娠が多い」（上野）。筆者による台湾での調査では，0.2％の女性が妊娠を経験していたし，就労継続を望む女性の中絶やそれをほう助する医者もいた。それでも，彼女たちは自らの絶たれた親密圏の（再）構築をやめることはない。そして，こうした新たに形成された社会関係こそが，異国に滞在する意義となることもある（第8章）。権威主義体制を敷くシンガポールにおいても，徐々にではあるが，中産階級の台頭や政権内の世代交代を通じて，家事労働者の結婚が労働部によって例外的に認められつつある。

2-2.　親密な社会関係の商品化1 —— エンターテイナー

　日本は興業ビザを設定し，毎年8万人に及ぶエンターテイナーをフィリピン，タイ，旧ソ連などから導入してきた。在日フィリピン系女性の多くが，過去にエンターテイナーとして日本に入国して就労した経験を持つ。彼女たちはタレント（＝高度人材）として来日し，ホテルや旅館，フィリピンパブなどで働いてきた。アメリカ政府国務省の発行する人身売買報告書において興

業ビザが名指しで批判を受けた 2004 年以降，法務省令の改定により受け入れ人数は激減したものの，今日に至るまで入管はそうした入国を黙認し続けている。

　彼女たちは，制度的矛盾の中に生かされてきた。入国管理法上，彼女たちの業務はダンスショーを演じることである。お酒を注いだり客の横に座って接客したりすることは，法律上は認められていない。しかし，現実にはそうした接客行為は彼女たちの主要な業務であり，同伴と呼ばれる 2 人きりでのデートも黙認されている。接客も同伴も商品化された親密圏でおこなわれるが，こうした関係の商品化は対価を支払う男性による所有関係に転化する。売り上げが伸びなかったり，達成目標に届かなかったりすると，女性の意思にかかわらず同伴は実質的に強制されてきた。法令ではエンターテイナーの最低賃金が示されているが，日本に居ながら実際に支払われる基本給は 6 万円弱である。

　他方で，「同伴」は，雇用主からの強制もありうるが，ダンスショーという経済的交換の過程で発生した客とダンサーの「自由恋愛」にも転化する。あるいは，そのように解釈することで，あたかも経済的交換ではないかのように正統化される。客も，実際は経済的交換関係でありながら，社会的交換関係として「愛」を伝える。こうして交換関係の両極を往還することで，関係の商品化の法的な問題もクリアされるのだ。

　エンターテイナーに付与される在留期間は 3 カ月か 6 カ月である。そのため，帰国した後になって妊娠していることに気づく女性も多い。結果として日本人の子が海外で多く誕生したが，日本人の父から認知を受けた子はわずかであり，そもそも日本大使館で出生届を出せた者もそれほど多くない。いわゆる「新日系人」は，こうして誕生したのである。

　これは第 3 章の青山が扱う性労働者も同様であろう。日本では男性器の挿入を伴う「生本番」などの性の商品化自体が禁止されているが，それが客の要望である以上，選択肢を持たない外国人性労働者らにとって断ることは容易ではない。視点を変えれば，こうした行為はマッサージや入浴時に発生した「自由恋愛」の延長であり，親密性の労働がいかに法的に介入しにくい領域に置かれているかを物語る。

第I部　理論編

エンターテイナーの場合，立ち入り検査で接客の不法性が明るみに出ても，処分を受けるのは実態を制御できないフロントラインで働く彼女たちである。未払い分の給与も，その非合法性ゆえに支払われないかもしれない。青山が「社会資本を持たない人々の，移住の必要も希望もすべて犯罪の枠内に」と評するように，合法的に来日したエンターテイナーは，日本の法令をよく知らないまま非合法業務に従事させられる。非合法滞在者はなおさらのことである。そして，すべての結果を女性が背負うのである。

こうした人々が，近年になって日本に戻ってくるようになった。第6章で原は，国際移動の所産である新日系人とその母親が日本人の父親からの認知を求めて来日し，借金をして日本語と介護を学び，そして債務奴隷化するという実態を取り上げている。彼女たちは来日に当たって介護施設での就労斡旋を受けており，エンターテイナーから介護へと再び親密な労働に接合されている。

2-3.　親密な社会関係の商品化2 ── 国際結婚の斡旋

家族の機能的側面には，生命の再生産と労働力の再生産があり，結婚を通じてケアを生成する。家事労働者の雇用を機能的にみると，それは再生産労働の「補填」だが，国際結婚とは再生産の単位そのものを形成する営みである。家族主義的福祉レジームでは，家族を形成していなければ福祉を生産することができないが，国際結婚を通じた家族形成は，まさに家族主義が引き起こす国際移動の要因なのである。かつては親密な領域でおこなわれるとされてきた結婚だが，人の移動の増加や通信手段の発達，ブローカーの存在による婚姻の商品化に伴って，国際結婚がグローバルな現象となった。

アジア諸国のなかでも，台湾・韓国・日本は多くの結婚移民を受け入れている。結婚移民数について，日本では1970年代から緩やかな増大があったが，台湾や韓国では2000年以降に受け入れが急増し，2003年には台湾における全結婚の3割が国際結婚だった。こうした国際結婚増大の構造的要因は，第5章の王論文が指摘しているように，企業の多国籍化による人の移動の増加，斡旋業者の存在，独居高齢者の割合の増加，雇用の非正規化と独身男性の割

合の増加，福祉の削減などである。

　従来と異なる点は，高齢者や障害者の国際結婚が増加していることである。生命の再生産を第一義的とした結婚だけではなく，高齢者ケア・障害者ケアを目的とした結婚が増えているのだ。例えば，台湾における10代後半から20代にかけての障害者の結婚の約3割は国際結婚であり，年齢が上昇するにつれて，国際結婚の理由はケアの確保が主眼となっていた（安里2007）。高齢社会においては，生命の再生産が結婚の第一義になるとは限らない。高齢社会における結婚移民の出生率が「意外にも」低いのは，こうした背景もある。このように市場化された婚姻は，ロマンチックラブやジェンダー平等に基づく家族形成というよりも，ケアの確保が目的となっている点が，すでに近代家族とは異なっている。

　また国際結婚においては，親密性は，入国管理といった制度のコントロールを受けつつ，主体の戦略や営みに応じて形成される。例えばフィリピン出身の結婚移民にとっては，「『理想的な』花嫁役割を演じること」（第2章：高谷）が，かつてのフィリピンパブでの就労を理由とする「セックスワーカー」の烙印の払拭であり，グローバルに流布するフィリピン人の「ケア上手」のイメージ（伊藤，小ヶ谷他2008; 鈴木2009）の補強でもある。

　こうした主体の戦略や営みは，出入国管理政策とも合致する。そもそも結婚移民の滞在要件は，一言でいうと「良妻賢母」の再現である。結婚移民にとっては，性役割分業に則って家庭内の再生産労働に従事することが，シチズンシップを手にする根拠となってきた。つまり国際結婚は，単なるプライベートな出来事ではなく，より大きな政策枠組が関係してくる。「日本人の配偶者等」の在留資格要件，あるいは韓国における健康家族法や多文化家族支援法は，とどのつまりは性役割分業を前提とした「良き妻」の役割を担うことであり，家族内のケアを担うことなのである。結婚移民女性に対する言語教育，就労支援，母体保護，その子どもに対する教育支援などが，台湾や韓国では法令化された。

　特に台湾では，介護資格の職業訓練が結婚移民向けに開かれており，国際結婚を高齢者，障害者ケアの強化に利用する動きがみられた。これらは，移民女性のエンパワメントの機会提供であると同時に，良き家族の一員として

第 I 部　理論編

良き国民への統合でもあり，少子化対策と合致する生命の再生産の奨励であり，高齢社会に合わせたケアを通じた生活維持である。つまり家族主義的福祉レジームでは，家族強化という観点から国際結婚が促進され，入国管理政策や社会統合政策が共謀して「家族市民権体制」を創りだすのである。そして，こうした範疇に組み入れられない人々，例えば日本人との間に次世代をもうけない離婚女性や，売春に従事する女性は，入管法や売春防止法の観点から違法であり，かつその滞在が認められていない。こうした結婚移民の「家庭化」あるいは飼い慣らしを，髙谷は「ジェンダー化されたモラルエコノミー」と評する。結婚して理想的な妻になることは，一見すると主体の自由な発揮であっても，その主体は確実に構造に取り込まれている。

　他方で，言語や文化的相違を抱え，学歴，スキル，あるいは人的な社会資本を持たない人々が日本で生きていくことは容易ではなく，適切な介入が必要である。ところが日本には，法的根拠のもとに体系的に整備された結婚移民の社会統合政策がない。非介入主義が無責任体制を創りだしているのだが，その根拠は，「『差異にかかわらず平等』というリベラリズムを基盤にしており，構造的な不平等を不可視のものとして扱っている」（第 2 章：髙谷）ことにある。これは，一つには，「国際結婚は家族というプライベートな領域における個人的なものだから」という解釈に基づく。また，ほかにもこうした非介入体制となった要因があって，それは日本が台湾や韓国とは異なり，超高齢少子社会を見据えた移民政策を実施していないからである [5]。こうした非介入主義は，現時点における少数者の存在を不可視化する。しかし，学校や職場から疎外された存在は将来の社会コストにつながりかねない。非介入主義は，人権の論理を持ち出す前に，そもそも非合理的なのである。

　つまり，社会統合政策の不在は「排除」を創り出し，選択肢を持たない人々を生み出す。社会統合政策を通じて，少数者が言語，教育，職業などにおいて主流化することは，機会と結果の均等をもたらす。しかし，社会統合政策は強い価値観を内包しているため，人々の合意が必要となる。欧州では民主主義，ジェンダー平等，政教分離などの価値規範への合意に苦戦しているが，

---

5)　韓国女性家族部に対する聞き取り調査によると，少子化を見据えた社会統合政策は女性の道具化であるという批判もあり，論争の的である（2016 年 2 月）。

日本では原が第6章で言及している通り，そもそも少数者には機会が平等に与えられていない。離婚直後に生活保護に陥る人々が増大しているのは，良妻として生きていく以外に方法を持たない人々が多いことを示す。

ただし社会統合政策を積極的に進めてきた韓国や台湾では，こうした政策が人身売買といった商品化を隠ぺいし，正統化しているという点を指摘しておく。先進国としての責務，エンパワメント，機会の平等，いずれの理由も，婚姻の商品化を正統化する言説である。

近代家族では解消されないケアの確保のために，家事労働者の雇用や結婚移民の導入があるが，同じように送り出し側でも近代家族の限界が送り出しを生じさせている。結婚移民の国際移動は上昇婚とよばれるが，結婚移民を送り出すのは送り出し側の家族戦略でもある。第5章で王が論じている通り，彼女たちは単に自分自身の社会経済的な動機を満たすためだけに国際移動をしているのではない。家族・親族といった親密圏のサブシスタンスを維持するために，「商品化」されて移動するのである。このことは，移動する彼女たちの家族もまた，貧困ゆえに近代家族として成立していないことを意味する。したがって，上昇婚は父方居住によって移動する女性個人のみを指すのではない。送り出し国の家族との紐帯が前提となっているのであり，この点を従来の研究は見落としてきた（Massey et al. 1993）。

2–4. 親密圏を横断する人々

第2章の髙谷，第3章の青山，第6章の原の3氏による研究や筆者の調査によれば，興行ビザで入国したフィリピン人女性のライフコースは親密性の労働に密着している。よく見られるのが次のケースである。

ケース1：興行ビザで入国し，日本人男性と結婚。フィリピンパブでホステスとして再就労したあと，介護職に従事。

ケース2：興行ビザで来日し，いったん帰国してフィリピンで出産する。日本人の父親の認知を求めて母子で再来日し，介護職やホステスに従事。

ケース3：興行ビザで来日して，帰国。その後，偽装結婚を経て，介護職やホステスに従事。

33

第Ⅰ部 理論編

このほかに，数は少ないものの，興行ビザによる入国から帰国のプロセスを経て，EPA（経済連携協定による介護従事）で再来日する事例などもある[6]。ライフコースを通じてみると，いかにアジアにおける途上国女性がケアと密接に結びついているかがわかるであろう。

落合（2012）は，アジア女性を「立場は違っても親密性の労働から抜けられないアジア女性」（p. 24）と評して，いずれの道を経ても親密性の労働に通じるというが，それはこうした人々が親密性の労働に結び付けられた構造 —— つまりジェンダー化された労働や，その国際商品化，賃金の内外価格差など —— のなかに生きているからである。またすでに見てきた通り，送り出し国の親密圏から切り離された人々は，受け入れ国での新たな親密性を求める。その営みが，雇用主の老親や子に対するケア，結婚移民の夫や義父母に対するケアにつながるのである。

さらに，台湾にしろシンガポールにしろ家事労働者の雇用の多い国々ではそれが外部化されたとたん，家事労働者のほぼ100％が途上国女性に置き換わるという経験をしてきた。むしろ国際商品化によって，性役割分業は強化されているといえる。国際移動が景気動向に左右される生産部門に比べて，再生産部門は生活に直結しており景気に左右されないため，ますます多くの女性が国際分業化された再生産労働に従事することになる。こうした再生産部門は，低学歴の途上国女性に向けて大きく開かれているのだ[7]。労働は性や結婚を含み，時として労働と結婚が相互に互換可能な移動として，国際移動が選択される（Piper and Roces 2003）。つまり人々は，親密圏を横断しながら国境を越えて移動するのである。

そして，そういう意味においては，再生産部門間の移動も可能である。つまり，ケア従事者としての就労のために国境を越えることも，結婚のために海外に移動することも，相互に排他的ではない。こうして親密圏での営為は経済的な交換関係（市場化）に転化したり，社会的交換関係との中間形態（社会化）を取ったりするなどして外部化され，従来の親密圏から遠ざかる。

---

6) EPAでは興行ビザでの来日者を排除しようとしているが，必ずしも成功していない。
7) 無借金で後払い式の斡旋方式があるため，貧困層にも出稼ぎ労働が広がった。

34

第 1 章 親密性の労働と国際移動

③ 脆弱性の克服 —— 親密圏・公共圏と市民社会

　親密性の労働の脆弱性の克服は，大きな課題である。第三者から隔離された空間で働くこと，労働の監視が困難なこと，雇用主と労働者が対等な雇用契約関係を結びにくいこと，労働法令が適用されにくいこと，そしてジェンダー化された領域における労働であること —— これらは，親密性の労働の脆弱性の原因となる。その担い手が途上国女性であれば，上記にナショナリティやブローカーに対する借金など，移動そのものに伴う脆弱性が加わる。親密性の労働が広がりを見せるなかで，制度の変化はどうやって達成されるのかについて論じることも必要である。

　第 9 章で五十嵐は，移動における主体，それも「国家と市場とは区別されたアソシエーションの領域としての市民社会」(p. 253) という集合的主体に焦点を当て，市民社会の構造への対抗的機能である「シビル・レギュラシオン」について考察している。このような市民的公共圏への着目は重要である。1990 年代以降の親密性の労働の国際商品化は，移動する人々の選択肢を増やしてきた。しかし，既述のとおり労働者として，配偶者として，ケアの担い手としての国際移動にはさまざまな問題がある。市民的公共圏は，こうした親密性の労働が抱える脆弱性に対抗しうるものとして期待されているのだ。

　集合的主体は，当事者を含む NGO や NPO のみならず，公共圏の形成のプロセスにおいて地方自治体や中央政府をも巻き込み対抗的ヘゲモニーとなりうる。香港の家事労働者をめぐる公共圏の構築はまさにその典型で，労組の組織化から始まって，地元の NGO を取り込み，香港政庁や送り出し国大使館，さらには雇用主をも巻き込む論争を生じせしめた (安里 2001)。同じく韓国や台湾でも結婚移民のエンパワメントに向けた公共圏が形成され，それは社会統合政策や多文化共生政策へとフォーマル化していった。

　したがって本書では，親密性の労働が抱える脆弱性は普遍的なものではなく，克服されうるものと考えている。なぜなら脆弱性もまた，制度によって構築されているからである。例えば，シンガポールでは，外国人家事労働者

35

第 I 部　理論編

の労働法令どころか雇用契約書すら標準化されておらず，最低賃金も定まっていない。労働組合も，政労使一体型である。これに対して香港では，外国人家事労働者にも労働法令・標準雇用契約書・最低賃金を適用し，労働組合結成も自由である。つまり，シンガポールと香港とでは，家事労働者の脆弱性が大きく異なる。家事労働者は，その労使関係にまつわる非匿名性ゆえに，対等な関係の構築と交渉が困難である。しかし，そうした家事労働者の組合が，政府や大使館を通じて直接制度に働きかけ，家事労働は労働法令になじまないとする一般的見解に異議を突き付けた。親密性の労働の脆弱性は，労働力の商品化それ自体に内在するのではなく，どのように労働を制度の中に組みこむかというそのプロセスに存在するのである。

　家事労働者のみならず，長期にわたって国内に滞在する人々に対しても，その脆弱性を克服する制度的担保が徐々に設けられるようになってきた。2000 年代に入り，韓国や台湾は，新しく社会に参加した人々に対する社会統合政策を実施している。髙谷は第 2 章で，出生後認知を通じた日本国籍取得を認める国籍法の改正も，市民社会による運動の成果のひとつとして取り上げている。確かに，出生後認知による国籍取得を認めないということは，女性に対する養育の一方的押しつけである。「実体としてのケア関係を公的に認める」(p. 73) という点で，この国籍法改正はトランスナショナルな家族の承認でもあった。

　しかし，これは制度的矛盾を解決するうえでの第一歩に過ぎない。第 6 章で原が論じている通り，フィリピン系の子どもたちの抱える問題は非常に大きく，彼らは極めて脆弱な存在と言ってよい。日本のパスポートを持っているにもかかわらず，来日に際して人身売買の被害にあうフィリピン系母子は後を絶たず，国籍法改正による「承認」はこうした人々の生活を保障するものではない[8]。

---

8)　こうした母子は，日本人とその母親であるため日本滞在における法的問題はないが，経済的自立の達成は容易ではない。来日に際しての経済的選択肢は，主に 3 つ考えられる。1 つ目は，かつてのようにフィリピンパブで就労することである。最も労働単価が高く，夜間保育の利用が可能な場合も多いため，労働と子育ての両立が可能である。2 つ目は，ホテルや厨房，工場などの昼間の職に就くことである。しかし，賃金はそれほど高くないため，託児所に子どもを預けるのも難しい。3 つ目は生活保護である。来日後すぐに生活保護を受けるのは，倫理的に望ましいこ

第1章　親密性の労働と国際移動

　そのような状況下で，移動する人々自身は，構造に巻き込まれつつも構造に対して働きかけ続けて，自らの選択肢を増やしてきた。筆者が過去にインタビューしたフィリピン人女性は，英語教師や介護職に従事することによって社会的に認められたと感じ，フィリピン人女性への「じゃぱゆき」の烙印を払拭して，自己肯定感を育成していた。フィリピンパブ以外での就労をあきらめていた人々も，市民セクターなどが提供する外国人向けの介護の初任者研修を受講し，修了証書を手にして「日本社会に認められ」[9]，新たな第一歩が踏み出せると感じる時がある。こうした選択肢を持たせることが，構造そのものを変えうる可能性を持つ[10]。

　資本主義のグローバルな展開とその構造については，世界システム論をはじめ数多く議論されてきた。例えばマリア・ミース（1995）は，発展途上国を資本主義構造のなかでサブシスタンスを担う領域として捉えている。再生産のための無償労働，そして最も付加価値の低い部門を受け持つこと，それが資本主義におけるサブシスタンス・エコノミーであった。本書では，先進国の再生産労働を途上国女性が直接赴いて担うという構造を示している。ケア不足がナショナリティを超えて補填されるなかで，先進国の高齢社会やジェンダー平等が維持されているのである。ケアのあり方は常に構造のなかで特定のプロセスを経て生成されるが，それは結局のところ受け入れ国のジェンダー秩序や経済の論理に従う形での再構築・再構造化である。

　ケアの結びつきが国境を超える時，その移動はジェンダー，ナショナリティ，階層と深く結びつく。そして，このプロセスそのものが新たな弱者を生み出す過程でもある。ケアの脆弱性とは何であろうか。例えば，途上国で生産される商品がいかに人々の過酷な労働で支えられていようと，それが不可視化されている以上，消費者はその製造過程がはらむ脆弱性 —— 資本家による労働者の搾取 —— に想いをはせることは容易ではない。これに対し

　とではないかもしれない。しかし，あるNGOは，子の養育の観点からはこうせざるを得ないのではないかと述べている。

9)　筆者のフィリピン人への聞き取り調査から。

10)　外国人女性をケア従事者としてみなすとき，「アジアの途上国女性は再びケアに取り込まれるのか」といった批判もあるであろう。しかし，もともと資源が大きく欠けている人々にとって，そうした機会は大きなエンパワメントとなる。

37

第Ⅰ部　理論編

て，ケアそのものは抽象的な言葉だが，それが目前でしばしば身体的接触を伴って提供されるため，消費者はそのプロセスを当事者として体験する。そして，そこでは消費者は雇用主でもある。つまりケアは，その提供プロセスが具体的かつ可視化されているという点，彼ら自身も労働者である先進国の一般市民が雇用主として消費する（あるいは搾取する）という点において，特異なものだ。サービスの過程が「可視化されている」にもかかわらず，そこで提供される親密性の労働の脆弱性は見過ごされがちだというこの矛盾は，外部化を正当化する言説によって成立している。利便性や「低価格」，（先進国の）ジェンダー平等といった正当化は，親密性の労働の外部化にお墨付きを与えるのみならず，その外部化プロセスがはらむ脆弱性を不可視化する。

　では，本書の各章の着目点を，福祉レジームと入国管理上の地位に分けて位置付けてみよう。冒頭で述べたように親密圏とは，社会的交換関係の単位であり，生命や労働力，社会的再生産といった機能を果たす。コミュニティや家族は，親密圏の代表的なサブ単位である。現在，経済成長や人口構成の変化により，親密性の労働については外部化や商品化が大きく進展している。たとえば，福祉レジームで定義するところの家族主義的福祉レジームは，福祉の供給単位としての親密圏を温存してきた。しかし，資本主義の展開によってコミュニティは衰退し，政府や市場が徐々に親密圏を代替するようになった。そのなかで親密性の労働は，商品化・脱家族化という外部化を経験し，途上国から補填・形成されてきたのである。つまり，親密性の労働の形態は，すでに述べた通り社会的交換関係と経済的交換関係において位置付けることができる（図2の横軸）。

　他方で移民レジームの枠組みだが，受け入れ国の国籍を持たない者は，入国管理によって規定され，特定の権利が付与され，管理されている。というのも，人種やジェンダーといった可視的な差異が明示的でなくなっていることもあって，人々の流動性が高い現在では，「入国管理上の地位が不平等を規定する重要な基軸となっている」からである（Park and Gleeson 2014: 1）。入国管理は，本来は容易に制限できない権利を統御できる管理装置として，重要な手段となっているのだ。

　入国管理上の地位は，参政権を持つフルシチズンシップを有する「国民」

38

第 1 章 親密性の労働と国際移動

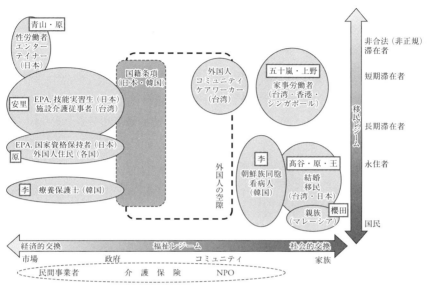

図 2 福祉レジームと移民レジームの交差からみるケア従事者の位置づけ

から、参政権はないがそれ以外の多くの権利を有する「永住資格保持者（デニズン）」、移動や職業選択が制限される「短期滞在者」、滞在そのものが許されていない「非合法滞在者」まで幅広い。親密性の労働に従事する外国人も当然のことながら入国管理を受け、こうしたなかでエージェンシーを発揮する。家事労働者は、短期滞在型で入れ替え可能な管理された「使い捨て」労働者 (Chang 2000) と、無償のケアに従事する結婚移民のように、家族という身分に基づいて永住資格や市民権を持つ長期滞在型とに二分される。

上の図 2 では、外国人は多くの場合、家族に直結する家事労働者や結婚移民であるか、あるいは民間業者や介護保険などが適用される事業者の被雇用者である。つまり、外国人は市場や家族に直結することが多く、コミュニティに包摂されることは少ない。また福祉政策が発展している場合でも、日本や韓国でみられる国籍条項、あるいはそれに類似する制度により、外国人の雇用は難しい。

39

家事労働者は家族直結型で労働法令の適用が難しく，短期滞在型で入国管理上の厳しい制限を受ける（主に第5章の王，第8章の上野，第9章の五十嵐がこれを扱う）。結婚移民や朝鮮族は，どちらかと言えば市民に近い長期滞在者である。ビザは安定しているが，韓国における中国朝鮮族，あるいは台湾における中国大陸出身配偶者のように，「近接の政治 politics of similarity」による制限や，移住過程における社会統合上の問題を抱えている。また，結婚移民の場合には，結婚の性質上，無償でケア労働に従事せざるをえない（第2章の髙谷，第4章の李，第5章の王）。他方で，エンターテイナーや性労働者は，身体性の高い職業であるがゆえに，親密なる労働の有償化にまつわる倫理的な偏見や法令の制限を受けていて（第3章の青山，第6章の原），非合法状況におかれることが構造化している。もちろん，原初的な形態として，途上国では親族をフルに動員してケアを共有する事例も多くみられる（第7章の櫻田）。

　まず，第I部の理論編では，親密性の労働に従事する人々の脆弱性の構築とその超克について，家事労働，性労働，結婚移民の観点から論じている。家事労働にはそもそも労働法令が適用されないことが多いため，外国人の就労を認めることそのものが受け入れ国によって構築された脆弱性なのだが，その克服は容易ではない。

　第3章で青山は性労働を扱っているが，こうした人々が違法な空間へと落とし込まれざるを得ない制度が存在しているとして，ジェンダー，ナショナリティ，階層由来の構造的な複合差別の解消を通じて，当事者の選択肢が増やせると述べている。端的に言うと，性労働の法的見直しが必要なのだ。親密性の労働に対する承認は，性労働においても等しく重要である。

　今日では，人種，ジェンダー，階層を理由にした排除が「差別」とされるなかで，シチズンシップが排除の根拠として管理されるようになった。シチズンシップは包摂／排他性を領域化するが，領域は闘争などを通して可変的である。第2章の髙谷は，在日国際結婚女性，特にフィリピン人女性を取り上げ，どのようにそのシチズンシップが人種，ジェンダー，階層によって構成されているのかについて理論的に考察している。シチズンシップは人種，ジェンダー，階層と無関係に存在しているのではなく，絡み合っているのだ。

例えば，結婚移民は「『理想的な』花嫁役割を演じること」「日本人の子をケアしていること」が滞在根拠であり，これは移民の家族統合を前提としている。主流社会がエージェンシーを取り込んだうえで，ジェンダー構造に「外国人の妻」を人種化していると言えよう。こうした所与的な位置づけは，社会的な期待のみならず，入管法とも一致している。これを髙谷は，「ジェンダー化されたモラルエコノミー」と評して，「法的なシティズンシップの境界が文化的価値に支えられている」(p. 65) とその恣意性を指摘している。他方で，社会統合政策を通じた支援についても，「『差異にかかわらず平等』というリベラリズムを基盤にしており，構造的な不平等を不可視のものとして扱っている」(p. 66) と喝破する。日本の入管政策は，日本のジェンダー秩序を維持しつつ，ただし日本人女性よりは脆弱化した存在として結婚移民女性を位置づけてきた。その一方で，国籍法の改定によってケア関係を「公的に承認」するという社会化の萌芽も見て取れるという。

　第Ⅱ部では，親密圏の再編成における具体的な事例を，韓国，台湾，日本，マレーシアと各国別に扱っている。第 4 章の李論文が取り上げた韓国では，日本に次いで 2008 年に介護保険を導入し，一応のケアの社会化が果たされ，療養保護士という新しい介護職が誕生した。介護労働市場は拡大し，女性に対する雇用機会も増大したことから，女性の M 字型の労働力率の解消の機会でもあった。しかしその一方で，家族介護者に対しても，正当な評価という観点から手当てが支給され，家族主義の強化に寄与した。ところが李は，こうしてケアの社会化がなされても，制度自体は成功とは言えないとしている。第 1 に，事業者や療養保護士の供給過剰による価格と質の低下がある。市場の拡大は，質の向上にはつながらなかったのだ。第 2 に，ケアの市場化も社会化も，ケアの脱女性化には至らず，それゆえケアの社会的地位を向上させる契機とはならなかった。日本では，外国人労働者の存在が労働市場の二重化＝質の低下を招くのではないかと危惧されているが韓国では療養保護士の資格取得に様々な要件を設けていることを鑑みると，日本のこの懸念は杞憂と言えよう。

　次に取り上げるのは，日本・韓国に続いて福祉国家化を志向している台湾である。第 5 章で王は，台湾は低福祉体制に分類されており，ケア労働は家

族と市場が担ってきたと指摘している。確かに台湾は，22万人の住み込みの外国人家事労働者と，数十万人の結婚移民を受け入れており，福祉政策の枠外で多くの外国人にケアを委ねてきた。ケア不足への対応は階層によって異なり，高所得者層は外国人家事労働者を雇用できるが，低所得者層は外部化の選択肢が限定的なので家族内で対応しなければならない。また，特に高齢の独身男性であれば，高齢者ケアの確保を目的とした国際結婚も選択肢となる。婚姻は，もはや生命の再生産をめぐるものではなくなっているのだ。結婚移民の子の割合が，国際結婚の割合よりも低いのはこのためなのである。こうしたケアをめぐる分配の歪みは，福祉政策でしか平等を担保できない。したがって，ケアの社会化は必須であり，従来の国民党政権がとってきた市場化というリベラルな政策には大きな課題が残る。

　第6章の原は，結婚移民の子 —— フィリピンにルーツを持つ子（JFC：Japanese-Filipino Children）とその母親 —— が来日して介護に従事する，その移住過程における問題について論じている。JFCは日本国籍や在留資格があり，移動や就労の自由があるにもかかわらず，母子ともに人身売買の対象に陥ることもある。非嫡出子による日本人の父親さがし，ビザの取得，日本語学習，介護の職業訓練，仲介業者による囲い込み，保証人問題などで，JFCやその母親は債務奴隷化する。かつてエンターテイナーとして来日した多くのフィリピン人女性たちが，介護職という親密性の労働の従事者として，再び日本で構造化されるのだ。彼女たちはシチズンシップ上の自由があるにもかかわらず，債務奴隷として不自由化され，構造の中に取り込まれて，身動きが取れない。もう1つ重要な点として，ケア労働そのものが低賃金であり経済的に苦しいにもかかわらず，フィリピン本国家族との紐帯が仕送りの期待に応えるか否かで試される。つまり社会関係が経済化され，家族のきずなの証として仕送り圧力が課される。労働の単位は，個人ではないのだ。日本国籍を取得しても多くの制限を受ける母子が存在するのは，シチズンシップのパラドックスでもある。多様な人々に対する社会包摂・社会統合政策の必要性が問われていると言えよう。

　国際移動ではなく，国内移動でもって親密圏内部でケアを融通するさまを描いたのが，第7章のマレーシアの事例である。ケアの商品化や社会化が進

展していない場合は，親密圏内部でケアを充足する必要がある。人々は都市／農村を移動しながら最大限に親密圏を活用しているが，この農村の「余剰」の利用は，資本主義のグローバルな展開において，サブシスタンス・エコノミーが無償労働を受け持つ世界システム論を想起させる。これは現代においても同じ構造なのだ。国際移動において途上国女性にケアが押し出されているのと同様に，マレーシアでは人々は親密圏ネットワークを最大限に活かすべく，都市から農村にケアを押し出しているのである。

　第III部では，第I部で取り上げた移動にまつわる脆弱性について，その克服に向けた動きを取り上げている。第8章の上野論文は，詳細な参与観察をもとに，限定的なシティズンシップしか付与されないシンガポールの家事労働者がどのように自分自身の親密圏を構築しているのかという，親密性の再編を鮮やかに描いている。これは一見すると，本書と趣旨を異にしているようにも思える。しかし，上野が指摘している通り，ケアの社会コスト論は「女性の国際労働移動によって親密圏が破壊されることを焦点化するゆえに，就労国で新しく構築される親密な関係が等閑視」（p. 241）されてきた。その通りである。シンガポールの管理体制は外国人労働者のいかなる婚姻も認めておらず，6カ月おきの妊娠検査が陽性だと強制的に出国させられるが，そのような厳しい制限のなかでも，移動する女性たちは親密圏を構築している。そこで明らかにされるのは，コストではない。シンガポールで育まれた親密圏そのものが，彼女たちが滞在を続ける理由となっているのである。言い方を変えると，さまざまな制限を取りのぞく人権アプローチも重要だが，彼女たちが親密性を取り戻すことこそが地域に根付く条件でもあるのだ。

　第9章の五十嵐は，外国人家事労働者の脆弱性の克服にあたって，「国家と市場とは区別されたアソシエーションの領域としての市民社会」（p. 253）という集合的主体に焦点を当て，市民社会における構造への対抗的機能である「シビル・レギュラシオン」について考察している。人の流動性が高い東アジアは，家事労働者のような脆弱な労働者を多数抱えるにもかかわらず，彼らが短期滞在型であることから社会統合への意識が薄い。そのようななかで，国境を越えたNGOネットワークが作られつつあり，こうした集合的主体は支配的ヘゲモニーに対する対抗的ヘゲモニーとなりうる（第9章）。香港

第Ⅰ部　理論編

の家事労働者をめぐる NGO ／ NPO や労働組合の展開はその典型であり，公共圏の形成のプロセスにおいて地方自治体や中央政府をも巻き込んでいく。五十嵐はまた，国家を超えた地域において，移住労働者に対するガバナンスがどのように制度化されるかを描写していて興味深い。こうした「シビル・ガバナンス」を，五十嵐は「『下』からの（オルタナティブな）地域主義」と称して，新自由主義型地域主義とは一線を画す対抗的な地域主義として提唱している。親密性の労働をめぐる国際移動は拡大し，追認され，フォーマル化している。人口構成が変化し，「自由主義的地域主義」が席巻するなかでは，労働者性をめぐるオルタナティブな制度化をめぐる動きこそが模索されるべきであろう。

　そもそも，なぜこうした人々の脆弱性は克服されなければならないのか。親密性の労働が外部化される過程で，従来の労働概念・家族概念では捕捉できない，さまざまな人権の侵害が発生する。しかし，それだけが理由ではない。多様性を担保した制度への転換こそが，人口減少時代においては必然的帰結だからでもある。人口減少時代に発生するケア不足や労働力不足の解消のためには，多様な人々の参画が必要だ。ところが，親密性の労働の外部化やその受け入れ制度が脆弱性を孕んでいては，先進国の親密圏の再構築は移動する人々 ── その多くは女性 ── の犠牲の上に成立していることになる。これでは，持続可能であるとは言えない。人口構成の変化に対応した社会システムの再構築はグローバルな課題であり，規範をもって創りだされるべきものである。親密性の労働のあり方をどのように規定するのか。本書が新たな時代を切り拓くための一助になれば幸いである。

第 1 章　親密性の労働と国際移動

・参考文献・

坏洋一 2008.「福祉国家における「社会市場」と「準市場」」『季刊社会保障研究』
　　82-93

安里和晃 2001.「香港における出入国管理と外国人労働者政策 ―― 90 年代の外国人
　　家事労働者をめぐる処遇を中心に」梶田孝道編『国際移民の新動向と外国人政
　　策の課題 ―― 各国における現状と取り組み』法務省東京入国管理局，9-28

―――― 2007.「日比経済連携協定と外国人看護師・介護労働者の受け入れ」久場
　　嬉子編著『介護・家事労働者の国際移動 ―― エスニシティ・ジェンダー・ケア
　　労働の交差』日本評論社，27-50

―――― 2016a.「経済連携協定を通じた海外人材の受け入れの可能性」『日本政策
　　金融公庫論集』第 30 号，35-62

―――― 2016b.「移民レジームが提起する問題 ―― アジア諸国における家事労働
　　者と結婚移民」『季刊社会保障研究』第 51 巻第 3-4 号，270-286

安里和晃・中江郁子 2008.「シンガポール」東京海上日動リスクコンサルティング株
　　式会社編『アジア諸国における外国人材の活用等に関する実態調査』経済産業
　　省経済産業政策局産業人材政策担当参事官室，157-210

伊藤るり他 2008.「いかにして「ケア上手なフィリピン人」はつくられるか ―― ケ
　　アギバーと再生産労働の「国際商品」化」足立眞理子編著『国際移動と「連鎖
　　するジェンダー」―― 再生産領域のグローバル化』作品社，117-143

落合恵美子 2012.「親密性の労働とアジア女性の構築」落合恵美子・赤枝香奈子編
　　『アジア女性と親密性の労働』京都大学学術出版会，1-34

―――― 2013.「アジア近代における親密圏と公共圏の再編成 ―― 「圧縮された近
　　代」と「家族主義」」落合恵美子編『親密圏と公共圏の再編成』京都大学学術出
　　版会，1-38

―――― 他 2010.「日本におけるケア・ダイアモンドの再編成 ―― 介護保険は「家
　　族主義」を変えたか」『海外社会保障研究』170：4-19

春日キスヨ 2001.『介護問題の社会学』岩波書店

京極高宣 2007.『社会保障と日本経済 ―― 「社会市場」の理論と実証』慶應義塾大
　　学出版会

―――― 2008.「準市場と「社会市場」」『季刊社会保障研究』44（1）：2-3

行政院労工委員会編 1991.『対外籍女傭看法及国内女傭雇用現況與供需意願統計報
　　告』行政院労工委員会

鈴木伸枝 2009.「フィリピン人の移動・ケア労働・アイデンティティ」『立命館言語
　　文化研究』20（4）：3-17

末廣昭 2010.『東アジア福祉システムの展望 ―― 7 カ国・地域の企業福祉と社会保
　　障制度』ミネルヴァ書房

辻由希 2012.『家族主義福祉レジームの再編とジェンダー政治』ミネルヴァ書房

45

宮坂靖子 1985.「Ariès, Ph. の近代家族論の再検討 —— 家族機能論の視点から」『家族研究年報』11：66-82

宮坂靖子 2011.「日本における近代家族論の受容とその展開」『奈良大学紀要』39：75-89

Blau, M. Peter 1964. *Exchange and Power in Social Life*, Transaction Publishers.（『交換と権力』間場寿一・居安正・塩原勉共訳，新曜社，1974 年）

Chang, Grace 2000. *Disposable Domestics: Immigrant Women Workers in the Global Economy*, South End Press.

Colombo, Francesca et al. 2011. *Help Wanted? Providing and Paying for Long-Term Care*, OECD.

Gilbert, Neil 2002. *Transformation of the Welfare State: The Silent Surrender of Public Responsibility*, Oxford, New York: Oxford University.

Gouldner, A. W. 1960. "The Norm of Reciprocity", *American Sociological Review*, 25: 161-179.

Hochschild, A.R. 1983. *The Managed Heart: Commercialization of Human Feeling*, University of California Press.

Lan, Pei-chia 2006. *Global Cinderellas: Migrant Domestics and Newly Rich Employers in Taiwan*, Durham: Duke University Press.

Le Grand, Julian 2002. "The Labour Government and the National Health Service", *Oxford Review of Economic Policy*, 18(2): 137-153.

Massey, Douglas S et al. 1993. "Theories of International Migration: A Review and Appraisal", *Population and Development Review*, 19(3): 431-466.

Malinowski, Bronislaw 1922. *Argonauts of the Western Pacific*, London（『西太平洋の遠洋航海者』増田義郎訳，講談社学術文庫，2010 年）

Mauss, Marcel 1923. *Essai sur le Don: Forme et Raison de l'Échange dans les Sociétés Archaïques*.（『贈与論』吉田禎吾・江川純一訳，ちくま学芸文庫，2009 年）

Mies, Maria 1986. *Patriarchy and Accumulation on a World Scale*, Zed Books.（『国際分業と女性 —— 進行する主婦化』奥田暁子訳，日本経済評論社，1997 年）

Nicole Constable 2007. *Maid to Order in Hong Kong: Stories of Migrant Workers*, second edition, Cornell University Press.

Park, J.S.W and Shannon Gleeson 2014. "Race and Immigration: An Introduction", Park, J.S.W and Shannon Gleeson ed., *The Nation and Its Peoples: Citizens, Denizens, Migrants*, Routledge, 1-11.

Piper, Nicola and Mina Roces 2003. "Introduction: Marriage and Migration in an Age of Globalization", in Nicola Piper and Mina Roces (eds), *Wife or Worker? Asian Women and Migration*, New York: Rowman and Littlefield, 1-21.

Polanyi, Karl 1944. *The Great Transformation : the Political and Economic Origins of our Time*, Boston: Beacon Press（『大転換 —— 市場社会の形成と崩壊』吉沢英成・野口建

彦・長尾史郎・杉村芳美訳，東洋経済新報社，1975 年）

Romero, Mary 2000. "Bursting the Foundational Myths of Reproductive Labor under Capitalism: A Call for Brave New Families or Brave New Villages?", *The American University Journal of Gender, Social Policy & the Law*, 8(1): 177–195.

Zelizer, Viviana A. 2007. *The Purchase of Intimacy*, Princeton University Press.

第2章

現代日本におけるジェンダー構造と国際結婚女性のシティズンシップ

髙谷　幸

はじめに

　日本において，日本人男性とアジア出身の女性による国際結婚が注目を集めてから 30 年近く経過した。最初は「嫁不足」に悩む農村の自治体が主導して受け入れた「農村花嫁」から始まった国際結婚は，その後，都市部でも増加するようになった（Liaw et al. 2010: 75）。また 90 年代以降 2000 年代にかけて，台湾や韓国などの東アジア諸国でも，当該国の男性と他のアジア諸国出身の女性との国際結婚が増加し，アジアにおける女性の移動の典型的なパターンの一つとして注目を集めることになった（Piper and Roces eds. 2003; Constable ed. 2005）。一方，日本における国際結婚は 2000 年代前半までは増加傾向にあったが，2006 年をピークに減少している。とりわけ日本籍男性と外国籍女性の結婚は，2006 年には 35,993 件だったが，2015 年には 14,809 件と大幅に減少した。またこの組み合わせの結婚は，一時期日本における国際結婚の 8 割を超えていたが，近年は 7 割程度となっている。（厚生労働省「人口動態統計」各年版）。数年の例外をのぞいて，統計のある 1970 年代以降増加し続けてきた日本籍男性と外国籍女性の国際結婚という現象は転機を迎えているといえる。

　このうち特に減少が著しい組み合わせの一つがフィリピン籍女性と日本籍男性の結婚である。その背景には，フィリピン人女性の来日の主要ルートだっ

49

第Ⅰ部　理論編

た「興行」での来日が厳格化されたことがある。フィリピン人女性の国際結婚は，他のアジア諸国における国際結婚や日本籍男性と中国籍女性の結婚の一部において一般的な業者婚とは異なり，エンターテイナーとして来日した女性が，フィリピンパブという女性たちの職場などで日本人男性と出会って結婚にいたるケースが多かった（髙谷 2015）。しかし 2004 年にアメリカ国務省による「人身売買報告書」によって，人身売買対策の不備とエンターテイナーが人身売買の犠牲者となっていると批判された日本政府は，「興行」による新規入国を厳格化した。この結果，2004 年には 82,471 人だったフィリピン籍者の「興行」での新規入国は，2014 年には 3,149 人にまで減少した。こうして，日本人男性とフィリピン人女性が出会う機会は限定されていったのである。その結果，2006 年には 12,150 件あった日本籍男性とフィリピン人女性の結婚が，2014 年には 3,000 件と急減した。2015 年には，前年と比較して若干増加したが，2000 年代半ばと比べると 1／3〜1／4 の水準になった。このように，フィリピン人女性の結婚が減少するなかで，日本籍男性と結婚する女性は中国籍者が最多になったが，両者の結婚件数も 2009 年の 12,733 件をピークに減少し，2015 年には 5,730 件となった。なお中国籍，フィリピン籍女性に次いで日本籍男性との結婚が多い韓国・朝鮮籍女性との結婚も減少している。

　さて国際結婚が社会的に注目を集めて以降，在日国際結婚女性についての研究もなされてきた。しかし後述するように，それらの多くは，ケーススタディーに偏っており，理論的な考察は十分になされてこなかった。またこれらの研究では，日本での生活が長期にわたり安定した，いわゆるミドルクラスの生活を送る女性たちのエージェンシーが強調される一方で，不安定な状況におかれた女性たちの存在を十分に捉えてこなかった。

　これに対し，本章では，在日国際結婚女性，そのなかでも主に在日フィリピン人女性のシティズンシップを理論的に考察することを目的とする。具体的には，在日国際結婚女性のシティズンシップが，どのようにジェンダー，階級，人種によって構成され，またそれらを構成しているのかを明らかにする。国際結婚女性は，確かにエージェンシーを発揮するが，それは，所与の構造から自由ではない。すなわち彼女たちは，日本社会の所与のジェンダー

50

構造のなかに位置づけられ，それによってシティズンシップは規定される。こうしたシティズンシップにともなう包摂／排除・周縁化の機制は，ある国際結婚女性の地位上昇を達成する一方で，他の女性たちを周縁化することにもつながっていることを指摘する。

① 在日国際結婚女性をめぐる議論 ── 構造と「主体」

　国際結婚女性が受入れ国で形成する世帯，とりわけ夫や義理の両親との関係，あるいは社会において，脆弱な位置におかれることは多くの研究で言及されてきた（e.g. Piper 1997）。彼女たちは法的地位という点で夫に従属していることにくわえ，外国人，女性，さらには「途上国」出身として差別されがちであることが指摘されてきた。とりわけ農村における国際結婚女性である「農村花嫁」は，農村社会における家父長制やイエ意識の犠牲者としてアカデミズムおよびメディアの中で描かれる傾向が強かった。またこの背景には，農村の不平等なジェンダー構造を忌避して日本人女性が農家の長男と結婚しなくなった結果生じた農村の「嫁不足」が指摘されていた（e.g. 宿谷 1988; 佐藤編 1989）。つまりこのとき，国際結婚女性は，日本人女性が「解放」された不平等なジェンダー構造に位置を与えられ，その構造を維持する役割を担わされている（担っている）という点が強調されていた。

　これに対して，構造的な抑圧に着目する議論がかえって，国際結婚女性を「商品」あるいは「犠牲者」と見なし，彼女たちにたいする偏見を強化してしまうことや，女性の主観的認識とずれているとする批判もなされてきた（Faier 2009; 桑山 1995; Nakamatsu 2003; Suzuki 2000; 2003; 武田 2011; 賽漢卓娜 2011）。そのうえでこれらの議論は，構造的な犠牲者として女性をみることを批判し，女性たちの自律性やエージェンシーを強調してきた。たとえば，賃労働に従事することによって女性たちが経済的な自律性を獲得することの重要性を指摘する議論や（Freeman 2005; Suzuki 2003），世帯における女性たちの経済的資源を管理する能力に焦点をあてる議論もある（Nakamatsu 2003）。また，国際結婚女性が送金や寄付をつうじて，出身国における地位や権力を

第 I 部　理論編

高めていることに注目する議論もある（Bélanger and Linh, 2011, Suzuki 2000）。さらに，日本人夫とフィリピン人妻の文脈では，女性たちが英語を話すことができるということが，夫の妻にたいする敬意を高め，両者が対等な関係を築くことにつながっているという指摘もある（Suzuki 2004）。このように多くの研究において，女性たちが，自らの地位をめぐって夫や義理の両親など世帯内であるいは社会のなかで交渉する可能性が考察されてきた。

　とはいえ社会構造のなかで脆弱な位置におかれた国際結婚女性が活用できる資源は限られている。それゆえ彼女たちが，世帯のなかで家事に従事し，支配的な性別分業規範にしたがっているという事実もまた，彼女たちの地位や欲望の両義性や矛盾を示すものとして解釈されてきた。リエバ・ファイアーは，木曽地域で暮らす国際結婚したフィリピン人女性が，「理想的で伝統的な日本人の嫁」の役割を演じていることに注目している。地域の日本人住民も，彼女たちが「ジェンダー化された日常的実践」を行っているか，それができるかということによって，「いいお嫁さん」であるかどうかを判断しているという。つまり彼女たちは，「日本食」をつくり，日本の家を維持し，子どもや義理の親の面倒を見，日本人との近所付き合いを行い，時には家内ビジネスを助け，ある種の振る舞いや感情的な態度を身につけているかどうかによって，「いいお嫁さん」かどうか判断されるという（Faier 2009: 152-4）。

　このように，フィリピン人女性は，世帯内で伝統的なジェンダー役割を担いがちである。とはいえ，ファイアーによれば，女性たちは，必ずしも強いられてこれらの役割を担うというわけではない。確かに彼女たちは，日本において脆弱な位置に置かれている。彼女たちのうち配偶者ビザをもっている場合，その滞在期限は一時的で，夫の協力がなければ更新できない。またしばしば，フィリピンの家族に送金する必要があり，そのため，経済的に不安定な位置におかれている。しかし同時に，ファイアーによると，日本社会の規範に彼女たちが適応することは，彼女たちの脆弱性を意味するだけではなく，女性たちのエージェンシーにももとづいている（Faier 2009: ch. 5）。まず，彼女たちにとって，日本人の妻として日本で暮らすことは，フィリピンの家族を支え，ミドルクラスの生活を送るという自分自身の夢の実現と結びついている。また，フィリピン人女性は，ある種の「理想的な」花嫁役割を演じ

52

ることによって，彼女たちの，よく知られたスティグマ化されたイメージを
補おうとしている。在日フィリピン人女性は，「じゃぱゆき」あるいは風俗
産業で働く女性という支配的なイメージに影響を受けてきた（ゴウ・鄭
1999）。それゆえこのイメージを覆すことは，彼女たちにとって日本社会に
おける地位上昇を意味してきた（Suzuki 2003; 高畑 2009）。次節でみるように，
国際結婚女性を特に対象にした統合政策が欠如していることもあって，日本
社会がうみだした女性たちにたいするスティグマ化されたイメージを転換さ
せるのは，女性たち自身の努力にまかされてきたといえよう。さらに，彼女
達自身がもつ，よい妻，母，義理の娘という文化的な理想は，いくつかの面
で，日本の伝統的な理想と共鳴しており，したがって伝統的なジェンダー化
された家事役割の遵守は，男性性と女性性のカトリック的な理解をも反映し
ている。くわえて，彼女たち自身の文化にもとづく振る舞いは，ときに日本
人から「理想的な」嫁の典型として誤読されているという（Faier 2009）。

　以上のように，ファイアーは，フィリピン人女性たちの欲望にもとづくエー
ジェンシーが，地域社会におけるジェンダー構造のなかで期待される女性の
役割と共鳴し，「いいお嫁さん」役割を実践している状況を明らかにした。
ここからわかるように，エージェンシーは，構造的な制約のもとで発揮され
るものである。しかしいくつかの例外をのぞいて，これまでの研究は，国際
結婚女性が犠牲者と見なされることを批判するあまり，彼女たちがおかれる
構造的な位置に着目することをないがしろにしてきたのではないだろうか。

　これに対し，本章では，シティズンシップに着目し，それがある女性たち
の地位をつくる実践であると同時に，他の女性たちをそこから排除するもの
でもあることを示す。ここでシティズンシップとは，国家と個人の関係を表
現する概念であり，個人をある社会的位置に位置づけると同時に，そこでの
実践をも意味する。以下では，こうした国際結婚女性のシティズンシップは，
人種や階級と関係しながら作用する既存のジェンダー構造に大きく影響を受
けるかたちで構成されていると論じる。

第I部　理論編

2　シティズンシップの構築
—— ジェンダー・人種・階級の交差性

2-1.「包摂と排除の弁証法」としてのシティズンシップ

国際結婚女性のシティズンシップが，いかにジェンダー，人種（日本人／外国人），階級によって構築されているかをみるために，まずそれぞれの概念について考察しておこう。

前世紀の終わり頃からシティズンシップをめぐる議論が盛んになされるようになったが，そのなかでシティズンシップの包摂／排除は，主要な論点の一つを構成してきた（Kivisto and Faist 2007）。シティズンシップは，一言で言えば，「共同社会における完全なメンバーシップ」を意味する。このとき当該社会のメンバーは，権利と義務の観点から平等であると想定されている（Marshall 1950＝1993）。たとえば近代イギリスにおけるシティズンシップの形成を論じた T. H. マーシャルが，公民的権利，政治的権利，社会的権利というシティズンシップの権利のうち，社会的権利に着目したのは，それが確立してはじめて成員間の実質的な平等が達成されたからである（Marshall 1950＝1993）。しかしシティズンシップがある社会のメンバーシップを意味するということは，それは，誰がメンバーとして含まれ，誰が含まれないかを決める境界線を定義するということをも意味する。つまりシティズンシップはメンバーシップであると同時に，その包摂／排除の境界を構築するものでもある。

近代におけるシティズンシップは，まず国民国家における国籍と合致するものとして定義されてきたが，そこには普遍性が含意されてきた（Brubaker 1989）。つまりシティズンシップは，身分や人びとの個人的な資質にかかわらず，誰もが平等な権利と義務をもつという理念を含んでいる。このようにシティズンシップは，理念的には，社会のメンバー間の平等を担保するものとされている。とはいえ実際には，形式的なシティズンシップの典型でもある選挙権の歴史が示すように，女性や無産階級，黒人や先住民族などは，シ

54

ティズンシップから当初排除されてきた。つまりジェンダー，人種，階級を
はじめとする社会的区分にもとづいて，社会のメンバーシップ＝シティズン
シップへの包摂／排除の境界が設定されてきた（Glenn 2002, Lister 1997, Yuval-
Davis 1997）。しかし同時に，そうした排除された人びとによる，包摂／排除
の境界の正統性を問い直す闘争を通じて，シティズンシップの範囲は拡大し
てきた。その意味で，シティズンシップは「包摂と排除の弁証法」によって
形成されてきたといえる（Kivisto and Faist 2007: 17）。

　第二次世界大戦後，西欧諸国において移民が増加するなかで，形式的なシ
ティズンシップは，ある社会に暮らすひとびとに平等に保障されるわけでは
ないことが明るみになった（Hammar 1990＝1999）。近年では，移民に認めら
れる権利は，滞在資格や国籍によってますます細かな制限が設けられるよう
になっており，それらは，段階的なシティズンシップや部分的なシティズン
シップともいわれる（Ong 1999; Parreñas 2001）。

　とはいえこうしたシティズンシップは，静態的なものではなく常に過程と
して形成される。それは既存の社会構造に影響を受ける一方で，前述のよう
に，周縁化された人びとによる対等なシティズンシップを求める闘争を通じ
て再構築されるのである。そしてこの周縁化された人びとのシティズンシッ
プの実践は，法や政策にかかわる運動だけにとどまらない。というのも人び
とが日常生活における実践のなかで権利や承認を求めることもまた，シティ
ズンシップの重要な側面を構成するからである（Glenn 2002: 52-3; Yuval-Davis
2011）。つまりシティズンシップとは，単に法的な地位を意味するのではない。
それはある社会的地位でもあり，また自己や他者による承認や評価を通じて
形成されるものでもある。そこで本章でも，シティズンシップの側面として，
法や政策によって規定される形式的な側面，日常生活における実践やそれら
を通じて形成される社会的地位，および自他によるアイデンティフィケー
ションに着目する（Glenn 2002）。

　このときシティズンシップは，人びとをある社会のなかに（階層化して）位
置づけ，また他のものをそこから排除する一方で，周縁化された人びとや排
除された人びとが，その階層化や排除をめぐって争い，何らかの形で社会の
メンバーとして位置づけなおす際の契機ともなる。

第Ⅰ部 理論編

2-2. シティズンシップ獲得における経路依存性

　現在形式的なシティズンシップは国籍による排除という形をとる一方で，ある国内における人種やジェンダー，階級を根拠とした明示的な排除は差別と考えられる。しかしシティズンシップの実質的な側面をみれば，それらの社会的区分は，交差しながら影響を与えている（Anthias and Yuval-Davis1983; Glenn 1992; 伊藤 1995; Yuval-Davis 2011）。ここで交差性とは，人種，ジェンダー，階級をはじめとする社会的区分を，それぞれ独立し異なるものとして扱うのではなく，ある社会的文脈のなかで互いに影響しあいながら，人びとを社会に異なる仕方で位置づけ，また人びとの異なる経験を導いていることに着目する概念である。またこうした社会的区分が互いに絡みあいながら，人びとの社会的位置やアイデンティフィケーション，諸行為に影響を与える過程に着目するアプローチを交差性アプローチという。つまりそれは，社会の階層化を分析するための理論的枠組みとして位置づけられる（Yuval-Davis 2011）。

　エブリン・ナカノ・グレンは，19 世紀末から 20 世紀初頭にかけて，アメリカの南部，南西部，ハワイにおける支配的な集団と従属的な集団の関係を考察することによって，シティズンシップと労働システムがいかに，ジェンダーと人種関係を構成したのかを検討している（Glenn 2002）。このときグレンは，ジェンダーと人種を，社会的に構築され相互に影響し連結する構造として捉えている。これによって，多様なレベルで生じるジェンダー化と人種形成のプロセスに着目するのである。彼女は，この統合された枠組みにおいて，人種やジェンダーは分析的概念として 3 つの主要な特徴をもつとする（Glenn 2002: 12-17）。

　第一に，人種やジェンダーは関係的な概念だということである。しばしばこれらの概念は「白人／黒人」「男性／女性」という二項対立によって構成される概念として捉えられる。またそのとき，白人性や男性性という支配的カテゴリーは「標準的」で「透明な」無徴化されたものとされる。しかし人種やジェンダーが関係的であるということは，それらが，固定的な二項対立を前提しているということを必ずしも意味しない。むしろこれらを関係的な概念と位置づけることは，支配的なカテゴリーがそれ以外のカテゴリーに依

56

存して構築されている状況を問題化したり，複数の集団間が相互依存状況に
あるような複雑な現実を考察する上で有効である。

　第二に，人種やジェンダーは社会的に構築されるが，それは表象レベルに
とどまらず物質的な関係でもある。すなわち人種とジェンダーは，労働市場
の分断，居住地の隔離，政府による階層化された支援のような社会的なアレ
ンジメントを（再）生産するものである。しかし同時に，それらは構造であ
るだけではなく，人びとのアイデンティティとしても構築される。

　第三に，人種とジェンダーは，権力が構成される要素でもある。この権力
は，通常政治と考えられている領域だけではなく，日常の想定や実践を通じ
ても発動される。

　以上のように特徴をまとめながら，グレンは，人種とジェンダーはあらか
じめ決められたものではなく，特定の環境や歴史的なコンテクストのもとで，
人びとの行為を通じて構築されると論じた。

　しかし同時に，これらの構造は，人びとの行為を規定したり方向づけたり
もする。そして移民がある社会に編入されるとき，彼らのシティズンシップ
は，受入れ社会の所与の構造に影響を受けて構成される。たとえばアイファ・
オングは，20 世紀後半にアメリカに移住したアジア系移民のうち貧しいカ
ンボジア難民と富裕な中国系移民をとりあげ，両者がアメリカにおける所与
の人種構造のなかに，異なるかたちで階層化され位置づけられていくプロセ
スを明らかにした（Ong 1996）。つまり貧しいカンボジア難民は，福祉に頼る
なかで「黒人化」される一方で，高学歴専門職や管理職の中国系移民は「白
人化」され，アメリカのミドルクラスに同化していくという。このように，
しばしば「アジア系」と一括りにされがちな移民は，それぞれの背景によっ
てアメリカ社会に異なるかたちで編入されている。しかし同時に，その編入
様式は，アメリカ社会における既存の階級・人種・ジェンダー構造に大きく
規定されているのである。つまり移民のシティズンシップ形成には経路依存
性があるといえる。

第I部　理論編

2-3.　日本における人種・ジェンダー・階級

　しばしば日本には，人種関係は存在しないと考えられている。しかし人種化とは，身体上の特徴に言及することで，「われわれ」と他者を区分して創り出し，その差異を自然的で乗り越え不可能なものとしてヒエラルキー化する概念である（cf. Omi & Winant 2015: 109-112）。とするならば「日本人／外国人」という区別も人種関係として捉えることができる。たとえば，日本人と外国人の親から生まれ日本国籍をもつダブルの子どもについて「彼（女）は顔つきが日本人ではない」というとき，その言明は，身体上の特徴を介して「日本人」と「日本人ではない者＝外国人」の双方を行為遂行的に定義しているといえる。つまり日本人と外国人の区分は，とくに日常の領域においては，国籍のような法的資格以上に身体上・言語上の差異にもとづいて構築される。またこの二分法における「外国人」は，定義上，国籍，エスニシティ，文化様式などにおいて多様な人々を含み，「日本人ではない者」として否定的にカテゴライズされる存在にすぎない。それはむしろこの否定的なカテゴリー化によって「日本人」カテゴリーを自然化する作用に意味があるのである。このような身体上の差異に言及しつつ構築され，かつ自然化されるという意味で人種関係ともよべる日本人／外国人という区別は，日本社会の支配的な認知体系を構成しており，日常生活のなかで再生産されているといえよう。

　実際，日本人／外国人の二分法の構築とその自然化は，日本社会が多文化化している状況のなかでも維持されている。周知のように，2008 年に「アイヌ民族を先住民族とすることを求める決議」が国会で決議されるなど，日本においてもあからさまな「単一民族神話」は主張されなくなった。現実にも，日本に暮らす外国籍者の人口に占める割合は増加している。しかしむしろそうした「マルチナショナル」な状況のなかで，排外主義運動のようなあからさまな形だけではなく，日本の多民族化を前提とするメディアや美術展示においても，「日本人」と「外国人」の区別はより際立たせられ，自然化されている（岩渕 2007, Tai 2009）。また移住者権利運動においても，歴史的経緯により，権利の主体を「外国人」と捉え，その権利獲得が目指されてきた

58

（Chung 2010, Kashiwazaki 2013）。さらに移住者にかかわる国や地方自治体の政策もその対象を「外国人」と表現するのが一般的である（Kashiwazaki 2013）。

　こうした文脈において移住者は，日常生活において有徴化された存在として捉えられつづけられている。たとえば前述のファイアーが，地域に暮らすフィリピン人女性にたいする日本人の反応に見てとったように，日本の習慣に適応していたとしても，それは「（外国人なのに）日本人らしい」と評価されるのである（Faier 2009）。この例が示すように，外国人は，日本社会のメンバーから一律に排除されているというわけではない。むしろその包摂／排除あるいは周縁化にあたって，「日本人」が「標準」として持ち出されるということがここでは重要である。つまり日本人／外国人という区分は，日本社会の正統なメンバーであるかどうかを判断する境界として作用しているのである。このとき移住者は，「日本人らしく」あるいは「日本人以上の日本人」にはなれるが，「日本人」にはなれない。このように自然化・無徴化された「日本人」は，社会のメンバーを境界づけ，またメンバー間の差異をヒエラルキー化するカテゴリーとして機能している。

　こうした支配的な人種関係を前提に，国際結婚女性は，日本の家庭に入ることをとおして日本社会に編入する。このとき，社会のメンバーとして女性たちを規律化する「日本人らしさ」という人種化された基準は，具体的には「日本人の妻」「日本人の嫁」らしいかどうかというジェンダー化されたかたちで作用する。また，これまで「じゃぱゆき」としてスティグマ化されてきたフィリピン人女性にとっては（ゴウ・鄭 1999），それはセクシュアリティの管理と結びついた結婚制度にもとづく境界としても作用している。こうしてマジョリティとマイノリティの圧倒的な非対称性を背景に，日本人の既婚女性を自らの行為の準拠枠とする国際結婚女性のエージェンシーも取り込みながら（賽漢卓娜 2011），彼女たちは，主流社会の人種化されたジェンダー構造に「外国人の妻」として位置づけを与えられる。

　さて本章では，このジェンダー構造として主に家族と市場におけるジェンダー配置に着目する。周知のように，戦後日本では，性別分業にもとづく近代家族はその物質的基盤である企業社会と結びつくかたちで維持されてきた（落合 2004, 木本 1995, 2004）。木本喜美子が論じたように，戦前は中間層に限

第Ⅰ部　理論編

定されていた近代家族は，1960年代に入り労働者層への「家族賃金」の支給が実現することによって大衆化していった（木本1995）。つまり大企業の正社員であれば，雇用制度面でブルーカラーとホワイトカラーの身分差が撤廃されていったのである。こうして憧れであった近代家族における主婦という地位は，労働者層の妻にとっても手の届くものとなったとされる。また，このような企業社会と結びついた〈近代家族〉モデルは，自営業層や農家，中小零細企業の労働者家族にとっては縁遠いものだったが，そうした他の社会層も含めて「『豊かな生活』イメージとして強い影響を与え」，戦後日本社会のなかでモデルとしての規範性を強めていった（木本2004: 338 注（20））。こうしてとくに団塊世代のコーホートにおいて女性の専業主婦化がすすんだ（落合2004）。

　その後，1985年制定の男女雇用機会均等法によって女性の就労機会は拡大したものの，それは主に大卒女性に限られてきた。1990年代後半頃からは，少子化の影響により女性の就労を支援する政策がすすむ一方で，1985年にはじまった年金の第三号被保険者制度など「男性稼ぎ主」型の政策は維持されたままである（大沢2007）。また育児や子育てをしながらの就労機会が限られていること，男性の長時間労働などの影響により育児役割が母親に偏っていること，育児支援政策の不十分さなどを背景に，現在も結婚や育児期に一旦仕事をやめ，子どもが成長してからパートとして家計補助的に働くというかたちが，既婚女性の主要な就労パターンであり続けている。こうして女性に生産・再生産の二重役割を強いながら，市場と家庭の性別分業は強固に維持されてきた。

　一方で，規制緩和がすすむなかで男女の若年層および女性全体の非正規雇用率は増加しつづけ，「家族賃金」が保障される雇用者の割合は減少している。2014年の統計によると，15-24歳の非正規雇用比率は，男性が44.3％，女性が52.7％に達しており，また女性全体も56.7％と過半数を超えている（内閣府2015）。このように安定した雇用をもつ夫の配偶者＝主婦が限られた地位になるにしたがって，かえって，あるいはだからこそ性別分業にもとづく〈近代家族〉モデルは，ミドルクラスとしての規範的な意味合いをより強めているようにもみえる。

60

他方，主要な非正規雇用が既婚女性のパート労働として確立されてきた経緯から，最低賃金は労働者の平均賃金と比較して低く抑えられており，現在でも非正規雇用でフルタイム就労しても低収入にしかならない。その困難が最も集約的にあらわれているのが母子世帯である。日本の母子世帯は，就業率が高いにもかかわらず貧困率が高い点に特徴があり（Kilkey 2000＝2005），その貧困率は54.6％（2012年）に達している[1]。母親が専門職で働く場合や実家の支援が得られる場合などをのぞけば，母子世帯の生活が困窮しがちであることを立証する数字といえよう。

結局，戦後の日本社会に生きてきた多くの女性たちにとって，ミドルクラスの地位は「主婦」というかたちでしか手に届くものとなってこなかった。それゆえ特にノンエリート女性にとって，結婚は安定した地位を獲得するためのほぼ唯一の手段としての位置づけであり続けている。これからみるように，以上のようなジェンダー構造は，国際結婚女性が日本社会に編入し，シティズンシップを獲得するにあたって所与のものとして機能している。

③ 国際結婚女性のシティズンシップ

3-1. 結婚を通じたシティズンシップ

前述のように，日本で国際結婚が注目を浴びたのは，1980年代に「嫁」不足を解消するために地方自治体が主導してフィリピンや韓国からの女性との国際結婚を斡旋したのが始まりだった。このときしばしば批判的に議論されたように，国際結婚女性は，日本人の妻や嫁が担ってきたような役割（しかしそれが忌避されるようになっているため結婚難が生じていたのだが）を担うように期待されていた。つまり地域におけるジェンダー構造を維持したまま，そのなかに国際結婚女性の位置づけが与えられようとしたのである。

1）　厚生労働省 web サイト「国民生活基礎調査」における「相対的貧困率等に関する調査分析結果について」による。（http://www.mhlw.go.jp/seisakunitsuite/soshiki/toukei/dl/tp151218-01_1.pdf, 2016 年 4 月 4 日閲覧）

こうした地域の姿勢は批判を浴びたが，事実，国際結婚女性は，日本社会における所与のジェンダー構造のなかに位置を与えられることになった。すなわち前述のように，国際結婚女性は，既婚の日本人女性が課されてきた「伝統的」で「理想的な」役割を実際に担ってきたのである。ファイアーが着目したように，地域に根づいたフィリピン人妻は，いまや「日本人以上の日本人」と評価されることもあるが，それは，国際結婚女性たちが「いいお嫁さん」として振る舞うこと，つまり妻役割や母役割を担うことで地域社会に編入されるということでもある。言い換えれば，こうしたジェンダー化された地位実践としてのシティズンシップが，女性が日本社会で暮らすにあたっての安全を保障している。

J. スコットは，東南アジアにおける土地所有者と農民のあいだに成立している不平等な階級関係をモラルエコノミーとよんだ（Scott 1976＝1999）。それは不平等な互酬関係だが，支配層は，被支配層の生存を保障する責任を負っているという想定にもとづいており，それゆえ被支配層もその関係を道徳的に正統なものとして受け入れているという。地域社会と国際結婚女性のあいだにも，このようなモラルエコノミーが機能しているといえる。つまり「農村花嫁」「フィリピン人」としてスティグマ化され，差別されてきた女性たちにとってみれば，「日本人以上の日本人」として伝統的で理想的なジェンダー役割を担うことは，自らのエージェンシーの発揮でもある（Faier 2009）。つまりそれは，同化の強要としてのみ捉えられるものではない。むしろ限られた社会資源のなかで，その行為は，地域社会における自らの安全（secure）な生とシティズンシップを保障するものでもある。

しかし性別分業規範が維持されているのは，農村における国際結婚世帯だけではない。むしろ国際結婚女性は，居住する地域や世帯構造にかかわらず，日本人の女性と同様，家庭内で再生産役割を担いがちである。たとえば日本における性別分業の根強さは，女性の労働力参加率が，出産・育児期に低下するという事実に端的に示されている（内閣府 2015）。同様に，国際結婚世帯の女性も，より低い水準ではあるものの，日本における女性の就業パターンに沿う働き方をしている（髙谷 2015）。こうした性別分業は，確かに，ファイアーが論じたように，女性のエージェンシーの発揮の結果という面もある

第 2 章　現代日本におけるジェンダー構造と国際結婚女性のシティズンシップ

だろう。一方で，中国やフィリピンなど出身国の状況と比較し，日本における世帯内の女性の脆弱な位置やジェンダー役割にたいする強い期待に直面して地位の下降を経験する女性もいる[2]（賽漢卓娜 2011）。一方で，後述するように，その労働力参加率は過去 15 年で上昇している（髙谷ほか 2015）。その背景には，夫の退職や失業のほか子育てが一段落した女性たちが働きに出るようになったことがあると思われる。つまり国際結婚女性も家庭内で再生産役割を果たしており，くわえて近年は稼ぎ手役割をも担いつつあるといえるだろう。

3-2.　国家のモラルエコノミー

　女性たちの安全な生を保障するモラルエコノミーは，前節でみた地域社会における対面的な関係のなかでのみ機能しているわけではない。アイファ・オングは，アジア諸国の政府や支配的な政治家が表明するイデオロギーに着目して，それを「国家のモラルエコノミー」とよんでいる。すなわちこれらの国では，市民は，経済的な規律訓練と政府への服従を遵守することの見返りに，政府は，自分たちの社会経済的な福利を保障してくれると説得されているという。ここでは，モラルエコノミーに「国家─市民関係が埋め込まれ」ており，国家はそれを支えるために「モラルエコノミーのイデオロギーに忠実な文化的価値を継続的に創出し，維持しなければならない」のである（Ong 1999: 70）。このようにオングは，モラルエコノミーを，所与の文化規範としてだけではなく，国家によって再発見され，それに忠実な文化的価値を繰り返し植えつけることによって維持されるものとして捉えた。

　ラセル・サラザール・パレーニャスは，フィリピン政府の移民女性や輸出志向型産業で働く女性労働者への対応を念頭において，オングのいう国家のモラルエコノミーは「ジェンダー化されたシステム」であると指摘する（Parreñas 2008: 33）。

　これらの議論をふまえると，日本において外国籍者の出入国・在留を管理

---

2)　もちろん個々の世帯内で役割の交渉がなされないわけではない。その例として，賽漢卓娜のほか佐竹（2006），Suzuki（2004）参照。

第I部　理論編

する「出入国管理及び難民認定法」（以下，「入管法」と略）もまたジェンダー化されたモラルエコノミーとして機能しているといえる。それは，国際結婚女性にかかわる「日本人の配偶者等」（および「永住者の配偶者等」）という在留資格＝法的シティズンシップに端的にあらわれている。その資格は，形式上は性中立的であるが，実際にはジェンダー化された作用を外国籍配偶者におよぼしてきた。というのも各年の国際結婚件数の約7-8割が日本籍男性と外国籍女性の組み合わせである状況において，それは，日本籍男性の外国籍女性との間の不平等な構造をより強化するものとして作用してきたからである。具体的にはこの在留資格は，取得時や更新時に配偶者の協力を必要とし，国際結婚移民の法的シティズンシップを配偶者に依存させるものとなっている。そのため，日本人夫と外国籍妻のあいだの支配的な人種化されたジェンダー構造を強めるものとして作用してきた。後述するように，移住女性がドメスティック・バイオレンス（DV）を受けるリスクは非常に高いが，そのDVは，言葉や物理的な暴力のみならず，配偶者が在留資格の更新や手続きに協力してくれないという形でも現象してきた（山岸 2009）。

　にもかかわらず，政府は，2012 年「偽装結婚」対策の一環として，こうした不平等な関係をより強化するような改定法を施行した。この改定入管法では，「日本人の配偶者等」「永住者の配偶者等」という在留資格をもつ者を対象に，「配偶者等の在留資格をもって在留する者が，その配偶者の身分を有する者としての活動を継続して 6 月以上行わない」場合，在留資格を取り消すという新たな規定がもうけられたのである。これによって，国際結婚女性は，配偶者との関係のなかでより脆弱な位置におかれるだろう。また「正統」な結婚をし，一見すると「安定」した結婚生活を送る女性にとっても，家庭内での従属をより強化させたり自己規律化を強いる可能性もある。それと同時にこの規定は，結婚についての文化的価値に支えられており，それを遵守することによって国際結婚女性は，法的な保護を得られるというメッセージを発しているといえよう。

　くわえて，1996 年以降，日本人の実子を監護養育していることを根拠に在留資格が認められるようになった。つまり日本人の実子を監護養育する外国籍女性たちは，再生産役割を担うことによって，国家による形式的なシティ

第2章　現代日本におけるジェンダー構造と国際結婚女性のシティズンシップ

ズンシップが認められてきた（髙谷2010）。このように，外国籍女性にとって再生産役割を担うことは，地域社会のみならず国家との関係においても保護が得られる手段なのである。もちろん日本に限らず，人口に関心をもつ近代国家は，出産・育児という営みを通して社会の再生産を支える家族に介入せざるを得ず，それゆえシティズンシップは家族的地位と深く結びついている（Turner 2008）。しかし一貫して，非熟練移住労働者の公式的な受け入れを拒んできた日本政府の立場を念頭におくと，再生産役割を担う移住者に在留資格を認めるこの政策は際立って「寛容」にみえる。これは，別言すれば，パレーニャスがいうように，日系人以外の移住者は，日本人との性的関係を通じてのみシティズンシップ（「性的シティズンシップ」）が認められるということでもある（Parreñas 2011）。このように入管法は，支配的なジェンダー規範と構造を利用することによって，国家のモラルエコノミーを機能させ，外国籍女性の生とセクシュアリティを管理してきた。またそれは，結婚／未婚・離婚・非婚，あるいは結婚を正統／非正統に区分し，それにもとづく排除や階層化を産み出す効果ももっている。

3-3. 広がるシティズンシップの実践

前節でみたように，入管法は，国家のモラルエコノミーをあからさまに表現している。それは，法的なシティズンシップの境界が文化的価値に支えられているということでもある。しかし同時に，日本では，国際結婚女性にたいする国家のモラルエコノミーは入管法にしか現われていない。たとえば韓国では，少子化を背景に，国際結婚女性にたいする「韓国人」の母親役割としての期待を背景に，彼女たちの統合政策がすすめられてきた（Cheng 2011）。これに対し日本では，国際結婚女性を対象にした統合（包摂）政策は，国家レベルでは存在しておらず，また地域レベルにおいても「農村花嫁」を受け入れた自治体の一部をのぞけば積極的にはおこなわれてこなかった。つまり国家は，入管法を通じた彼女たちの法的シティズンシップの境界づけには熱心な一方で，国際結婚女性を特定の対象とする生活にかかわる政策をとってはこなかった。これは，政府の立場からいえば，政治的権利をのぞき

65

第 I 部　理論編

国際結婚女性を日本籍女性と「平等」に扱っているということになるだろう。とはいえここでの「平等」とは「差異にかかわらず平等」を意味しており，差違の保障や構造的な不平等の是正への取り組みはほとんどなされてこなかった。言い換えれば「社会的権利は，日本人と同様に与えられている」という政府の言明は，「差異にかかわらず平等」というリベラリズムを基盤にしており，構造的な不平等を不可視のものとして扱っている。結果として国際結婚女性は，前述のように支配的なジェンダー構造に，日本籍の既婚女性よりより脆弱な形で位置づけられ，そこからの脱出は，女性たち自身や家族の力に任されることになった。

　実際，こうした状況のなかで国際結婚女性は，多様な領域で，この不平等な構造を変換させ，より安定したシティズンシップを獲得してきた。それは前述のように，地域社会で伝統的なジェンダー役割を果たすことによって安全な地位を確保したり，あるいは世帯内でジェンダー役割を交渉して地位を上昇させるという戦略ばかりではない。たとえば在日フィリピン人女性の場合，コミュニティのなかでの子育てなどにおける相互扶助や日本社会におけるスティグマ化に対抗する動きが着目されてきた（高畑 2003, ゴウ・鄭 1999）。また前述のように，2000 年代半ば頃から，外で働く女性の増加を背景に，就労を通じた地位上昇の可能性も指摘されてきた（高畑・原 2012, Ito 2005, Suzuki 2003, 高畑 2009）。すなわちホームヘルパーの資格を取得して介護現場で働いたり，ALT など英語教師として働く在日フィリピン人女性が注目されてきた[3]。家庭内でケア役割を担ってきた女性たちにとって，介護職は，彼女たちの私的領域での「経験」がいかせる職ともいえる。また英語教師は，彼女たちにひらかれた数少ないミドルクラスの仕事であると同時に，それは「『フィリピン人女性＝興行労働者』という日本社会のなかでスティグマ化されたフィリピン人女性像を変え」彼女たちが「解放されるための手段」としての意味ももっている（高畑・原 2012: 182-3）。さらに「主婦」として日本人夫という社会関係資本を利用して，エスニック・レストランなどの自営業を営む女性たちもいる。こうして国際結婚女性の労働市場への参入は，経済的

3）　ただし統計上は，フィリピン籍女性は，工場などでブルーカラー労働者として働く層が最も多い（高谷ほか　2015）。

資源の獲得だけではなく，自他のアイデンティフィケーションをとおした地位上昇にもつながってきた。とはいえこれらは主に家計補助的な仕事として担われている場合が大半であり，ビジネスを経営する場合であっても「主婦」という地位を前提にした仕事でもある（高畑・原 2012）。

　くわえて国際結婚女性は，家族への送金や土地の購入という経済的活動だけではないかたちでトランスナショナルなシティズンシップを実践している。Suzuki（2000）は，早い時期に在日フィリピン人女性グループが，フィリピンへのチャリティというかたちでエージェンシーを発揮している例に着目した。このような事例は，他の地域でもみられ，岡山にある OKPC（岡山倉敷フィリピーノサークル）という団体でも，地元の小学校に協力を呼びかけ，フィリピンの貧困地域に送るチャリティを実施している。また，近年では，岡山市に本部をおく国際緊急医療 NGO の AMDA（特定非営利活動法人アムダ：The Association of Medical Doctors of Asia）とも協力してフィリピンで災害が生じたときの派遣員として，国際結婚したフィリピン人女性が活動するようになっている[4]。このとき彼女たちは，二つの国／地域をつなぐトランスナショナルな行為者として活動し，フィリピン社会のみならず日本の市民社会においてシティズンシップを実践しているのである。OKPC の元代表が，「フィリピン人の印象が昔と変わってきた」と感想を述べるとおり，こうした実践によって，自他のアイデンティフィケーションを通じて構成される彼女たちのシティズンシップは，より安定したものとして捉えられるようになっているといえよう。

4　階級化するシティズンシップ

4-1．増加する離婚と母子世帯

　これまでみてきたように，国際結婚女性のシティズンシップは，地域社会

4）　2013 年 10 月 11 日 OKPC 代表および元代表へのインタビューによる。

第Ⅰ部　理論編

や国家とのモラルエコノミーのなかで，女性たちの実践をつうじて形成されていた。またその実践の空間は，労働市場やトランスナショナルな社会，さらに日本の市民社会へと広がっている。このように結婚制度内にいる女性だけに注目すると，移住女性は配偶者としての地位を前提に，個人や集合的な行為をつうじてシティズンシップをより安定化させているようにみえる。

　一方で，女性たちのなかには，自らの世帯内における地位に耐えられないと気づいたとき，別の手段として「逃亡」するものもいる。この「逃亡」もまた，離婚とともに，国際結婚女性が自らのエージェンシーを行使する方法の一つとして位置づけられてきた（Faier 2009; Freeman 2005; Wang 2007）。前述のファイアーは，「家のプレッシャー」から逃げた女性のストーリーを，海外で暮らすことを決めたフィリピン人女性の夢や期待と，彼女たちの日常的現実の「ギャップ」あるいは不一致を示す例として取り上げている。逃亡した女性は，彼女たちの生の異なる可能性を探し始めた女性たちなのである（Faier 2009: 209–210）。

　しかしファイアーは，別離や離婚を選んだ女性たちの生をそれ以上に考察しているわけではない[5]。一方で，ファイアーが調査をした1990年代と比較して，離婚を選ぶ女性も増加していった。夫が日本籍・妻が外国籍の離婚は，90〜2000年代を通じて増加し続け2001年に年間10,000件を超え，2008-2010年には15,000件を超えていた。その後は，減少傾向にあるものの，2008〜2011年の同組み合わせの離婚は，各年の総離婚件数の約6％に相当していた（厚生労働省「人口動態統計」）。また国籍調査によると，15歳以上のフィリピン籍女性の回答者のうち配偶関係が離別である者は，2000年時点で74,030人中2,650人（3.6％）だったのに対し，2010年には106,840人中8,690人（8.1％）と人数，割合とも増加している[6]（大曲ほか2011，髙谷ほか2015）。このように離婚や別居後もシングルマザーとして日本で暮らす外国籍女性は増加していると考えられるが，その背景には以下のような政策の変

5)　むしろ彼女の関心は，女性たちの「逃亡」が，その地域で暮らす他のフィリピン人女性に与える影響にあるように見える。すなわちフィリピン人女性の「逃亡」が，その地域における他の移住妻や日本人住民に与える影響を考察することによって，ファイアーは，国際結婚女性が，ミドルクラスの夢を獲得（しようと）していることに着目しているのである（Faier 2009: ch. 6）。

6)　ただし外国籍者の国勢調査回収率は低く，フィリピン籍の場合どちらの年も60％程度である。

化がある。

　第一に，永住の在留資格を取得しやすくなったことがあげられる。2003 年，法務省は「永住ビザに関するガイドライン」を公表した。それによって，「日本人の配偶者等」の在留資格をもつ場合は，結婚し配偶者と同居してから 3 年後に永住ビザの申請をすることができるようになった。永住の在留資格を取得すれば，在留資格の手続きにおいて，原則として日本人配偶者の協力を得る必要や離婚後の在留資格を気にかける必要がない。

　第二に，家庭内暴力（DV）の被害者保護にかかわる政策の進展もまた，国際結婚女性に影響を与えてきた。2001 年に「配偶者暴力防止および被害者保護についての法律」が施行され，DV が犯罪と定義された。その後，2004 年の法改定で，外国人の被害者にたいする保護が明文化された（山岸 2009）。こうして外国籍女性も公的な保護支援につながるようになった 2000 年代末には，婦人相談所の一時保護者に占める外国籍女性の割合は 8.9％と，女性人口に占める移住女性の割合と比較して非常に高い値を示していた（髙谷・稲葉 2011）。日本に親族をはじめとする社会関係資本が限られがちな移住女性の方が，公的施設で保護される可能性が高いことを念頭においても，移住女性の脆弱性が示されている。つまりジェンダー・人種の交差という構造的要因によって，国際結婚女性が，家庭や社会のなかでより脆弱な地位におかれる傾向にある。

　第三に，離婚後，日本人の実子を養育する外国籍者も増加することになった。この数を明示的に示す統計はないものの，前述のように 1996 年に政府が，日本人の実子を監護養育する外国籍者に「定住者」の在留資格を認めるとの通知を出して以降，国際結婚女性にとっては，離婚後，子どもを育てながら日本で暮らす途が確立することになった（高畑 2001, 髙谷 2010）。この通知自体は性に中立な文言で書かれているが，実際には，女性に該当することが多いと考えられる。またこの政策は非正規滞在の移住女性にも適用され，その多くは，子どもの父親が在留資格の手続きの協力をしなかったケースである。つまり社会的な慣習を前提に，日本政府は明らかに，移住女性に日本人の子どものケア役割を期待している（Ito 2005; Tseng 2010）。とはいえそれがたとえジェンダー役割のステレオタイプを強調するものであったとしても，この

第 I 部　理論編

政策は，日本人のパートナーと離婚あるいは別居した移住女性にとって，子どもとともに日本で暮らす方途となるものだった。さらに，夫やパートナーに依存しない居住資格を得ることは，彼女たちにとって，日本人配偶者としての身分よりも自由を意味する可能性もある。

4-2.　階級としての婚姻地位

　以上のような政策の変化は，離別後もシングルマザーとして日本で暮らす途が拓かれるようになったという意味で，「家のプレッシャー」から「逃亡」した外国籍女性の生の可能性が以前よりも拡大したことを意味している。とはいえそれは，必ずしも彼女たちの生の安全が保障されているというわけではない。むしろ実際には，離別後の移住母子世帯を対象とする政策はなく，脆弱な位置におかれる場合が大半である。たとえばDV被害者である場合も，シェルターに滞在できるのは多くの場合数週間であり，それ以降は，自分自身で生計を立てるか，公的扶助に頼るほかないのが現状である。こうして在日フィリピン人を世帯主とする生活保護の受給件数は増加しつづけている[7]。

　前述のように，日本の母子世帯は就業率が高いにもかかわらず貧困率も非常に高いという特徴がある。そして離別・死別のフィリピン人女性の就業率も既婚女性と比較して非常に高い（髙谷ほか2015）。つまりここでも，フィリピン人母子世帯は日本人母子世帯と同様のパターンを，より脆弱な形態でとっているのである。言い換えれば，結婚制度の内／外にいるかどうかによって階級化される既存のジェンダー構造のなかで，母子世帯は一般に脆弱な位置におかれるが，フィリピン人母子世帯はその構造のなかで，さらに脆弱な位置づけを与えられるといえよう。

　以上から，同じフィリピン人女性のなかに階層的な分化が生じていると考えられる。つまり国際結婚にもとづく在留資格を基盤に，より安定したシティ

---

7)　2015年度には，フィリピン人を世帯主とする生活保護受給世帯数は5,333世帯と2000年の597世帯と比較して約9倍になっている。またそのうち3,394世帯が母子世帯である（厚生労働省「被保護者全国一斉調査」および「被保護者調査」（2012年以降）による）。

70

第2章　現代日本におけるジェンダー構造と国際結婚女性のシティズンシップ

ズンシップを獲得するものがいる一方で，離別し母子世帯として暮らすものもいる。しかしこれまで国際結婚女性のエージェンシーを強調する議論の多くは，そのなかのミドルクラスの女性に対象が偏っていたように思われる。これに対し，本章で指摘したいことは，日本籍男性との結婚関係を基盤にしつつ自らの実践をつうじてより安定した地位を獲得する女性がいる一方で，そこから外れた女性は，脆弱な位置におかれがちだということである。つまり双方の女性たちの生を貫き，両者の位置を分岐させている主要な背景は，男性との結婚が継続しているかどうかだということである。日本籍女性と比較して，法的シティズンシップも脆弱であり，また安定した雇用が少ない現状では，日本人との結婚が，日本籍女性以上に，女性たちの安全な生を保障する主要な手段として機能している。またカトリック教徒が多いフィリピン人の場合，離婚は道徳的に批判されがちであり，女性たちもその規範を内面化している傾向にある。さらに移住先の日本での安定した生活は，出身国における家族の期待を背負い，また実際に家族の生活を支えている場合も珍しくない女性たちにとって，家族への仕送りの可能性とも結びついている[8]。

とはいえこのように国際結婚女性とシングルマザー女性の生を分岐させているのが，日本人と結婚しているかどうかにある以上，それは紙一重の経験の差ともいえる。しかもその分岐によって生活は大きく変わる。そうしたことはフィリピン人女性自身もよくわかっており，離婚を考えている他の女性に「離婚したら生活していけないよ」と「アドバイス」がなされることもある。またシングルマザーとして生きる女性は，結婚しているフィリピン人女性から，結婚していないことや離婚したことを「見下された」経験をしばしばもっている。そのため，他のフィリピン人女性の集まりに参加しないことも珍しくない[9]（髙谷 2010, 髙谷・稲葉 2011）。このように，社会における道徳的な価値評価および法による保護を背景に，移住者コミュニティのなかに差異と分断が生じ，とくに「正統な」結婚をしていない女性は周縁化を経験し

---

8)　ただし，国際結婚の場合，女性たちの出身家族への仕送りを日本人夫が快く思わなかったり認めなかったりする場合もある。

9)　タイ人女性の場合も，日本人と結婚した女性は「経済的安定」を手に入れていると見られており，より脆弱な位置にあるコミュニティのメンバーに頼られる一方で，彼（女）らのあいだに軋轢や対立が生じる場合もあるという（ティラポン 2010）。

71

第I部　理論編

がちである。女性たちの生は，社会や国家のみならずコミュニティのなかで
も，結婚がもつ価値とそれがもたらすシティズンシップにもとづいて規律化
されるのである。

4-3. 既存のジェンダー構造とその変革

　これまでみてきたように，国際結婚が継続している女性は，その結婚関係
を基盤に労働市場，市民社会のなかでトランスナショナルな形でシティズン
シップを安定させている。一方で，離婚してシングルマザーとして生きる女
性たちはより脆弱な位置におかれている。彼女たちの生活はトランスナショ
ナルな空間を生きている点をのぞけば，家族，市場領域で，日本籍女性と同
様のジェンダー化された役割を担っている。その意味で，国際結婚女性のシ
ティズンシップは，人種化・階級化された既存のジェンダー構造に大きく規
定されているといえる。

　ただしこうした既存のジェンダー構造を変革していく契機もまた，国際結
婚女性の実践のなかから出てくるかもしれない。前述のように，日本で暮ら
す母子世帯が増加した背景のひとつには1996年に「日本人の実子養育」に
もとづき，「定住者」という在留資格が認められるようになったことがある。
これは，日本人との結婚や日本人の子孫という理由で認められる在留資格と
ともに「日本人との家族形成」にもとづくシティズンシップの一つとして捉
えられてきた (Ito 2005)。すでに述べたように，シングルマザーに認められ
るこの在留資格は，「日本人の母親」であることを基盤にしており，母親役
割を期待する国家の意思をあからさまに表現している。また日本社会では，
性別分業の実態が強固にあり，とりわけ育児における母親の役割が強調され
る傾向が強いことが指摘されてきた (落合 2004)。そうしたなかでは，「日本
人の母親」であることによって認められるシティズンシップは，このジェン
ダー構造を補完してしまう危険性もある。

　しかしそうした危険性を認めたうえでなお，このシティズンシップを，ケ
ア関係を基盤にしたものとしてとらえ直す可能性もあるのではないだろう
か。マーサ・ファインマンは，法や政策のなかで異性愛の結びつきを基盤に

72

した「性的家族」が保護されてきた現状に対し，むしろ「母子関係」に代表されるケア関係を家族の核として捉え，保護するというアイデアを提示している（Fineman 1995＝2003, 2004＝2009）。つまり実体としてのケア関係（それは，親子関係にとどめる必要はない）を公的に認め，それを社会的責任として再定義しなおす必要性を指摘するのである（Fineman 1995＝2003: 253-7）。つまり「日本人の実子養育」という形式的なシティズンシップは，日本人の母親という役割を強調するジェンダー化・人種化されたものであると同時に，ケア関係を公的に承認するものとしても捉えられるのである[10]。

　さらにフィリピン人母子たちの長年の運動により，2009年，最高裁は，日本人男性と外国籍女性のあいだの婚外子として生まれた子どもが出生後認知によって国籍を取得できないのは憲法14条の「法の下の平等」に反するという判断をくだした。これは，その前段になった地裁判決と彼（女）らの運動に注目して，小ヶ谷千穂が指摘したように，「日本の『家族』とそれに依拠した国籍のあり方を，根底から揺さぶるもの」であり，また「トランスナショナルな，『実態としての家族』」を志向し，国家と家族の暗黙の結びつきを問いただすものだった（小ヶ谷 2006: 293-6）。同時にそれは，日本の結婚制度にもとづく不平等の象徴の一つでもある婚外子差別にたいする批判にもなり得るという点においても注目される。つまりシングルマザーと子どもたちのシティズンシップをもとめる実践は，結婚と結びついた既存のジェンダー構造を変化させる契機をつくりだしたのである。

おわりに

　以上みてきたように，本章では，在日フィリピン人女性を中心に国際結婚女性のシティズンシップについて考察してきた。すなわち彼女たちのシティ

10）とはいえこの形式的なシティズンシップは，女性たちの在留を保障するだけで，その母親役割が私事化されているという事態にかわりはない。したがってケア関係の公的な承認が実質的な意味をもつためには，在留資格という形式的なシティズンシップのみならず，母子の生が包括的に保障される必要があるだろう。

第Ⅰ部　理論編

ズンシップが，いかなるジェンダー，人種，階級によって構成されているのかを検討してきた。国際結婚女性の形式的なシティズンシップは，日本人の「妻」であるかどうかに依存している。また彼女たちの生活も，所与のジェンダー人種構造に規定されている。こうしたなかで，「妻」や「嫁」としてのシティズンシップは，社会および国家と国際結婚女性関係におけるモラルエコノミーを反映し，女性たちの生の安全性を保障してきた。

　同時に彼女たちもまた，「日本人の妻」というミドルクラス化された地位を基盤に，新しい労働市場に参入したり，フィリピンと日本の市民社会を媒介してトランスナショナルな実践を行っている。こうして彼女たちは，シティズンシップのより新しい形を創り出してきた。

　一方で，彼女たちは，男性との関係次第でより周縁化された／脆弱な地位に追いやられることもある。つまり男性や家族との関係から「逃亡」することの結果，母子世帯として貧困状態に追いやられることが少なくない。

　国際結婚女性の研究では，不平等なジェンダー構造から「解放」された日本人女性に対し，その役割を代補する存在として国際結婚女性が位置づけられてきた。あるいはそうした位置づけを批判し，国際結婚女性のエージェンシーが着目されてきた。しかし本章で論じてきたのは，むしろ国際結婚女性は，日本人女性と同じような形で，ただしより脆弱な形で所与のジェンダー構造に位置づけられ，その構造に規定される形でエージェンシーが発揮されているということである。そしてそれは，日本人との結婚の有無によって，彼女たちの内部の階層化につながっている。

・参考文献・

伊藤るり 1995.「ジェンダー・階級・民族の相互関係 —— 移住女性の状況を一つの手がかりとして」井上俊ほか編『岩波講座現代社会学11　ジェンダーの社会学』岩波書店，209-226

岩渕功一 2007.『文化の対話力 —— ソフト・パワーとブランド・ナショナリズムを越えて』日本経済新聞社

大沢真理 2007.『現代日本の生活保障システム —— 座標とゆくえ』岩波書店

大曲由起子・高谷幸・鍛治致・稲葉奈々子・樋口直人 2011.「家族・ジェンダーからみる在日外国人 —— 2000年国勢調査データの分析から」『茨城大学地域総合研究

所年報』44，57-76

落合恵美子 2004.『21 世紀家族へ［第 3 版］』有斐閣

小ヶ谷千穂 2006.「女性の国際移動と越境する『家族』── グローバル化の文脈において」金井淑子編『ファミリー・トラブル』明石書店，283-300

木本喜美子 1995.『家族・ジェンダー・企業社会』ミネルヴァ書房

────── 2004.「家族と企業社会」渡辺治編『一橋大学大学院社会学研究科先端課題研究　変貌する〈企業社会〉日本』旬報社，299-340

桑山紀彦 1995.『国際結婚とストレス』明石書店

ゴウ，リサ・鄭暎恵 1999.『私という旅 ── ジェンダーとレイシズムを越えて』青土社

賽漢卓娜 2011.『国際移動時代の国際結婚 ── 日本の農村に嫁いだ中国人女性』勁草書房

佐竹眞明 2006.「異文化間結婚と日本男性」佐竹眞明・メアリー・アンジェリン・ダアノイ『フィリピン ── 日本国際結婚』めこん，103-127

佐藤隆夫編 1989.『農村と国際結婚』日本評論社

宿谷京子 1988.『アジアから来た花嫁 ── 迎える側の論理』明石書店

高畑幸 2001.「シングルマザーとして生きる」鐘ヶ江晴彦編『外国人労働者の人権と地域社会 ── 日本の現状と市民の意識・活動』明石書店，212-234

────── 2003.「国際結婚と家族」石井由香編『講座 グローバル化する日本と移民問題　移民の居住と生活』明石書店，255-291

────── 2009.「在日フィリピン人介護者 ── 一足先にやって来た『外国人介護労働者』」『現代思想』37-2: 106-18

高畑幸・原めぐみ 2012.「フィリピン人 ── 「主婦」となった女性たちのビジネス」樋口直人編『日本のエスニック・ビジネス』世界思想社，159-187

高谷幸 2010.「脱出のプロセスのなかで ── 日本人の子どもを養育する非正規滞在女性にとっての在留特別許可」近藤敦・塩原良和・鈴木江理子編『非正規滞在者と在留特別許可 ── 移住者たちの過去・現在・未来』日本評論社，111-127

────── 2015.「近代家族の臨界としての日本型国際結婚」大澤真幸他編『岩波講座　現代 9　身体と親密圏の変容』岩波書店，211-237

高谷幸・稲葉奈々子 2011.「在日フィリピン人女性にとっての貧困 ── 国際結婚女性とシングルマザー」移住連貧困プロジェクト編『日本で暮らす移住者の貧困』現代人文社，27-35

高谷幸・大曲由起子・樋口直人・鍛治致 2015.「2010 年国勢調査にみる在日外国人女性の結婚と仕事・住居」『文化共生学研究』第 14 号：89-107

武田里子 2011.『ムラの国際結婚再考 ── 結婚移住女性と農村の社会変容』めこん

ティラポン，クルプラントン 2010.「タイの国際結婚定住者 ── 上昇婚戦略としての国際結婚」櫻井義秀・道信良子編『現代タイの社会的排除 ── 教育・医療・社会参加の機会を求めて』梓出版社，102-124

第 I 部　理論編

内閣府 2015.『平成 27 年版男女共同参画白書』

山岸素子 2009.「DV 法と移住女性，当事者女性のエンパワメント」『アジア・太平洋
人権レビュー』2009，78-85

Anthias, F. and N. Yuval-Davis 1983. "Contextualizing Feminism: Gender, Ethnic and Class Divisions," *Feminist Review* 15: 62-75.

Bélanger, D. and T. G. Linh 2011. "The Impact of Transnational Migration on Gender and Marriage in Sending Communities of Vietnam," *Current Sociology*, 59(1): 59-77.

Brubaker, W. R. 1989. "Introduction to Immigration and the Politics of Citizenship in Europe and North America," In R. W. Brubaker ed., *Immigration and the Politics of Citizenship in Europe and North America*, Lanham: University Press of America, 1-27.

Cheng, S. 2011. "Sexual Protection, Citizenship, and Nationhood: Prostituted Women and Migrant Wives in South Korea," *Journal of Ethnic and Migration Studies* 37(10): 1627-1648.

Chung, E. A. 2010. *Immigration & Citizenship in Japan*, New York: Cambridge University Press.

Constable, N. ed. 2005. *Cross-Border Marriages: Gender and Mobility in Transnational Asia*. Philadelphia: University of Pennsylvania Press.

Faier, L. 2009. *Intimate Encounters: Filipino Women and the Remaking of Rural Japan*. Berkeley: University of California Press.

Fineman, M. 1995. *The Neutered Mother, The Sexual Family and Other Twentieth Century Tragedies*, NY: Routledge.（上野千鶴子監訳・速水葉子・穐田信子訳『家族，積みすぎた方舟 —— ポスト平等主義のフェミニズム法理論』学陽書房，2003 年）

────── 2004. *The Autonomy Myth: A Theory of Dependency*, New York: The New Press.（穐田信子・速水葉子訳『ケアの絆 —— 自律神話を超えて』岩波書店，2009 年）

Freeman, C. 2005. "Marrying Up and Marrying Down: The Paradoxes of Marital Mobility for Chonsonjok Brides in South Korea," in N. Constable ed., *Cross-Border Marriages*, Philadelphia: University of Pennsylvania Press, 80-100.

Glenn, N. E., 1992. "From Servitude to Service Work: Historical Continuities in the Racial Division of Paid Reproductive Labor," *Signs* 18(1): 1-43.

────── 2002. *Unequal freedom: How race and gender shaped American citizenship and labor*, Cambridge: Harvard University Press.

Hammer, T. 1990. *Democracy and the Nation State: Aliens, Denizens, and Citizens in a World International Migration*, Aldershot: Avebury.（近藤敦監訳『永住市民と国民国家 —— 定住外国人の政治参加』明石書店，1999 年）

Ito, R. 2005. "Crafting Migrant Women's Citizenship in Japan: Taking 'Family' as a Vantage Point," *International Journal of Japanese Sociology* 14: 52-69.

Kashiwazaki, C. 2013. "Incorporating Immigrants as Foreigners: Multicultural Politics in Japan," *Citizenship Studies* 17(1): 31-47.

第 2 章　現代日本におけるジェンダー構造と国際結婚女性のシティズンシップ

Kilkey, M. 2000. *Lone Mothers between Paid Work and Care*, Aldershot: Ashgate. (渡辺千壽子監訳『雇用労働とケアのはざまで —— 20 カ国母子ひとり親政策の国際比較』ミネルヴァ書房，2005 年)

Kivisto, P. and T. Faist 2007. *Citizenship: Discourse, Theory, and Transnational Prospects*, Malden: Blackwell.

Liaw, K-L., E. Ochiai, and Y. Ishikawa 2010. "Feminization of Immigration in Japan: Marital and Job Opportunities," in W.-S. Yang and M. C-W. Lu, 2010, *Asian Cross-border Marriage Migration: Demographic Patterns and Social Issues*, Amsterdam: Amsterdam University Press, 49−86.

Lister, R. 1997. *Citizenship: Feminist Perspectives*, New York: New York University Press.

———— 2004. *Poverty*, Cambridge: Polity Press. (松本伊智郎監訳・立木勝訳『貧困とはなにか —— 概念・言説・ポリティクス』明石書店，2011 年)

Marshall, T. H. [1950] 1993. *Citizenship and Social Class*, London: Pluto Press. (岩崎信彦・中村健吾訳『シティズンシップと社会的階級』法律文化社，1993 年)

Migrants-Net 2015. No. 167.

Nakamatsu, T. 2003. "International Marriage through Introduction Agencies: Social and Legal Realities of "Asian" Wives of Japanese Men," in N. Piper and M. Roces eds., *Wife or Worker?: Asian Women and Migration*, Lanham: Rowman & Littlefield, 181−201.

Omi, M. & H. Winant 2015. *Racial Formation in the United States, 3ʳᵈ edition*, New York: Routledge.

Ong, A. 1996. "Cultural Citizenship as Subject-Making: Immigrants Negotiate Racial and Cultural Boundaries in the United States," *Current Anthropology* 37(5): 737−762.

———— 1999. *Flexible Citizenship: The Cultural Logics of Transnationality*, Durham and London: Duke University Press.

Parreñas, R. S. 2001. *Servants of Globalization: Women, Migration, and Domestic Work*, Stanford: Stanford University Press.

———— 2008. *The Force of Domesticity: Filipina Migrants and Globalization*, New York: New York University Press.

Piper, N. 1997. "International Marriage in Japan: "Race" and "Gender" Perspectives," *Gender, Place & Culture* 4(3): 321−338.

Piper, N. & M. Roces eds. 2003. *Wife or Worker?: Asian Women and Migration*. Lanham: Rowman & Littlefield.

Scott, J. 1976. *The Moral Economy of the Peasant: Rebellion and Subsistence in Southeast Asia*, New Haven and London: Yale University Press. (高橋彰訳『モーラル・エコノミー —— 東南アジアの農民叛乱と生存維持』勁草書房，1999 年)

Suzuki, N. 2000. "Between Two Shores: Transnational Projects and Filipina Wives in/from Japan", *Women's Studies International Forum* 23(4): 431−444.

———— 2003. Transgressing "Victims" Reading Narratives of "Filipina Brides" in Japan,

第 I 部　理論編

Critical Asian Studies 35(3): 399–420.

———— 2004. "Inside the Home: Power and Negotiation in Filipina-Japanese Marriages," *Women's Studies* 33: 481–556.

Tai, E. 2009. "Multiethnic Japan and Nihonjin: Looking through Two Exhibitions in 2004 Osaka," in Michael Weiner ed., *Japan's Minorities: The Illusion of Homogeneity, 2nd eds.*, Routledge, 139–161.

Tseng, Y.-F. 2010. "Marriage Migration to East Asia: Current Issues and Propositions in Making Comparisons," in W-S. Yang, and M. C-W. Lu, *Asian Cross-border Marriage Migration: Demographic Patterns and Social Issues*, Amsterdam: Amsterdam University Press, 31–45.

Turner, B. S. 2008. Citizenship, Reproduction and the State: International Marriage and Human Rights, *Citizenship Studies* 12(1): 45–54.

Yang, W-S. and M. C-W. Lu. 2010. *Asian Cross-border Marriage Migration: Demographic Patterns and Social Issues*, Amsterdam: Amsterdam University Press.

Yuval-Davis, N. 1997. *Gender & Nation*, London: Sage.

———— 2011. *The Politics of Belonging: Intersectional contestations*, London: Sage.

Wang, H. 2007. "Hidden Spaces of Resistance of the Subordinated: Case Studies from Vietnamese Female Migrant Partners in Taiwan," *International Migration Review* 41(3): 706–727.

第**3**章

「不法滞在」をする側の論理
── とくに性風俗産業で働く人びとについて

青山　薫

はじめに

　グローバル化した社会に暮らす私たちにとって，国境を越える移住労働は生活の一部となっている。「生活の一部」と言っても，外国人労働者の全労働者人口比が 1.7％ ほどしかなく，その人たちが東京，愛知，神奈川，静岡，大阪などの大都市工業圏に偏在している日本では，一般に移住労働者の存在感は希薄かもしれない[1]。しかし実数で見れば，正規労働者だけで 2016 年現在 100 万人強が働いており，法務省入国管理局などの見解では「そのほとんどが不法就労していると考えられる不法残留者等の不法滞在者」も 2011 年時点で「約 9 万〜 10 万人」おり，「不法残留者」については，2013 年から 2016 年の間毎年約 62,000 人と推定されている（法務省入国管理局 2011; 2016）[2]。この人たちが，製造，情報通信，卸売・小売，宿泊・飲食，教育・学習支援，その他サービスといったさまざまな産業分野で，多くは安価な労働力となって，この社会を支えているのである。

　そのなかで本章は，「不法滞在者」，つまり，出入国管理法上の滞在資格を

---

1) 厚生労働省 (2016) によれば，特別永住者と外交，公用資格の滞在者を除く外国人労働者数は 1,083,769 人，総務省統計局 (2017) による 2016 年の労働力人口は，平均 6,440 万人である。
2) 「不法残留者」とは，「不法滞在者」のなかで，滞在資格が切れた後もいわゆるオーバーステイをしている外国籍の人びとのこと。

第 I 部　理論編

もたずに，あるいは滞在資格外の労働に従事しながら日本に滞在している人
びと，とりわけ性風俗産業で働く人びとに注目する。そして，彼女たち[3]が「不
法滞在者」とされることを，制度が生み出す社会的排除の問題ととらえ，批
判的に考察する[4]。それは，グローバル化社会において低位におかれた人びと
との，その地位からの脱出企図にもとづく移住アスピレーションを阻む点，
その人たちの移住における危険を増大させる可能性をもつ点から，ナショナ
ルな政策方針としての「人身取引」対策の限界を明らかにする試みでもあ
る。

　以上を議論するにあたって本章では，これまでに私自身が実施・協力して
きた性風俗産業で働く外国人女性に対する調査およびアウトリーチ活動を根
拠に，社会的排除を受ける当事者の立場にいわば「できるだけ近く立って」，
彼女たちの「不法滞在する」側の論理を理解することに努める。それは，あ
る時ある場を占める人びとの経験と力関係にもとづく「特定の場の知識
（local knowledge）」を重視し，権力関係の下位にある状況についてはそこにお
かれた人びとが（上位にある者との比較においても）もっともよくその関係に
おける問題を把握している，という認識論にもとづく立場性の理論
（Standpoint Theory）にのっとっている。立場性の理論はさらに，ある権力関
係の上位に位置する者の発言がすなわち公の制度や言説のなかで合理性を認
められこれらに影響をあたえ易いことに対抗して，当該権力関係のなかで無
視されている下位におかれた人びとの発言の側にこそ合理性をみとめ，公に
影響力をもつ機会をもたらすことをめざす（Griffin 2009: 446; Harding 1991）。
そこで本章も，彼女たちの「特定の場の知識」をつうじて，社会的排除を受

3）　日本の性風俗産業で働く移住者は女性が多数を占めると思われることから，この人びとを「彼
　女たち」という代名詞で表す。
4）　岩田正美は，福祉国家における制度との関係で社会的排除のふたつの側面を区別している。第
　一は，「不法滞在者」のように制度が設定している資格要件に適合しない人びとが制度から排除
　されてしまう側面。第二は，山谷の「寄せ場」が発生した経緯に見られるように，特定層を隔離
　したり隠ぺいしたりする目的をもって「制度が生み出す」社会的排除の側面である（岩田 2008:
　30-32（傍点は青山））。しかし本章では，出入国管理及び難民認定法 19 条によって，制度が資格
　要件を設定する際に特定層（とくに性労働者）を排除する目的があきらかにされていることから，
　「不法滞在者」のように「資格要件に適応しない人びと」の社会的排除こそ「制度が生み出す」
　排除と考える。それにしても，この論考は岩田に多くを依っている。

80

け今のところ公的な発言の機会を奪われている，性風俗産業で働く「不法滞在者」にこの機会をもたらすことをめざすものである。

 女性の移住 —— 経済活動の奨励と性労働の可能性

　1980年代後半から注目されるようになった女性の移住だが，その一つの理由は，とくにいわゆる第三世界の農村部出身の女性たちのあいだで貧困が増加したことにあった。貧困は女性とその世帯に深刻に影響する (UN Economic and Social Council 2000: 19-27)。それは，貧富の差がより大きく広がり，人びとがその格差を埋めようと，より多くの現金収入を求めるようになっていた新興工業国でとくに激しかった。同時に，生産様式の転換が，ジェンダー規範をも変化させ，とくに農業人口に大きな影響をあたえていた。ある者は都市労働者になり，そしてそこから外国への移住労働者になる者もいた。そして，公式非公式の二国間関係も女性の移住アスピレーションをうながした。

　そのさなか，日本では，フィリピンとタイから正規・非正規の女性の移住が増加し，彼女たちが不本意に性風俗産業に巻き込まれやすいと，警察が警戒するようになっていた（警察庁 1990）。

　タイの事情を見れば，この時期，農村あるいは都市労働者層出身の若い女性たちが金銭的に豊かな外国をめざして移住し始め，地域によっては，20代の非婚女性が同年代の非婚男性より20％近くも多く移住するようになっていた。そこには，近代化以前にあった稲作社会における女性ジェンダーの構造的重要性が失われたことによって女性が土地から離れやすくなり，かつ，上座仏教における女性ジェンダーが家族に対する経済貢献を奨励するために女性が賃労働を求めやすくなるという，独特の規範の変化と適用も作用していた。当時，タイの最大の外貨獲得相手であり貿易相手であり，ポップカルチャーと消費主義の先駆者であった日本は，人気の移住先の一つとなった。都市と農村の貧困層の若者と女性たちのなかに，格差の対極にある外国の文化，商品，それを生産し消費する社会に魅力を感じ，これらが生み出される

第 I 部　理論編

その場所に行って，自分もよりよい生活と人生の機会を得ようというアスピレーションをもつ人がいたことに不思議はない（Aoyama 2009: 41-53; 青山 2007: 137-198; Whittaker 2001: 28-34）。

　しかしながら，自国で雇用の機会がほとんどない人びとが，それよりよい雇用条件を外国で得ることはほぼ不可能だった。彼女たちは通常，正規セクターの仕事に応募する手立てをもたず，ブローカーを通じた非正規ルートによる移住に頼ることになった。そこには性風俗産業へのルートが開かれていた。私自身が関与した，1970 年代から 2000 年代前半のあいだに日本への移住を経験した北タイの一地域の女性に関する調査では，日本に来て最初にした仕事として 253 人中 181 人が「スナック，バーのホステス」を，24 人が売春を意味する「セックスワーク」をあげている。この地域は，日本におけるタイ国籍女性の「不法残留者」数がもっとも多かった 1993 年から 1994 年に，日本への移住女性をタイのなかでもっとも多く送り出した地域であった（青山 2007: 270; 如田・青山 2007: 51-78; 大槻 2011: 63）。彼女たちは場合によっては，自身が商品として売り買いされる立場に立った。極端なケースでは，性風俗産業で奴隷のように囚われ，その状態から逃れるために管理者等の殺害に追い込まれた人たちもいた。当時メディアの注目を集めたこのようなケースは，やがて組織的な女性の人身取引の存在を明らかにすることとなった（Aoyama 2009: 57-61, 150-9; 青山 2007: 289-303; 齋藤 2006: 73）。一つの結果として，1995 年の両国の交渉によって，タイ人が日本に渡航する際のビザ申請に対する審査が厳格化され，以来タイ国籍の「不法残留者」は男女ともに減少した（Human Rights Watch 2000: 190）。

　他方フィリピンでは，国家経済が三つの分野をつうじて国外財政に依存する状態になっていた。外国からの投資，外国からの援助，移住者による外国からの仕送りの三分野である。そのフィリピンの海外の製造業者等に対して税制ほかの優遇措置を講じる経済特区のなかで，日本企業は重要な地位を占めていた。また，ほぼ完全に多国間および二国間開発援助によって建設されてきた，フィリピンのインフラの最大の提供者は日本であった。常に貿易・財政赤字を抱えることとなったフィリピンでは，財政引き締めが教育，医療，福祉，住宅などの分野を圧迫していた。国内の高失業率も加わって，フィリ

第3章 「不法滞在」をする側の論理

ピンの人びとは海外就労を求め，日本はやはり人気の渡航先の一つとなった（知花 2012: 4; 佐竹 2009: 91）。「海外雇用機構」（POEA）を創設し，外貨獲得を通して国家の発展に寄与する個々人を讃えると同時に，「家族法」を改正して「家族」を「公的政策が大切に守るべき社会の礎」（149 条）と規定したアキノ政権下で，家族に対するケアと経済的な貢献の両方を担う女性の役割が強調されるようになり，女性たちはみずからと家族のより良い生活のために移住労働をめざした（小ケ谷 2003: 100; Guevarra 2009: 30-34）。

　そしてフィリピンからの移住女性たちは，2000 年代中盤まで，日本において独特な状況に置かれるようになった。50％から 60％がフィリピン国籍者で占められていたいわゆる「エンターテイナービザ」（興行を職業とする滞在資格の査証）の保持者のほとんどが彼女たちだったのである。日本におけるフィリピン人エンターテイナービザ保持者の数は，1980 年の 8,509 人から 1990 年の 42,867 人，2003 年の 81,282 人と，劇的に増加している（外務省 2004）。やがて，エンターテイナービザが正規労働資格の査証であるにもかかわらず，このビザを利用して，結果として資格外労働で「不法」となるホステス業や売春をしている女性がおり，ブローカーを通じてこのようなあっせんが行われていることに国際的な注目が集まった。そして，この資格が組織的人身取引の隠れ蓑になっているという非難が高まると，日本政府は，後述する「人身取引対策行動計画」の一環として，2005 年と 2006 年にこのビザの発行を制限する法改正を行った。以来，エンターテイナービザをもって日本で働くフィリピン人女性の数も激減している（法務省入国管理局 2014）。

② 人身取引の問題化と「不法残留者半減計画」

　非正規移住による脆弱性と実際の被害がさまざまな国と地域で見いだされ，それらを「組織的人身取引」の結果として，国連機関が対策を立て始めた。

　1888 年，1926 年に制定された奴隷制禁止条約における「奴隷制」の定義・

83

第 I 部　理論編

内容を現代の状況に合わせて見直すため，UNHCHR に「現代の奴隷制作業部会」がつくられた。そこで，国内外の移住にともなうさまざまな前借金を負わせる形の強制労働が「現代の奴隷制」として問題になり，とくに性取引が関係する場合を「現代の性奴隷制」とする言説が誕生した。1990 年代をとおして，この作業部会を中心に関係 NGO などへの聞き取りをふくむ議論が行われ，他者に売春させることが歴史をさかのぼって日本軍による「慰安婦」に対する加害とともに焦点化され，当該国，すなわちとくに日本の政府に被害者の救済や賠償などの対策を立てることが求められるようになった（UNHCHR 2000; UN General Assembly 1991）。この対策が，2000 年には国連越境組織犯罪防止条約とそれを補完する人身取引禁止議定書に結実し，その 3 条で人身取引が定義された[5]。

　2003 年に同議定書が発効すると，日本政府は 2004 年に「人身取引禁止行動計画」を策定し，その一環として，2005 年に国内法の整備を行った。法改正の中心は刑法に「人身取引の罪」を構成する条文を付加したことで，関連して，出入国管理及び難民認定法（入管法），旅券法，風俗営業等の規制及び業務の適正化等に関する法律（風営法）などの改正が行われ，適正な査証がなく日本に滞在したり，不法に入国していた「不法滞在者」でも，警察か入国管理局に逮捕あるいは保護され，人身取引の被害者と認定されて本人が望めば，自国への送還が見送られるようになった。この法改正によって，性風俗産業全体に対する取り締まりが厳格化された。風営法について，経営者に外国人を雇用する際の査証（労働許可状況）をチェックすることを義務づけ，許可のない人を雇用することばかりでなくチェック義務を怠ることに罰則を設け，被雇用者募集の広告を禁止するなどの条項が加えられたためである。もともと風営法の下で合法的に運営されている性風俗産業店舗などでも，

---

5)　外務省和訳：「『人身取引』とは，搾取の目的で，暴力その他の形態の強制力による脅迫若しくはその行使，誘拐，詐欺，欺もう，権力の濫用若しくはぜい弱な立場に乗ずること又は他の者を支配下に置く者の同意を得る目的で行われる金銭若しくは利益の授受の手段を用いて，人を獲得し，輸送し，引渡し，蔵匿し，又は収受することをいう。搾取には，少なくとも，他の者を売春させて搾取することその他の形態の性的搾取，強制的な労働若しくは役務の提供，奴隷化若しくはこれに類する行為，隷属又は臓器の摘出を含める。」：http://www.mofa.go.jp/mofaj/gaiko/treaty/pdfs/treaty162_1a.pdf（2014 年 6 月 16 日最終閲覧）

84

外国人の就労は原則的に資格外で違法とされているため，合法店舗での移住者の就労は難しかったのだが，これも厳格化されることとなった（岡村・小笠原 2005: 4-8）。

　日本政府が行動計画を策定し法改正を急いだ理由，そしてとくに性風俗産業を取り締まりの中心とした理由は，もうひとつあると考えられる。2001年からアメリカ国務省が年報として発行し始めた『人身取引報告書』である。この報告書は，独自の調査と基準で各国が人身取引禁止に向けて充分な努力をしているか否かを，I，II，II の要注意，III の４ランクに分けて評価するもので，III の国には人道支援の制限を除く制裁を科すことを示唆している。その 2004 年版で，日本はとくに人身取引の温床となっている性風俗産業の取り締まりを充分していないとして，改善が見られなければ次回は「III」に落とされる「II の要注意」国に位置づけられたのだ[6]。

　日本の警察庁は人身取引事犯の検挙状況を 2001 年にさかのぼって発表し始めた。以後毎年報道発表される資料を，国の順序などを統一してまとめたものが表 1 である。被害者総数は 2005 年の「人身取引の罪」創設時に三ケタを記録しているが，他年は少数にとどまっている。一貫して被害者の多数派であるタイ国籍とフィリピン国籍の人も，近年は減少している。一定の国籍の人の増加や減少は，日本との二国間関係や当該国の経済社会事情，人身取引対策などのターゲットになったブローカーが国境を越えて移動するなど，さまざまな要因に左右されるものと思われる[7]。

　一方日本政府は，同じ 2004 年に法務省，総務省，警察庁など関係省庁を横断する「不法残留者半減計画」も策定し，「不法滞在者」のなかでも累計数が明らかな「不法残留者」に焦点をしぼって明確な反非正規移住者・労働者キャンペーンを行った。このキャンペーンが在日外国人を「良いガイジン」と「悪いガイジン」に分断したことと，外国人全体の「不審者」イメージを一般化・強化した可能性については他で議論したが（Aoyama 2010b），法務省

---

6)　ここで言及する紙幅はないが，『人身取引報告書』に関しては批判も多い（Aoyama 2010a 参照）。
7)　2008 年に発効したフィリピンとインドネシアと日本の経済連携協定により，両国から多くの女性が介護士・看護師候補として正規に入国できるようになったことも関係しているかもしれない。

第 I 部　理論編

表 1　人身取引事犯の検挙状況 [8]

	2001	2002	2003	2004	2005	2006	2007	2008	2009	2010	2011	2012	2013
検挙件数	64	44	51	79	81	72	40	36	28	13	25	44	25
検挙人員	40	28	41	58	83	78	41	33	24	24	33	54	37
ブローカー	9	7	8	23	26	24	11	7	6	3	6	6	10
被害者総数	65	55	83	77	117	58	43	37	15	37	25	27	17
フィリピン	12	2		13	40	30	22	7	4	24	8	11	1
インドネシア	4		3		44	14	11						
台湾	7	3	12	5	4	10		5	1		1	1	
タイ	39	40	21	48	21	3	4	18	8		12	3	6
韓国				3	1	1	5			1		1	0
ルーマニア					4								
オーストラリア					1								
エストニア					1								
コロンビア	3	6	43	5	1								
ロシア				2									
ラオス				1									
中国(+マカオ)		4	2					3 (2)					
カンボジア			2										
日本							1	2	2	12	4	11	10

は 2009 年に，計画通り 5 年間で「不法残留者」が半減したことを報道発表している（法務省入国管理局 2009）。しかし，2004 年に約 22 万人だった「不法残留者」が 2009 年には約 11 万人になったとはいえ，この人数と上記人身取引事犯における被害者数を比べてみると，被害者として見いだされる人はやはりあまりに少ないと言わざるを得ない。「不法残留者」のなかにどれだけ人身取引に関係している人がいるかが分からないかぎり，ふたつの統計を単純に比較することはできない。それを承知でなおこの差が示唆していると思われることは，数万人，数十万人の「不法残留者」のなかで人身取引の

---

8)　警察庁保安課（2011，2014）にもとづいて青山が作成。

被害に遭う人は非常に少ない（もっとも被害者数が多い 2005 年でも 0.056%），あるいは，もっと多くの人身取引被害者がいるのだが地下化している，あるいは，日本の警察・入国管理当局は多くの人身取引事犯の検挙に失敗している，のいずれかである。

　私自身，組織的な人身取引の被害に遭った人から聞き取りをしてきており，本章は，非情な搾取と（性）暴力をともなう奴隷状態におかれる人がいることを否定するものではない。しかし，人身取引対策による被害者保護の少なさと非正規移住者の取り締まりの効力の大きさを同時に考えるとき，次のことを指摘せざるを得ない。日本国内から性風俗産業にかかわる「不法滞在者」を退去させるナショナルな政策方針としての人身取引対策は，少なくとも結果としては，グローバル化社会において公的に安全な移住労働をする手段をもたない人びと，そのための資源へのアクセスがない人びととの移住アスピレーションを阻害するために利用されているのではないか，と。

③ 性取引にたずさわる人びとの論理

　先に触れたとおり日本では，入国したときの資格が正規であれ非正規であれ，性風俗産業で仕事を得れば移住者たちは「不法滞在者」となる。移住者が性風俗産業で働くことが入管法 19 条等によって違法とされているからである。そして，「不法滞在者」が，国内法のもとで労働者としての権利や安全を保障されることは難しい。理論的には，国際的人権条約や労働条約にもとづいて，国籍を問わずに労働者を保護する日本の労働法規にもとづいて，あるいは，上記のとおり人身取引の被害者と認定されれば権利や安全を擁護されると考えられる場合でも，実際には，まず当事者自身が，性風俗産業を取り締まる側と見られる法執行機関に助けを求めることが難しく，権利や安全が脅かされている人を特定することが難しいからだ。監禁等の極端な場合を想定せずとも，うすうすでも脱法行為をしている自覚があり，かつ仕事をして収入を得ることが目的で出身国に送還されたくない人は，労働状況に問題を感じても公的な援助を求めない（以下の記述および青山 2007: 364-365 参

第Ⅰ部　理論編

照）。そこで，日本国家のナショナルな政策方針によって「不法滞在者」とされ，日本社会で排除される彼女たちは，貧困からの脱出企図も叶わない状態で，取り締まりが厳しくなるほどより脆弱な立場におかれてしまうことになる。

　一連の人身取引対策は，とくに性風俗産業で働く，あるいは働かされる女性を対象に想定し，性風俗産業全体の取り締まりに効果を発揮した。しかしその結果，移住アスピレーションを生み出し続けているグローバル化のなかで性風俗産業で働き続け，または続けざるを得ない人びとに対する排除と不利益は増した，と言ってもいい。この節では，この点について，人身取引対策が実施され始めた当時から断続的に外国人セックスワーカーへのアウトリーチを行っている，SWASH (Sex Work and Sexual Health) の活動にもとづいて議論する。

　私の研究協力団体であるSWASHは，東京と関西を中心に活動するセックスワーカー当事者と支援者のネットワークである。性風俗産業で働く人びとの安全と健康を守り，社会の偏見をなくして当事者をエンパワーする目的で活動し，HIV/AIDSをはじめとする性感染症予防や，一般社会への啓発活動を行い，東京都，大阪府，国連薬物犯罪事務所 (UNODC)，エイズ予防財団などからの委託調査なども行っている（SWASHウェブサイト参照）。2006年度から2012年度の間に私自身をふくむSWASHの複数のアウトリーチ担当者が出会った性風俗産業で働く外国人は，中国人約50人，韓国人約30人，フィリピン人約20人，タイ人3人，経営者や客引きなど約15人にのぼる（国籍を聞くことができなかった人がいるため各国籍数はおよその数）。ほとんどの人は長く話すことを嫌い，どの人も録音ほかその場で記録を取ることを許さなかったため，ここで行う議論は，アウトリーチ担当者のノートという二次的な記録をもとにしている。

3-1．2005年法改正の影響 ── ネットワークの喪失と選択肢の下方限定

　まず，性風俗産業に対する取り締まり，とくに外国人の査証のチェックが厳しくなった後の2006年12月，ある担当者は，東京の性風俗店の従業員

などは「どこも今〔警察の取り締まりが〕厳しくなってて観光ビザじゃあ働けないよ」と言い，それ以前には把握することができた「どこに何軒どういう店があるのか，正確な情報をつかめなくなってしまった」とアウトリーチ・ノートに記録している。この担当者はまた，「多くのワーカーは，これでまた不条理な処罰や，捜査過程の人権侵害や，強制送還に遭い，〔帰国費用のため〕借金を背負うことを恐れている」とも書いている。

　この担当者は，取り締まり強化による外国人ワーカーの地下化と人権侵害などを危惧しているのだが，SWASH は別のところでこれを「法改正以前〔労働許可のチェックをしなくても罰則がなかった当時〕は外国人でも雇っていた合法店舗が，これをしなくなった。つまり，風営法の範囲内で合法的に営業しようとする良心的な店舗では外国人は働けなくなった」と表現している（Kaname and Aoyama 2007）。スウェーデンの買春犯罪化 5 年後の効果を調査したノルウェー警察の報告書は，犯罪化の予期せぬ結果として，売買春が地下化しセックスワーカーに対する暴行などの犯罪が増加する可能性があることと，それがもっとも脆弱な女性たちにこそ影響すること，にもかかわらず売買春の禁止には困難があることを指摘しているが（Ministry of Justice and the Police, Norway 2004: 52-53），2005 年以降の日本の外国人セックスワーカーにも同様のことが起っているのではないか，とアウトリーチをする人びとは懸念していたのである。

　アウトリーチでは確かに，すでに観光ビザや興行ビザをもって入国したような資格外の外国人セックスワーカーに出会うことは難しくなっていた。それでも，働く店を選んだり替えたり，他の仕事をしたりすることに対して店からの制限はないと言う人もいたし，高収入を得，生活に満足していると言う人もいた。一方，住む場所や仕事のシフトを選ぶことができない，店を替われないと言う人も多くいた。後者の理由は，経営者が「不法滞在者」を雇用していないかの「手入れ」を予想して監視する必要のためと，ワーカー自身が近隣の目について通報されないようにするため，というように，法改正と取り締まりの厳格化に関係していた。ワーカー自身が人目につかないようにすることにはまた，この社会では，滞在資格に係わらず外国人＝「不法滞在者」というレッテルが貼られていることに対する当事者の自覚も関係して

第Ⅰ部　理論編

いた（上記脚注 15 参照）。いわゆる「スティグマの内面化」である。

　取り締まりが厳しくなってもいまだに性風俗産業で働いている移住者に総じて起ったことは，「選択肢の下方限定」とも言えることで，それには，取り締まり強化の一環で，働きたい人に向けた広告に対する規制が厳しくなったことによって，仕事を始める前に労働条件が確かめにくくなったことと，先立つ 1999 年の風営法改正で許可制になった無店舗型風俗店（いわゆる「デリヘル」）が増えたことがとくに影響していた。客の待つホテルなどの部屋にワーカーが一人で派遣され人目につかないデリヘルは，現場の人びとの間でももっとも危険な業態として知られている（Aoyama 2015）。2002 年から 2003 年に私が行ったタイ人女性たちについての調査から明らかになったことのひとつに，性風俗産業の外に広がる人間関係，情報などをふくむ社会資源へのアクセスの悪化した（ネットワークの喪失が起った）ときと，客を選べる，労働時間が選べる，賃金が支払われるなどの仕事の条件が悪化した（選択肢の下方限定が起った）ときに，彼女たちは労働者とは呼べない奴隷に近い状態に陥った，ということがある（青山 2007: 57-67）。この発見にかんがみても，「不法滞在者」が人目につかなくなり，業界内部の人間にも同業のアウトリーチ担当者にも調査研究者にも手が届きにくくなることを「ネットワークの喪失」と見，仕事の条件が悪くなる「選択肢の下方限定」と合わせると，制度が生みだした彼女たちの社会的排除は，彼女たちを限りなく奴隷状態に近づける可能性があると言える。

3-2.「生本番」── 性感染症の危険を招く市場の要請

　初めから合法でない店や，合法の届け出をしても人目につかないように違法サービスをすることを基本とする環境で働く場合の具体的な問題は何かと言えば，まず性感染症の危険とそれに直結する「生本番」（コンドームをつけずに直接性交をするサービス）があげられる。そして，ここにも非正規の外国人ワーカーにとっての「選択肢の下方限定」が起こりやすい条件が存在している。

　たとえば，「はじめ，生本番の店で働いていたが，AIDS にならないか不

安で毎日こわくてしょうがなかった。精神的にもしんどかった」と言った韓国人セックスワーカーのEさんは，日本人客の「生本番志向」を問題視し，滞在資格の不安定さによってそれを避けられない立場がつくりだされることを指摘していた。Eさんは，

> 生本番を提供する店で働く人はみなAIDSや性感染症の心配をしているが，観光ビザの子は，〔有効期間の〕3カ月の間に稼がないといけないから，我慢する。〔…〕生本番の店の方がお客さんが入って稼げるから，稼がないといけない子や稼ぎたい子が生本番で働く。
> 今の店はコンドームが使えるから，お客さんは少ない。今の店で，お客さんのところにいって，コンドームを使うと言うと，キャンセルしたお客さんが2，3人いた，やっぱりお客さんは生でやりたい人が多いのではないか

と話した（2011年2月のアウトリーチ・ノートより）。しかし，店から生本番を強要されるという認識はもっていないようで，「生本番の店のママ」についてEさんは，「悪い人というわけではない。どちらかというといい人。でも生本番を女の子にさせたがるのは，そのほうが儲かるから」とも言っている。

「生本番」は危険なうえに明らかな売春防止法違反であるが，そこには需要があり，ハイリスク・ハイリターンで単価は上がる。性風俗産業で働くことをあらかじめ不法化され，あらかじめハイリスクを負っている外国人ワーカーも，その人たちを雇う側も，この市場に惹きつけられる。そして，滞在資格との関係で短期間で稼がなければならないことで，ハイリスク・ハイリターンの仕事に対するニーズも発生する，という構図である。

やはり韓国人ワーカーで，2009年春に留学ビザで来日し，アウトリーチで出会った時までに1年半在住していたMさんは，来日前に留学仲介業者に支払った40万円の返済と，来日後の学費と生活費に追われていた。初めは，時給950円のアルバイトなどをしたが間に合わず，知り合いに借金をするようになり，それが辛くなって資格外の不法就労となる性風俗産業での仕事を始めた。業態はデリヘルで，短期間のつもりで当時は毎日出勤し，1日10時間ほど働いていた。その店は本番〔サービスを提供する〕店で，Mさん

91

第 I 部　理論編

も，「本番やフェラチオはしないといけない。そういうものだと思ってお客さんは来る」，そして，コンドームは使えるが，客に「取られたり破れたりする」と，客の「生本番志向」を指摘した。コンドームをつけると「どうしてゴムつけるの？」と訊く客があり，それに対しては「質問がおかしい」と軽蔑をあらわにし，「客にされて嬉しかったことは〔何も〕ない」と嫌っていた。

　M さんは，アウトリーチ担当者がさまざまな質問をすることに対しても，「質問の意図が分からない」と言い，「みんなが変わらないと風俗の仕事は変わらないと思う。仕事してる人が変わっても，お客，社会が変わらないといけないと思う。私たちが何のために日本に来ているか，みんな知ってるけど，法律で見えないようにしている」と批判した。

3-3.「偽装結婚」 ―― 移住女性のエージェンシーを取り締まる

　しかし彼女たちは，これらの不利益な構造にただ翻弄されているだけではない。その視角から見ると，女性の移住を考えるうえでもう一つの重要な分野である国際結婚が，安全な移住と労働の組み合わせを実現するための手段として浮上する。

　斎藤とルアンケーオは，2009 年に，一定の国籍の正規在日外国人の数に性別の偏りがあることを指摘している。フィリピン人の 77.7％，タイ人の 73.8％，中国人の 58.0％が女性だったのだ。また，2005 年の時点では，在日フィリピン人女性の約 36％が 30 代であり，タイ人女性の約 35％が 35 歳から 44 歳であり，中国人女性の約 25％が 20 代であるという世代の偏りも分かった。1990 年代に 20 代から 30 代前半で移住者として来日し，あるいは性風俗産業で働いたフィリピン人とタイ人の女性たちの多数が，その後日本人男性と結婚することによって正規滞在するようになった可能性が推測される（斎藤・ルアンケーオ 2011: 42–44; 青山 2007: 334–343; Aoyama 2009: 179–181）。また，中国人女性の年齢層が同時期に比較的若かったのは，留学生と技能実習生，そして日本人の妻がこの 10 年間に劇的に増加したことと関係していると考えて間違いないだろう。中国国籍の妻たちの人数は，1990 年

92

代後半にフィリピン国籍の妻たちのそれを越え，2000年代終盤には日本人の国際結婚相手の半数を占めるまでになっている（厚生労働省 2009）。

　他方，2010年から2012年ごろには，SWASHのアウトリーチで出会うことのできる外国人セックスワーカーは，以前は多数働いているといわれ人身取引対策のきっかけとなったフィリピン人とタイ人よりも，中国人と韓国人の女性が多くなっている。また，韓国人女性の滞在資格などについてはあまり詳しい話を聞くことができておらずどのような偏りがあるかが分かっていないが，中国人女性にかんしては，日本人の配偶者として合法店舗で働いている人が多く存在するようだ。風営法で規制・管理された合法の店舗であっても，外国人の就労が入管法上禁止されていることに変わりはない。しかし，日本人と結婚して配偶者資格をもっている人の場合は就労資格の制限がないため，風営法で認可された合法店舗で売春防止法に違反しない範囲で働くことは法的に問題がない。つまり，この限りでは彼女たちには「不法滞在者」性はない。それは，彼女たちの脆弱な立場を少なくとも日本国籍のワーカーと同程度まで向上させ，比較的安全に，安定的に，働くための小さな可能性であるとも言える（青山 2012: 33, 38; 2014: 282-283）。

　具体的には，そのような立場のワーカーの場合，（売春防止法で禁止されている）性交を要求されたときにも拒否することができる，逆に客にコンドームを付けることを要求できる，あるいはそれを許す店を選ぶことができるなど，自分の安全を守るために必要な交渉力が上がることが観察されている。

　たとえば，2010年10月時点で日本に来て5年だった中国人セックスワーカーのKさんは，出身地の江蘇省にいるとき「友人」に「日本は稼げる」と聞き，冒険心と好奇心で来日した。そのために，事業に失敗して借金を抱え，金が必要だった日本人の「友人」と結婚した。彼らへの謝礼として最初に100万円を支払い，その後，一年毎のビザの更新時に50～60万ずつ3年間支払った。その書類上の夫とは一緒に住んだことがなく，〔4年目に〕3年滞在延長の許可が出たあと離婚した。すぐに客だった現在の夫と知り合い，結婚したいと言われて結婚した。今度は一緒に住み，夫の両親との交流もある。Kさんは，その後日本国籍を取得した。

　「来日にはブローカーは介入していない」，「中国人向け新聞の求人広告を

第 I 部　理論編

見て，仕事は簡単に見つけられた」と K さんは言った。来日して二件目に
勤めた阿佐ヶ谷の「マッサージで手で抜くだけの高給の仕事」も，「友だち
に教えてもらった」。客が支払う料金 18,000 円のうち K さんの手取りが
10,000 円で，「ギャラがよかった」のだが，「手で抜くサービスについてあ
まりよくわかってなかったのでお客さんと H〔性交〕をしてしまい，店長の
男性に悪く言われて 1 カ月〔で〕60 万ほど稼いで店を辞めた」というノート
からは，K さんがこの店で本番を強要されていなかっただろうことがうかが
える。その後長く務めた国分寺の「素股」（両太腿を使って客のペニスを刺激す
る）サービスの店では，月 120 万円ほど収入があり，ほとんど毎日のように
働いていたので「ママも喜んだ」。K さんは，「客も店の人も悪くはなかった。
日本人の客はおとなしくて仕事がしやすいから，自分は〔その時も今も〕日
本人だけしかとらないことを前もって店に言うようにしている」とも言っ
た。

　二人目の夫と結婚してから，住居の近くに店も変えた。その店では本番サー
ビスがあったが自分は提供していなかった。客が支払う料金も自分の取り分
も本番をしなければ安く，40 分でそれぞれ 7,000 ～ 8,000 円と 4,000 ～ 5,000
円だが，安全と，家に近いことを優先したのだ。また，収入が減ったのは，
本番をしないせいだけではなく，「最近は不景気で前より稼げなくなってい
る」ためで，しかたがないとも考えていた。K さんは，「仕事についてとく
に不満などはない」と淡々としているようだった。

　2012 年 2 月に話を聞いた，みずからも外国籍をもつ外国人パブのマネー
ジャーの H さん（男性）が，K さんのような中国人女性の事情について説明
をしてくれた。H さんは，やはり外国籍をもつオーナーに雇われており，
当時で 5 年ほどその仕事をしていた。H さんは，「自分の働く地域では，最
近『中国人パブ』が増えてきている。〔…〕彼女たちの中には，マフィアに
300 万円以上のお金を払ってきている人もいるが，結婚ビザならトータルで
200 万前後の相場ですむ。支払いは様々だが，最初に半額ほどを支払い，残
りは分割でというのが多い」と言った。また，「自力で自律的に〔業者など
との契約関係なしに〕偽装結婚している人なら自由にお店を替えられるが，
業者やプロダクションを通して来日している人は契約があるから自由にお店

94

を替えられない」という説明は，Kさんの場合によくあてはまる。「謝礼」として支払った金額はやや高いものの，Kさんが支払った額は，1990年代にタイ人女性がブローカーに支払わされた標準的な「手数料」である350〜400万円と比べれば明らかに安価だ（如田・青山 2007 参照）。Kさんは，安全のほかにも，安価な移住労働の方法を選び取ったのかもしれない。

　ここで浮かび上がってくるのは，結婚によって正規移住の資格を得，合法の性労働を可能にして自分たちの危険をできるだけ回避しようとする，移住女性のエージェンシーである。対して，「人身取引対策行動計画」は，「人身取引の手口〔が〕より巧妙化・潜在化してきている」ことなどに対応するため，2009年に新計画に改められ，「偽装結婚」を人身取引の温床として取り締まることを明言するようになった（犯罪対策閣僚会議）。しかし，Kさんのように，脅迫や詐欺によってでもぜい弱な立場につけこまれたわけでもなく，自主的に性風俗産業で働きに来た人の場合は人身取引の定義に当てはまらない（上記脚注10参照）。また，経済社会的な立場の上昇を求めた結婚（ハイパーガミー）は，ジェンダー他による格差のある社会では合理的な選択として起こってきたことで（山田 1996），利便性目的だからと言って，これを国際結婚の際にのみ「偽装」と判断する根拠にはできない。そのうえ，「偽装結婚」と呼ばれるものが，他の方法で来日すれば，不法な業態あるいは仕事の条件が悪くネットワークを喪失しそうなところで働かざるを得ない移住者に，より安全で自律的な労働環境をもたらし得るとしたら，人身取引対策として「偽装結婚」の取り締まりに乗り出すことが，非正規移住を避けて安全な移住労働を模索している当事者全体のプラスになるとは言えない。むしろ，あらかじめ疑わしいと狙いをつけた国際結婚に限って婚姻実態を調査する「偽装結婚」の摘発は，「不法滞在性」のない人びとにあえて「不法性」を付与するものではないだろうか。その人びとのエージェンシーを否定することによって。

第Ⅰ部　理論編

おわりに

　以上，性風俗産業で働く外国人の側の「不法滞在」の論理を理解するため，時代的・地理的背景，それらマクロな要因とミクロな個人の行動への影響，人身取引被害とそれに対する公的な対策に阻害される移住アスピレーション，取り締まりが増加させる危険，それにふたたび抗って，個人のエージェンシーを発揮するかのような最近の移住セックスワーカーの動向，と議論を進めてきた。

　とくに近代化からグローバル化の流れに乗って急速な転換を遂げたタイ社会と，開発と外貨獲得の手段として女性の移住労働を推進したフィリピン社会が，「不法滞在」をするにいたる人たちを送りだしていたことにもとづいて具体例を示したが，タイ人女性やフィリピン人女性が非正規移住者のなかでも外国人性労働者のなかでも少数派になった現在も，禁止しても取り締まっても，外国人による性労働はなくなってはいない。労働も性取引もグローバル化してしまったいま，タイ日，比日間以外でも同様のことが起り続けており，これを止める有効な策が現れていないことの証左ではないだろうか。

　女性たちが構造に凌駕され犠牲者として取り込まれ押し出されるだけでなく，同時にその社会の低位置からみずから脱出するため，エージェンシーを発揮するかたちで移住性労働に参画したとすれば，性風俗産業を取り締まっても，「不法滞在者」を取り締まっても当事者にとってプラスはない。さらに，世界的な格差をつくり出しているマクロな要因が変わらないかぎり事態が改善しないのならば，マクロ要因の一端にある日本国家が，その結果である彼女たちの存在をナショナルな政策方針によって違法化し，みずからの外部に退去させようとし，グローバル社会における排除を制度的に生み出すのみでは，グローバルな社会における責任を果たすことにならないとも言えるだろう。

　マクロな格差を放置したまま彼女たちを組織的犯罪の犠牲者として，国家・国連・米国がリードする人身取引対策を無批判に推進することには，「公の」承認を得て正規移住労働者になるための社会資本をもたない人びとの，

96

移住の必要も希望もすべて犯罪の枠内に収めようとする点に無理がある。他方で彼女たちが行動に移していることは，いわば社会の低位置からの個人的な脱出企図なのであって，これを取り締まる政策方針が，現状では非正規な，あるいは不法と見做されやすいルートを取るほかない移住における彼女たちの危険を，かえって増大させることは深刻な問題だろう。

　このような複雑な状況下で，移住研究者には何ができるのだろうか。彼女たちのもつ「特定の場の知識」を重んじ，彼女たちの行為を構造的な複合差別を当事者が徐々に解消するひとつの手立てと考え，これを安全に行えるように支援することがそのひとつではないだろうか。そうして，高等教育を受けた人びと，高度な産業技術を身につけた人びと，職業研究者，多国籍企業で働く人びと，国家や国連で働く人びと，国際的な NGO で働く人びと，自由に移動できるお金をもった人びととでない人びととの選択肢を増やすこと，せめてその方向での議論を試みることが，グローバル化社会において彼女たちを排除するのでなく，正当な一員として処遇することにつながるのではないだろうか。

・参考文献・

青山薫 2007.『「セックスワーカー」とは誰か —— 移住・性労働・人身取引の構造と経験』大月書店

岩田正美 2008.『社会的排除 —— 参加の欠如・不確かな帰属』有斐閣

大槻奈巳 2011.「タイ調査の報告 —— SEPOM 調査データの量的分析」国立女性教育会館『人間の安全保障と人身取引 —— エンパワーメント視点からのアプローチ—報告書』: 59-74

岡村美保子・小笠原美喜 2005.「日本における人身取引対策の現状と課題」『調査と情報』485: 4-8

小ケ谷千穂 2003.「フィリピンの海外雇用政策 —— その推移と『海外労働者の女性化』を中心に」小井土彰宏編著『移民政策の国際比較』明石書店: 313-356

外務省 2004.「変化する世界における領事改革と外国人問題への新たな取り組み —— 海外居留審議会答申」: http://www.mofa.go.jp/mofaj/annai/shingikai/koryu/toshin.html（2014 年 6 月 16 日最終閲覧）

警察庁 1990.「平成 2 年警察白書 —— 外国人労働者の急増と警察の対応」: http://www.npa.go.jp/hakusyo/h02/h020103.html（2013 年 8 月 26 日最終閲覧）

第 I 部　理論編

警察庁保安課 2011.「平成 22 年中における人身取引事犯について」: http://www.npa.
　　go.jp/safetylife/hoan/h22_zinshin.pdf（2014 年 6 月 4 日最終閲覧）

警察庁保安課 2014.「平成 25 年中における人身取引事犯の検挙状況等について」:
　　http://www.npa.go.jp/safetylife/hoan/h25_zinshin.pdf（2014 年 6 月 4 日最終閲覧）

厚生労働省 2016.「外国人雇用状況」の届出状況まとめ: http://www.mhlw.go.jp（2017
　　年 4 月 15 日最終閲覧）

齋藤百合子 2006.「人身売買被害者とは誰か—日本政府の『人身取引』対策における
　　被害者認知に関する課題」『アジア太平洋レビュー』3: 67-76

齋藤百合子，パタヤ・ルアンケーオ 2011.「外国籍女性とその子どもたちの社会包
　　摂—福岡県のフィリピン人およびタイ人女性の多文化共生」『アジア女性研究』
　　20: 39-54

佐竹眞明 2009.「世界不況とフィリピン経済—海外依存ともう一つの発展をめぐっ
　　て」『名古屋学院大学論集　社会科学篇』46-1: 91-105

総務省統計局 2017.「労働力調査（基本集計）平成 28 年（2016 年）平均（速報）結果:
　　http://www.stat.go.jp（2017 年 4 月 15 日最終閲覧）

SWASH ウェブサイト: http://swashweb.sakura.ne.jp/（最終閲覧 2014 年 6 月 15 日）

知花いずみ 2012.「フィリピンにおける人の移動と法制度」山田美和編『東アジアに
　　おける人の移動の法制度　調査研究報告書』アジア経済研究所: 1-16

如田真理・青山薫 2007.「タイ王国チェンライ県 7 郡における帰国女性一次調査」国
　　立女性教育会館『アジア太平洋地域の人身取引問題と日本の国際貢献』: 51-78

犯罪対策閣僚会議『人身取引対策行動計画 2009』: http://www.cas.go.jp/jp/seisaku/
　　jinsin/kettei/2009keikaku.pdf（2014 年 6 月 15 日最終閲覧）

法務省入国管理局 2009.「本邦における不法残留者数について（平成 21 年 1 月 1 日
　　現在）」: http://www.moj.go.jp/nyuukokukanri/kouhou/press_090217-2.html（2014
　　年 6 月 16 日最終閲覧）

―――― 2011.「警察・法務・厚生労働三省庁による不法就労外国人対策の経営者
　　団体への要請について」: http://www.moj.go.jp/nyuukokukanri/kouhou/
　　nyuukokukanri09_00012.html（2014 年 6 月 16 日最終閲覧）

―――― 2014.「人身取引撲滅への取り組み」: http://www.immi-moj.go.jp/zinsin/
　　torikumi04.html（2014 年 6 月 1 日最終閲覧）

―――― 2016.「本邦における不法残留者数について（平成 28 年 1 月 1 日現在）」:
　　http://www.moj.go.jp（2017 年 4 月 15 日最終閲覧）

山田昌弘 1996.『結婚の社会学』丸善ライブラリー

Aoyama, Kaoru 2009. *Thai Migrant Sex Workers: From Modernisation to Globalisation*, Palgrave
　　Macmillan

―――― 2010a, 'Changing Japanese Immigration Policy and Its Effects on Marginalized
　　Communities: a Sociological Perspective' in *Journal of Intimate and Public Spheres*, No. 0:
　　115-125

第 3 章　「不法滞在」をする側の論理

───── 2010b. 'Migrant Sexworkers in Japan: Moving from Modernisation to Globalisation' in *The Proceedings of International Symposium on Asian Gender Under Construction*, International Research Center for Japanese Studies: 197−210

───── 2014. 'Moving from Modernization to Globalization: Migrant Sexworkers in Japan', in Ochiai, Emiko and Aoyama, Kaoru, eds., *Asian Women and Intimate Work*, Brill: 263−288

───── 2015. 'The sex industry in Japan: The Danger of Invisibility', in McLelland, Mark and Mackie, Vera eds., *The Routledge Handbook of Sexuality Studies in East Asia*, London: Routledge 281−293

Griffin, E. M. 2009. *Communication: A First Look at Communication Theory*, McGraw-Hill

Guevarra, Anna Romina 2009. *Marketing Dreams, Manufacturing Heroes: The Transnational Labor Brokering of Filipino Workers*, Rutgers University Press

Harding, Sandra 1991. *Whose Science/ Whose Knowledge?*, Open University Press

Human Rights Watch 2000. *Owed Justice: Thai Women Trafficked Into Debt Bondage in Japan*, Human Rights Watch

Kaname, Yukiko and Aoyama, Kaoru 2007. 'Trafficking and HIV Prevention among Migrant Sex Workers in Japan', unpublished presentation for *The 8th International Congress on AIDS in Asia and the Pacific* at National Exhibition Centre, Colombo, Sri Lanka on 20th August 2007

Ministry of Justice and the Police, Norway 2004. *Purchasing Sexual Services in Sweden and the Netherlands: Legal Regulation and Experiences*: http://www.regjeringen.no/upload/kilde/jd/ rap/2004/0034/ddd/pdfv/232216-purchasing_sexual_services_in_sweden_and_the_ nederlands.pdf（2014 年 5 月 25 日最終閲覧）

United Nations Economic and Social Council 2000. *Review and appraisal of the implementation of the Beijing Platform for Action: Report of the Secretary-General*: E/CN. 6/2000/PC/2

United Nations General Assembly 1991. *United Nations Voluntary Trust Fund on Contemporary Forms of Slavery*: A/RES/46/122

United Nations High Commissioner for Human Rights 2000. United Nations Sub-Commission on Human Rights, *Report of the Working Group on Contemporary Forms of Slavery*: Resolution 2000/19

Whittaker, Andrea 2001. *Intimate Knowledge: Women and Their Health in North-East Thailand*, Allen & Unwin

第 **II** 部

親密性の労働の国際化の現状

第Ⅱ部では，親密性の労働の担い手について，国別の事例から具体的に検討する。「誰がケアを担うのか」という問題は各国で大きく異なっており，それはつまり親密圏の再編成の動向を示すものである。

　ここでは韓国，台湾，日本，マレーシアを取り上げている。日本に次いで介護保険制度を導入し，ケアの社会化を進めた韓国。ところが，社会保険制度に付随するイメージとは異なり，韓国におけるケアの社会化は実はケアの家族化の補強手段として活用されていて，そういう意味でユニークな事例である。ケアの市場化が浸透した後でその社会化を進めようとしているのが台湾である。すでに22万人もの在宅の外国人介護従事者がいる中で，ケアの市場化／社会化のバランスに苦慮しつつ，政権交代によって市場と政府の役割が問われようとしている。日本の事例は，親密性の労働を渡り歩く移住女性たちを取りあげている。ケアの求心力は，日本にゆかりのあるさまざまな人々の脆弱性を利用しつつ，多様なチャネルを構築している。もっとも原初的なのは，都市部から農村部（＝非都市部）の親密圏へとケアを押し込むマレーシアの事例であろう。さまざまな資源を提供してきた周辺部＝農村は今，ケアを提供する親密性の労働の最前線でもあるのだ。

　福祉のあり方はそれぞれ異なっているにせよ，各国ともケアの担い手の確保に奔走している。それは典型的な自己完結型である近代家族モデルの終焉を示すとともに，親密圏が再編成されつつある過程の詳述にほかならない。

第4章 韓国におけるケア労働市場及び移住ケアワーカーの位置付け

李　恵景

翻訳　左海陽子

はじめに

　大韓民国（以下，「韓国」とする）政府は，国内の人口構造の変化に伴い，「ケアワークの社会化」に力を注いでいる。韓国における出生率は世界で最も低い値を示しており，急速に高齢化している（Jones 2010）。実際にケアワークの社会化とは，元来家庭内の女性の仕事とされてきたケア労働を，公共圏で扱われるべき事柄に転換することを意味する。

　近年，韓国では2つの理由からケアワークの社会化が議論の対象となっている。第1に，ケアワークの社会化が女性の労働の増加につながるという期待からである。これにより，2018年に入ると間もなく韓国国内の生産年齢人口が減少し，国家競争力が低下するだろうという懸念の高まりを解消することができるというものだ（Statistic Korea 2011）。留意すべきは，韓国女性の雇用パターンは典型的なM字型であるという点である（Lee 2002: 143; Kim and Kim 2004: 204-205）。すなわち，女性は独身時に雇用され，結婚・出産を機にキャリアを中断し，子どもが成長してから仕事を再開するというものである。保育や育児の経済的支援，育児休業制度や生後24カ月未満の子どもの無料保育制度の導入といった仕事と家庭の両立の実現を目指す数々の政策は，近年のこの問題に対処するために講じられたものである。第2の目的は，「ケアの脱家族化」である。すなわち，韓国に伝統的に見られる家族主義に

103

第 II 部　親密性の労働の国際化の現状

深く根付いてきた，家族や家族構成員に課されるケアワークという社会的義務による負担を軽減することである。ケアの主な対象は幼児，病者，ならびに高齢者であることから，多くの政策やプログラムが，ケアワークの社会化の名の下に策定されてきた。

　本章は，ケアワークの社会化による，高齢者を対象とした近年の政策の変遷に焦点を当てる。すなわち，2008 年 7 月に導入された老人長期療養保険（以下，「LTCIE」とする）制度の導入及びその効果に着目し，1) 現在の韓国のケア労働市場の実情，及び地方のケアワーカーや移住ケアワーカーの状況，2) LTCIE 制度の導入後どのような変化があったか，3) 制度的な変化が，韓国のケア労働市場及び地方のケアワーカーや移住ケアワーカーにどのような影響を与えたか，の 3 点を検討する。ケアワーカーは家庭内労働者及び有償の介護者，さらには病院における看病人[1]を含むものであるが，本章では主に有償の介護者に焦点を当てている。

1　背景

　韓国社会では，出生率の低下及び高齢化が実に急速に進行している。政府統計によると（図 1），韓国において，1 人の女性が一生のうち出産可能な年齢（15 歳～ 49 歳）に産む子供の平均数を意味する合計特殊出生率は，2010 年には 1.23 と最低の値を示しており，1960 年の 6.0 という数値はもちろん，1983 年の 2.0 という人口置換水準をもはや下回る数値である。一方，65 歳以上が韓国の人口全体に占める割合は，2010 年には 11.3%と，1960 年の 3.3%と比較して，著しく増加している。2030 年までには，全人口の約 4 分の 1 （24.3%）が 65 歳以上となることが推測される。

　また，政府統計（2011）の予測によると，全人口に占める生産年齢人口（15

---

1)　韓国では，介護者は「yoyangbohosa 療養保護士」や「ganbyungin 看病人」等の異なる名称で呼ばれている。「看病人」は，一般に韓国で介護者を指す際に使用される用語だが，「療養保護士」は 2008 年の介護保険制度の導入により発生した，高齢者ケア関連の公共セクターの事業に使用された新しい用語である。

104

第 4 章　韓国におけるケア労働市場及び移住ケアワーカーの位置付け

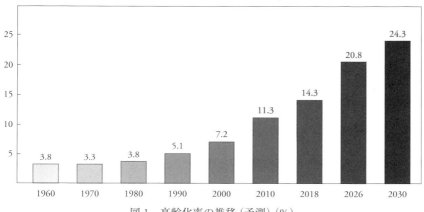

図 1　高齢化率の推移（予測）（%）
出典：Statistic Korea（KOSIS）　http://www.kosis.kr

〜64歳）の割合は，2018年以降減少する。この理由としては，平均寿命の伸長による高齢者の増加だけではなく，低い出生率も挙げられる。そのため政府は，減少の一途をたどる生産年齢人口が高齢者を支えなければならず，結果として国家の競争力が低下し，韓国社会が「サポート地獄」に陥ってしまうのではないかと懸念を高めている。一方，韓国女性の労働市場への参加が着実に増加しているとはいえ，その比率は他の経済協力開発機構（OECD）加盟国と比べるとはるかに低い。韓国政府は女性の労働力を高めるため，「仕事と家庭を両立する」ことを目指す種々の政策を策定してきた。韓国政府がLTCIE制度を実施してきた理由の1つは，高齢者ケアの需要が高まっても，主に社会における潜在的な生産性を有する女性に，ケアの負担がかからないようにするためである。

2　ケア労働市場及び移住ケアワーカー

　韓国におけるケアワーカーに関する正確な公式統計は，それがインフォーマルセクターの職業であるがゆえに入手が難しい。保健福祉部（2011）によ

第 II 部　親密性の労働の国際化の現状

表 1　韓国におけるケア労働市場の規模（2011 年）

	公共部門		民間部門	
	高齢者ケア制度	バウチャー プログラム	高齢者又は 患者のケア	家庭内労働
労働者の種類	療養保護士	療養保護士 （14,000） 手伝い，産後ヘ ルパー，保育士 （34,000）	看病人 （2011 年には相 当数の療養保護 士が看病人とし て勤務）	家事管理人， 家事手伝い， 産後ヘルパー， 保育士
労働者数	152,000	48,000	90,000	210,000
	合計　200,000		合計　300,000	

出典：経済社会発展労使政委員会（Economic and Social Development Commission）（2012: 20）

ると，家庭内労働者は 160,000 人未満，介護者は 100,000 人未満である。民間セクターにおけるケアワーカー数についての正確な公式統計は依然として存在しないのだが，2012 年の経済社会発展労使政委員会[2]のレポートによると，公式データの外挿法によって，この地域内の被雇用者数を算出したところ，韓国のケア労働市場は約 500,000 人に上ると推測される（表 1）。

　表 1 は，2011 年における韓国の公共セクター及び民間セクターのケアワーカーの規模を示すものである。公共セクターは，社会福祉プログラムの一部として政府の権限の下にあり，LTCIE 制度で働く療養保護士は約 152,000 人いる。また，保健福祉部又は女性家族部により提供された，低所得の高齢者，障害者，新生児を抱える母親のための社会奉仕のバウチャープログラムに従事するヘルパーは，約 48,000 人存在する。一方，民間セクターに雇用される看病人はおよそ 90,000 人であり，主に職業紹介業者を通じて雇用機会を得る家庭内労働者はおよそ 210,000 人である。よって，2011 年の公共セクターにおけるケアワーカー数は約 200,000 人，民間セクターでは約 300,000 人で

2）　経済社会発展労使政委員会（正式には「韓国三者委員会」）とは，1997 年後半の経済危機に対処するため 1998 年 1 月に設立された大統領諮問機関である。同委員会は，労働者，経営者，政府関係者，公共利益団体の参加する社会的対話機関であり，労働政策，産業政策，経済政策，社会政策に関し，政府が意見を求めるものである。

第 4 章　韓国におけるケア労働市場及び移住ケアワーカーの位置付け

あることが分かる。

　韓国における移住ケアワーカー数については，目下のところ正確な統計が存在しない。それは，これまで韓国にはシンガポールや台湾とは異なり，外国人ケアワーカーを受け入れるための正式な政策が存在しなかったからであり，また，韓国政府は 2002 年末以降，家事労働やケアワークを含むいくつかのサービス産業については，中国朝鮮族にのみ従事を許してきたからである[3]。中国朝鮮族に関する移民政策については，2007 年に開始した就労訪問制度（Working Visit System）[4] の下で行われた。先の制度における中国朝鮮族（以下朝鮮族）は，仕事を始めたり転職したりする際には必ず雇用労働部に雇用形態を報告しなければならないが報告率は 50％ほどにすぎない。また，朝鮮族は頻繁に職を変える傾向があるため，そのうちの何名ほどがケアの仕事に従事しているかを割り出すのは非常に難しい。2010 年 7 月には，報告率は 56.1％（298,000 人中 167,000 人が報告）と若干の増加を見せたものの，ケアワークセクターに従事していると答えた者はわずか 5％（8,400 人）であった（Chung et al., 2010）。よって，仮に朝鮮民族全員が報告していたとしても，朝鮮族のケアワーカー数は，15,000 人程度であったと考えられる。

　朝鮮族の女性に関する他の調査（Lee 2006; Lee et al. 2006）によると，朝鮮族の女性は，家庭内労働では自由が制限される，感情的なストレスが生まれる，社会的地位が低いといった理由から，一般家庭よりもレストランで働くことを好んでいた。しかし，年配の女性にとってはレストランでの勤務はあまりにハードであるため，朝鮮族の女性が一般家庭で働くか，それともレストランで働くかは，年齢によって異なる。50 歳未満の女性は，レストランで働く傾向にあり，それより高齢の女性は家庭内労働者となるか，ケアワーカーになる傾向にあった。したがって，韓国に滞在する朝鮮族の女性の大半は，

---

3)　雇用許可制において朝鮮民族ではない外国人労働者は，製造業，農業，畜産業に従事し，家事労働やケアワークといったサービス業に従事することができない。

4)　同胞民族のための就労訪問制度とは，ある種の「就労許可制度」に類しており，外国の朝鮮民族に一部のサービス産業や建設業への従事を許可するものである。この制度は，5 年間の滞在期間のうち最長 3 年間の就労を認めている。また就労訪問制度は，最長で 5 年間，自国と韓国の自由な行き来を認めている（いわゆる「重複ビザ」）。このことを制度に含めた意図というのは，膨大な数に上る非正規滞在や，送り出し国である中国における家族構造の崩壊といった問題を緩和するためである。

107

第II部　親密性の労働の国際化の現状

まずはレストランで働き，その後で家庭内労働者となるか，ケアワーカーになる傾向にあったということになる（Lee 2006: 506-509）。この点を踏まえ，レストランに勤務する朝鮮族の女性の半数（44,000人）がその後ケアワーカーになると仮定すると，2010年の朝鮮族ケアワーカー数は，最低15,000人（純粋なケアワーカー数）から最高55,000人（ケアワーカー数＋レストラン勤務者の半数）の間にあると推測できる。しかしながら，2015年1月における移住ケアワーカー数は，在住外国人（1,740,000人）や朝鮮族（700,000人）と比べると割合としてはかなり少ないと言える。

③　新しいLTCIE制度

　LTCIE制度は，日常の家事援助や介助を，老人性疾患によりそれらが自身では行えない人に提供することを目的として導入された。すなわちこの制度は，高齢者ケア施設又は在宅での訪問介護を通じてサービスを提供するものなのである。この制度が導入されるまでは，高齢者のための社会福祉は主に低所得者グループに向けられていた。LTCIE制度は，65歳以上であり長期的なケアを要する者，又は65歳未満であってもアルツハイマー病もしくは他の老人性疾患を患っている者という条件を満たす，幅広い層を対象にしている。つまり，LTCIE制度は所得にかかわらず普遍的に利用可能である。新しい制度は国家健康保険を基礎としており，就労者が健康保険と介護保険に保険料を納付するのである。

　LTCIE制度の導入後この制度の恩恵を受けた利用者の数は，2008年下旬には210,000人であったが，2015年下旬には468,000人まで増加した。65歳以上の人のうちこの制度を利用した者の割合は，2008年には4.2％，2015年には7.1％であった（表2）。

　図2からわかるように，在宅ケアセンターと施設ケアセンターは，2008年に8,000だったものが，高齢者介護保険の開始からわずか1年たった2009年に15,000へと急増した。2015年は17,000であり，2010年以降は微増といえる。図2は在宅ケアセンターが主要なケアセンターであることをも

表2 LTCIE 制度利用者（2008 ～ 2011 年）

	2008	2009	2010	2011	2012	2013	2014	2015/6
韓国における高齢者数（65歳以上）	5,086,195	5,286,383	5,448,984	5,644,758	5,921,977	6,192,762	6,462,740	6,610,989
韓国の人口に占める高齢者（65歳以上）の割合	10.2%	10.5%	10.8%	11.1%	11.6%	12.0%	12.5%	12.7%
LTCIE 制度申請許可数	214,480	286,907	315,994	324,412	341,788	378,493	424,572	467,752
全高齢者（65歳以上）のうち，LTCIE制度を利用している高齢者の割合	4.2%	5.4%	5.8%	5.7%	5.8%	6.1%	6.6%	7.1%

出典：National Health Insurance Corporation (2008a～2014a, 2008b～2015b)

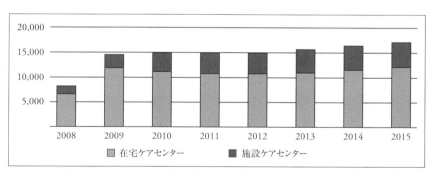

図2 在宅ケアセンター数及びケア施設数（2008 ～ 2014 年）
出典：National Health Insurance Corporation (2008a～2014a, 2008b～2015b)

示しているが，在宅ケアセンターは 2008 年の 80％から 2015 年の 71％に若干減少している。これは政府が高齢者介護保険制度の導入に合わせて在宅ケアセンターの設立要件を緩和したため，当初はその割合が高かったのである。在宅ケアセンターの提供する主なサービスは訪問介護と訪問入浴などであ

第Ⅱ部　親密性の労働の国際化の現状

る。

3-1．長期的なケア利用者にとってのケア提供者

　図3は，長期ケア提供者とは主にどのような立場の人なのかを記している。韓国における主なケア提供者は，ケア利用者の子ども（嫁も含む）であることが明確である。だが，ここで長期的なケア利用者のジェンダーに着目することで，いくつかの特徴が浮かび上がってくる。図4は，長期的なケア利用者が男性である場合，主なケア提供者は彼らの配偶者（48％）であり，次に多いのは有償のケア提供者又は彼らの子どもであることを示している。この制度導入後の初期段階である2008年では，男性に対するケア提供者として2番目に多かったのは，有償の介護者（22％）であり，3番目は子ども（15％）であった。しかしこの結果は，この制度が始まってから2年後の2010年，2番目が子ども（18％），3番目が有償の介護者（13％）に変化している。一方，長期的なケア利用者が女性である場合（図5），主なケア提供者は子どもであり，次に多かったのは有償の介護者であった。しかしここでも，2008年以降，有償の介護者の比率は徐々に低下しており，2008年の29％から2014年の14％に低下している。他方で子どもが最も重要なケア提供者である割合は増加している。

　高齢者介護保険制度のスタートとともに，有償の介護者の雇用は増えると思われていた。しかし，実際にはまさに反対のことが起こったのである。これは，保険制度が図2のとおり訪問ケアサービスの拡大を推奨していたからで，有償の介護者がケアを代替するというよりも，家族内に残るケアの負担軽減を支援する。訪問ケアは，要介護状態に応じて，毎日1時間から4時間のケアサービスの提供が基準となる。保険制度における受益者は2008年と2014年を比較すると2倍に増加しているが，介護施設でケアされる要介護1（重篤な状態）と要介護2（重度の状態）の数の推移はこの7年間，10万人で推移している（図6）。2013年まで，LTCIEは要介護1から3で測られていた。しかし，2014年7月からは要介護3が要介護3と4に分割され，さらに生活に支障のない認知症の症状のある人のカテゴリーを要介護5として導入した。要介護のカテゴリーに該当する限り，高齢者施設におけるサービ

110

第 4 章　韓国におけるケア労働市場及び移住ケアワーカーの位置付け

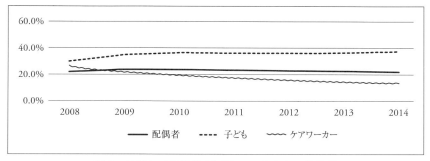

図 3　長期ケア利用者（全体）への主なケア提供者
出典：National Health Insurance Corporation (2008a〜2014a, 2008b〜2015b)

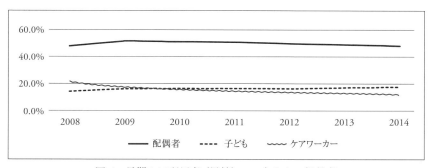

図 4　長期ケア利用者（男性）への主なケア提供者
出典：National Health Insurance Corporation (2008a〜2014a, 2008b〜2015b)

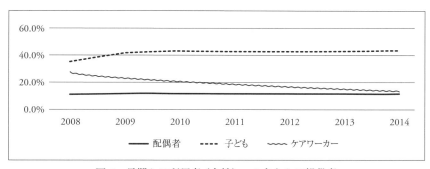

図 5　長期ケア利用者（女性）への主なケア提供者
出典：National Health Insurance Corporation (2008a〜2014a, 2008b〜2015b)

111

第 II 部　親密性の労働の国際化の現状

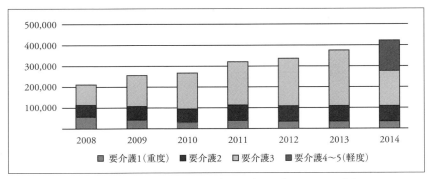

図 6　要介護度別介護保険の受給者（2008 年から 2014 年）
出典：National Health Insurance Corporation (2008a〜2014a, 2008b〜2015b)

スを受給できるし，要介護 3 から 5 については在宅ケアサービスを受けられる。在宅における介護保険のサービス受給者の割合は，施設介護と比すると，2008 年の 61％から 2014 年の 65％というデータからもわかるようにそれほど変化がない。

　つまり図 4 及び図 5 は，LTCIE 制度の導入後 2 〜 3 年間のうちに，主なケア提供者である有償介護者の割合が約 7 〜 9％低下しており，逆に子ども（嫁も含む）の数は約 2 〜 8％増加していることを示している。有償介護者数が減少すると，負担は子どもや家族内の療養保護士にのしかかると解釈できるであろう。教育機関が療養保護士の資格取得を可能な人に積極的に勧めたことが，この展開の背景にある。また，もう 1 つの理由としては，どのみちケアしなければならない高齢の親族をケアすることでお金を稼ごうと，療養保護士の資格取得を希望した人々がいたからである。しかしながら，家庭内療養保護士の数が 2010 年に飛躍的に増加した折，家庭内療養保護士が実際には，給付金を受け取りながら適切なケアをしなかったり，あるいはケアを放棄するケースさえあったことが確認されている。そのため，政府は 2011 年に規則を改定し，家庭内療養保護士の受け取る賃金を以前の半分に引き下げ，家庭内療養保護士の得られる利益を減らしたのであった（Choi and Kim 2013）。

　図 7 は療養保護士有資格者数と，そのうちの被雇用者数を示している。療

第 4 章　韓国におけるケア労働市場及び移住ケアワーカーの位置付け

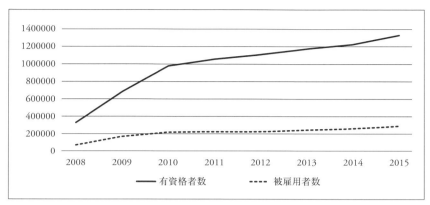

図 7　療養保護士数（2008 〜 2015 年）
出典：Economic and Social Development Commission（2012）
　　　National Health Insurance Corporation (2008a〜2014a, 2008b〜2015b)

　療養保護士有資格者数は 2008 年には 340,000 人であったが，2011 年には 100 万人を超えており，劇的な増加を見せている。しかしこの増加は，新たな国家試験が導入されたのと同時期の 2010 年 4 月以降はペースダウンしている。これは国家資格の取得のための条件がより厳しくなったためであるが，同時に着目すべきは，制度実施後の 2 年後である 2010 年の時点で，既に多数の療養保護士が存在していたという点である。また，2010 年以降，療養保護士有資格者数のうち 4 分の 1 しか働いていない点も注意すべきである。その理由としては，既にケアの需要に対する療養保護士の供給が十分に存在するがゆえに，仕事に就くのが難しい点が挙げられる。また別の理由としては，多くの女性が，将来的に家族を介護することを見越して，早いうちからこの資格を取得していることも挙げられる。
　療養保護士の供給過多の背景には，政府が LTCIE 制度の体制確立に非常に力を入れていたという事実がある。中でも政府が力を注いだのが，サービスを提供してくれる民間セクターの介護者に興味を持ってもらうことである。こうしてインフラは拡大し，サービス提供者にとって最初の関門と思われていた労働市場やインフラの整備のための規制も緩和されたのである。サービスのインフラがないのに LTCIE 制度の制定を進めて非難の的となる

113

第 II 部　親密性の労働の国際化の現状

ことを，政府は恐れていたのだ。

　これらは，療養保護士教育機関に起きた変化について，許容するのではなく検討するときにより重要となる。当初から，療養保護士教育機関の設立は報告制の形態をとっていた。つまり，教育機関は運営していることさえ報告すれば良かったのである。このような報告制が採用されていたのは，教育機関が早く増え，運営が安定することを狙ってのことである。だが，時間が経つにつれ，このような教育機関があまりに多くなってしまったため，2010年4月に老人福祉法の規則が改定され，療養保護士教育機関は教育機関認定制度に従わなければならなくなった。図8はこの変化をはっきりと示している。療養保護士教育機関数は2008年の制度施行から1年後の2009年に1,300とピークを迎え，2010年以降はわずかな減少に転じ，2015年には800機関に減少している。

3-2.　ケアワーカーの労働条件

　先行研究によると（Oh et al. 2009; Chu 2011; 経済社会発展労使政委員会 2012; Koo, et al., 2015)，療養保護士は主に40〜50歳の主婦であり，そのうち75%が高校卒業者である。在宅ケアセンターを通して仕事をしている療養保護士の多くはパートタイム労働者であり，ケア施設に勤めている者は通常フルタイムで働いている。しかし，在宅ケアセンターとケア施設のいずれも，療養保護士の雇用形態は月ぎめや年間の雇用契約等の非正規雇用が多い。

　国民健康保険公団（NHIC）が2011年に定めるところでは，療養保護士の最低賃金は，一般的な最低賃金の2倍に相当する時給7,000ウォン（2011年)，11,000ウォン（2015年）が適切である[5]。だが実際には，各々のケアセンターで設定している療養保護士の報酬は異なっている。ケアセンターは，労働者災害補償保険，雇用保険，国民年金，国民健康保険といった，韓国における4つの主な社会保険制度に加入している必要がある。だが，ケア施設の20%，在宅ケアセンターの44%は2009年時点でこれらの保険制度に加入していない（Oh et al. 2009)。これは2015年においても変わっていない（Koo et

---

5)　2011年の最低賃金は時給4,320ウォン，2015年は5,580ウォンである。

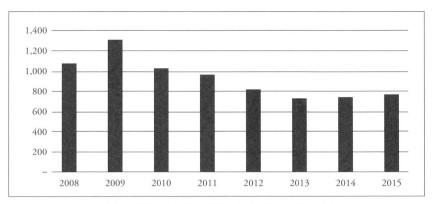

図 8　療養保護士教育機関の数（2008 〜 2011 年）
出典：National Health Insurance Corporation (2008a〜2014a, 2008b〜2015b)

al. 2015）。

　同様に，看病人（付添婦）も主に 50 歳以上の女性である。この看病人の大半は 1 日中 24 時間体制で働いており，睡眠時にしか休憩が取れない。それも時間がある場合のみである。かれら看病人の日給はおよそ 80,000 ウォンである。ほとんどの看病人は，知人の紹介や，短期雇用の職業を紹介する業者を通じて，あるいは通常の職業紹介業者を通じて職を得ている。一般的に総合病院では患者に看病人を紹介しており，患者や患者の保護者がその看病人を雇うか，それとも人伝えに知った別の看病人にするかを決めるようになっている。看病人は雇われると，単純に日給をもらって働くことになる。だが，高齢者ケア専門病院は，韓国患者ヘルパー協会等の民間の職業紹介業者と契約関係を結ぶ傾向がある。高齢者ケア専門病院は朝鮮族を好んでいる。というのも，地元の韓国人を雇うよりも朝鮮族を雇ったほうが実質的に日給が安くなるのだ。地元の韓国人は 8 時間シフト制で自宅からの通勤を好むのに対し，朝鮮族は，食事つきの下宿で 24 時間シフト制を受け入れることが多いからである。

　2011 年における民間の看病人職業紹介業者数は，およそ 1,700 である（Kim 2007; Park 2010; Chu 2011）。こうした業者は，会員制で看病人の派遣運営・管理をしている。看病人は初期費用（約 100,000 ウォン）と月額会員費（25,000

115

第 II 部　親密性の労働の国際化の現状

～ 60,000 ウォン) を支払わなければならない。いずれのケースにおいても，看病人の多くは雇用契約を一切結んでおらず (83%)，28% ほどの看病人しか，先に挙げた 4 つの主な社会保険制度を利用していない。

　Yoo (2011) は，高齢者ケア施設で働く療養保護士，及び韓国の大邱・慶北地域の老人病院で働く看病人を対象に，2011 年 9 月から 10 月にかけて調査を行った。調査の結果，報酬の計算方法において違いがあることが分かった。すなわち，療養保護士は通常時給で支払われるのに対し，看病人は月給で支払われる点である。このような報酬の方法の違いに拘わらず，労働条件は両者とも類似している。療養保護士と看病人の 85% が，月額にして 101 万～150 万ウォンの報酬を受け取っていることが確認されている。LTCIE 制度施行後の初期段階では，多くの看病人は，民間セクターでの勤務から，公共セクターでの療養保護士としての雇用に変更することを望んでいたが，Yoo (2011) によれば，2011 年時点では療養保護士有資格者の多くが実際には看病人として雇用されていた。その最大の理由は，療養保護士の数が多すぎるために，きちんとした仕事につくのが困難だったことである。

　最近では，小規模在宅ケアセンターのスタッフの空きが少なくなってきたため，療養保護士の間での競争が激しさを増している。その結果収入はさらに低くなり，雇用条件が悪化した。実際の労働条件に関する調査 (医療福祉資源機構 2012) によると，現在療養保護士のひと月あたりの平均純収入は，週 40 時間勤務で 4 つの主な社会保険の保険料を除くと，在宅ケアセンターでは 670,000 ウォンであり，ケア施設では 910,000 ウォンである (Joong Ang Il Bo, 2012 年 7 月 3 日；MEDICAL Today, 2012 年 7 月 2 日)。2016 年には，ひと月当たりの収入はそれぞれ 700,000 ウォンと 1,400,000 ウォンとみられている (Naeil News, March 8 2016)。訪問ケアセンターに就労している多くがパートで状況は悪化している。

　そのため韓国国家人権委員会は，2012 年 7 月 1 日，ケア業界で被雇用者が抱える問題を緩和するよう，保健福祉部と雇用労働部に勧告している。具体的な勧告内容は，給与水準体系のチェック強化，職業紹介業者等の業者の運営方法の監視，超過労働時間やセクハラといった雇用条件に関するルールの制定及び強化である。政府は訪問ケアセンターにおける労働条件の待遇改

善にも乗り出したが，効果は小さかった。

このような背景から，LTCIE 制度の導入から 7 年が経過した今日，療養
保護士の失業者数の規模やその過酷な労働条件に対する批判が強まってい
る。政府主導の市場化や規制緩和による療養保護士の供給過多，ケア施設間
の競争の激化といった点が非難の対象となっているのだ。LTCIE 制度導入
から 4 年目にあたる 2012 年 7 月 1 日に，韓国ケアワーカー協会を含む労働
者団体，市民団体，福祉団体，公益法人が，「LTCIE 法の全面改正を求める
合同対策委員会」を形成した。委員会は，1) 国公立長期ケア施設の規模や
収容人数を 30％拡大する，2) 療養保護士と看病人のいずれにも，適正賃金
を保証する，3) ケアセンターを通じてではなく，国から直接，療養保護士
に補助金を支払う，4) 療養保護士と看病人のいずれにも，1 日あたりの最
長の労働時間を 8 時間と定める，5) 看病人を認可し，正規の労働であると
認める，6) 長期ケア施設の現行の報告制を廃止して認可制に変え，政府が
直接厳しく監視・管理する，といった改正を求めて，政府に大きな圧力をか
けている[6]。

国会においても議論が交わされたが，どのように民間主体の制度（例えば
訪問ケアセンター）からより公的な制度にしていくかが争点となった。法案
は 2 つの側面からなる。1 つは現行の報告制から指名制への変化であり，も
う 1 つは民間業者に対する綿密な財政管理についてである。しかし，予期さ
れた通り，これらの法案は現在の高齢者ケアセンターや関連業者によるロビ
イングにより成功しなかった（Kim 2015; Assembly News, April 26 2016）。

④ LTCIE 制度の効果

確かに LTCIE 制度はケアワーカーという職業の一部を正式な職業と認め，
韓国のケア労働市場の規模の拡大に貢献した。特に，LTCIE 制度によって
療養保護士という新たな雇用のカテゴリーが生まれ，2015 年には 302,000

---

6) 韓国ケアワーカー協会　http://www.care119.net/xe/notice/2175　（最終アクセス 2012 年 7 月 3
日）

第 II 部　親密性の労働の国際化の現状

人が就労している（図7）。しかしながら，ケアワークのカテゴリーが1つ形成されたとはいえ，療養保護士の労働条件は当初の予想よりもはるかに悪いことが明らかになった。それに，看病人や他の家庭内労働者に至っては，未だに非正規雇用で職に就いている状態なのである。

　療養保護士の地位がなぜ確立しなかったのかについては，いくつか理由があるが，そのうちの1つは，単純に療養保護士の人数が多すぎたことである。その他の理由としては，政府の方針により在宅ケアセンターが多く作られたため，競争が激しくなり，運営企業の収入が減ったことが挙げられる。供給過剰の療養保護士は，簡単に他の人と交替可能なため職の安定性が低下し，業者は多数いる従業員に仕事を割り振ろうとするため，1人あたりの勤務時間が減り，結果として賃金が安くなる。さらに，そもそもこの業界は総じて不安定であるため，療養保護士の仕事そのものがとりわけ安定しているわけではないのだ。つまり，制度の施行によりケア労働市場の量的規模は拡大したものの，労働条件やケアの質を改善するには至らなかったのである。

　同様に，ケアワークの社会的地位もLTCIE制度によって改善されはしなかった。韓国ではケアワーカーの社会的地位がとりわけ高いわけではなく，LTCIE制度もこの現実を変えることはできなかったのだ。事実，政府はケアワーカーの一部に対して，240時間の講座受講と国家試験の合格を要件とする療養保護士になってもらうべく尽力したが，全国紙は療養保護士を「国家認定の家事労働者」「アマチュア集団」と評する始末である（No Nyun Si Dae News, July 13 2012; Hankyoreh News, January 22 2015; Naeil News, March 8 2016, etc.）。

　社会的に受け入れられていない重大な理由としては，LTCIE制度が高齢者ケアワークの脱家族化に焦点を絞って尽力した一方，脱女性化の試みが全く見られなかったことが挙げられる。それゆえ，療養保護士という新たな職業カテゴリーの創設がケア業界の専門化につながると予想されていたにも拘わらず，結局は中年・年配女性のためのピンクカラージョブの域を出ず，あらゆる人のための職の選択肢とはならなかったのだ。療養保護士の名の下に専門化を図るも，彼女たちの現実の社会的地位は，前任者であり現在の同業者でもある看病人の社会的地位と似たようなものなのだ。

118

ケアワークは，現地の韓国人労働者だけではなく，韓国で介護職に就くことが許されている朝鮮族や結婚移民など特定の外国人グループにも担われている。現に，相当数の朝鮮族がケアワーカーとして勤務している（Lee, 2004; Lee et al., 2006）。韓国には，シンガポールや台湾のように，低コストで外国人介護者や移民の家庭内労働者を雇用できるシステムはない。雇用許可制及び就労訪問制度の原則は，外国人と韓国市民両者の待遇を，根本的に均等にすることである。そのため，少なくとも公式見解では，相当する職種に就いている外国人と韓国人のあいだに，賃金や雇用条件に差異があってはならないが，現実は必ずしもそうではない。例えば，韓国人ケアワーカーが 8 時間労働で時給又は日給換算で賃金を受け取るのに対し，多くの朝鮮族女性は 24 時間体制で，勤務先や病院に住み込みで働いているのだ。韓国人と朝鮮族のいずれも，2015 年の 1 日あたりの賃金はおよそ 80,000 ウォンで，ほぼ等しい。だが，韓国人のケアワーカーは通常週 1 回（一般的には日曜）有給を取るのに対し，朝鮮族の取る週 1 日の休みは有給ではない。住み込みの家庭内労働者の場合だと，韓国人のケアワーカーは通常週 5 日勤務で月給 140 万ウォンであるのに対し，朝鮮族のケアワーカーは，通常同じ月給で週 6 日勤務している。韓国人のケアワーカーが週 6 日勤務する場合，2015 年の月給は 160 万ウォンであった[7]。

　2008 年の LTCIE 制度実施以前は，ケアワークの需要に対し看病人の供給が少なく，韓国では個人の家で家庭内労働者として働いていたのは主に 50 代以上の朝鮮族女性であり，病院やケアセンターで働いていたのは主に看病人であった（Lee et al. 2006）。2008 年の LTCIE 制度実施以降は，それまで看病人として働いてきた韓国人女性のほとんどは療養保護士になっていった（Park 2010; Um 2012）[8]。というのも，療養保護士になれば雇用条件が改善され，収入も上がると思われていたからだ。2010 年までには療養保護士のポストはほとんど埋まってしまい，相当数の療養保護士有資格者の韓国人女性は，

7) これは 91 歳の義母の介護のため，韓国人，もしくは中国朝鮮族の看病人や家事労働者を雇用しようとする筆者により直接確認されたものである（2015 年）。
8) 2009 年 4 月から 5 月にかけて行われた調査（Park, 2010）によると，韓国人看病人の多くは療養保護士の資格を取ってケアセンターへと移ったのだが，「残された」看病人で老人病院に雇用されている者はほとんど朝鮮族であったことが報告されている。

第 II 部　親密性の労働の国際化の現状

看病人の仕事を選ぶようになった。そのため 2010 年以降，韓国人ケアワーカーは，より良い仕事を求めて朝鮮族の看病人の仕事を圧迫していったのだ。現在，韓国人看病人の仕事は，主に総合病院でのマンツーマンの介護であるが，一方の朝鮮族の看病人は老人ホームで 4 〜 6 名の患者を相手にするグループ介護スタッフとして雇用されている（Choi 2010; Hong et al. 2010; Park 2010）。

⑤　韓国における現在の外国人療養保護士数

　療養保護士の教育との関係で言うと，就労訪問制度を利用している中国朝鮮族（Josonjok）も結婚移民も，「十分な韓国語能力」を有していれば，LTCIE 制度の初期の段階から療養保護士資格を取得することはできた（MHW 2008: 168-169）。朝鮮族や結婚移民を除く長期ビザを有する者も，2010 年以降療養保護士資格を取ることができるようになったのだ（MHW, 2012: 6）。よって，療養保護士教育を受けることが許されるビザは，1）配偶者が韓国人である者に発行される F-2 ビザ（居住），2）H-2 ビザ（商用短期訪問），3）F-4 ビザ（在外韓国人），4）F-5 ビザ（永住者），の 4 種類である。全ての人は，まず韓国語能力試験（TOPIK）で十分な成績を取ることが必要とされる。

　しかしながら，ほとんどの韓国在住外国人は，療養保護士資格の講座や試験を受けたり，資格を取得したりはしない。2011 年 6 月の時点で療養保護士として雇用されていた外国人（永住者も含む）はわずか 314 名だが[9]，2014 年には 785 人となっている（図 9）。これは，2010 年に 100 万人だった韓国人の有資格者数が 2011 年には 123 万人になった推移からすると，一握りに過ぎない（図 7）。

　さらに外国人有資格者のうち，どのくらいが実際に就労しているかについては知られていない。なぜ移住背景のある療養保護士数が明らかに少ないの

9）　外国人療養保護士有資格者に関する統計は，未だ作成されていない。だが，療養保護士として働く外国人の数は，現役の研究者の要請により，LTCIE 制度が提供した長期ケアに携わる労働者に関するデータベースから算出することができる。

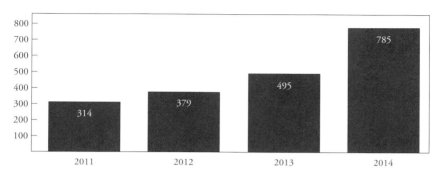

図 9　外国籍の療養保護士有資格者数の推移
出典：筆者の質問に対する国民健康保険公団よりの回答（2016 年 5 月）

かについては，いくつかの説明が考えられる。まず，特に朝鮮族について言えることだが，療養保護士の資格を取ったからといって仕事が保障されるわけではなく，また 240 時間の講座受講にかかる時間や費用は多くの人にとって相当の負担だからだ。よって，そのような困難を避けるために，療養保護士ではなく看病人として働くことを選択する傾向にある[10]。その他の要因としては，現地の韓国人女性ケアワーカーがケア施設で日雇いの療養保護士として勤務するか，あるいはパートタイム労働者としてクライアントの自宅を訪問することを好むのに対し，朝鮮族は 24 時間単位で看病人として雇用されることを好むことが挙げられる。というのも，24 時間単位の雇用であれば食事つきの下宿先が提供されるからだ。そうすれば，朝鮮族は 5 年間の韓国滞在期間中に，少しでも多く貯蓄することができるのだ。

　帰化して韓国市民となった結婚移民は，韓国在住者とみなされる。よって，療養保護士として働く韓国人のうち，帰化した結婚移民が多い可能性もある[11]。とはいえ，結婚移民でかつ帰化した者のうちどれほどが療養保護士と

---

10) 240 時間の療養保護士教育講座にかかる費用は，2010 〜 2011 年には 400,000 〜 800,000 ウォンであった。収入が所定の最低生活費の 150％に満たない韓国人には，政府から授業料が払い戻される。だが，朝鮮族にはそのような措置はない。
11) Kim et al. (2009) によると，2009 年には結婚移民女性の 33％が帰化している。国籍別に見ると，朝鮮族が 59％，フィリピン人が 43％，中国人が 23％，ベトナム人が 12％，日本人が 5％であった。

第 II 部　親密性の労働の国際化の現状

して働いているかを算出することはできない。というのも，帰化した結婚移民は，既に現地の韓国人としてカウントされるからだ。最近いくつか報告されているように（Kim et al. 2010: 106, 118; Yang et al. 2010），療養保護士のプログラムは特定の年齢や学歴，社会階層といった条件を設けておらず，そのため女性の結婚移民にとって療養保護士として働くことは非常に都合が良い。実際に，療養保護士になれば，義理の両親の介護をしなければならない結婚移民も一定のお金を稼げるようになる。しかし，現実には今のところそれほど多くの数の結婚移民女性が療養保護士として就労しているわけではない。

　要約すると，朝鮮族と結婚移民の両者とも，韓国におけるケア労働市場では何らかの困難を抱えていることが分かる。たしかに朝鮮族については，ケアワークを行うことについて，理論上は障害がない。だが，朝鮮族は短期間で仕事を辞めたり，無断で仕事を辞めたりすることがあるので，現地の雇用者は利用者の安全面を心配しているのだ。ベトナムやフィリピン等の東南アジア諸国からの結婚移民の場合は，現地の雇用者はこの業界で働くには若すぎる人が多いという意見を持っている。事実，東南アジアからの結婚移民女性は，経験やスキルがなかったり，文化的言語的障害に直面していることが多い。そのため，ケアワーカーとして働く東南アジアからの結婚移民女性は実際には少ない。

おわりに

　本章では，韓国におけるケア労働市場の現況と，2008 年 7 月に導入された LTCIE 制度によって起こった変化について考察した。まず言えるのは，高齢者に対する社会保障制度の拡大，特に女性に対する雇用機会の増大である。7 年間の経験を経て，社会に対する影響を評価するには早すぎるかもしれないが，当初の目標を達成したとは言えない。高齢者に対する社会福祉制度についていえば，予見されていたことではあるが，残余的な制度から所得水準に関係なく普遍的なサービスの供給へと変化した。こうした変化にもかかわらず，保険制度におけるサービス受給者の割合は，2015 年時点で 7％

に過ぎない。これは実際のニーズをはるかに下回るものである。雇用の拡大についていえば，保険制度の運用がケア労働市場における雇用を拡大したかもしれないが，労働条件や質の高いケアの供給という点では失敗に終わっている。療養保護士という職業は，他のケア関連に従事する者と異なり，法令では認可されているものの，労働条件は貧しく，社会的な地位も低い。したがって，社会変化に向けて，ケア関連の職業全体の労働条件の向上が必要である。

　ただ，LTCIE 制度は，ケアワークの社会化ならびに高齢者介護の脱家族化について，ある程度の効果をもたらすきっかけとなった。アルツハイマーのような消耗性疾患を持つ高齢者を抱える親族の場合，直近の親族ならではの困難が多く存在する。というのも，伝統的な家族主義的規範により介護は家族の中でふさわしい者がすべきと考えられてきたからだ。そして，その介護にふさわしい者とは通常，息子（主に長男）の妻を意味し，介護が彼女のキャリアや生活に与える影響についてはほとんど考えられてこなかった。しかし，このような考え方は変わりつつあり，多くの家庭では病気の親族を長期滞在型のケア施設に入居させることを選択しつつある。ただし，患っている疾患が急性ではない高齢者の場合は，長期滞在型のケア施設に入居させるよりも，訪問ケアや訪問入浴サービスといった支援型のケアが今なお好まれている。このことは，受給者の 60％が自宅に 7 年以上居住していること，その間主要な介護者は家族であること，さらに多くが家庭内療養保護士であることにも投影されている。こうした傾向は，韓国が家族主義であることからもわかる。

　結論として，高齢者長期介護制度は韓国におけるケア労働の社会化の過程に寄与してきた。ところが，過度に市場志向のインフラの整備は在宅ケアセンターなどの高齢者ケアセンターの供給過剰をもたらし，サービスの質や療養保護士の労働条件を低下させた。結果として保険制度は，皮肉にもケア労働の再家族化をもたらしたのである。多くの韓国人が他のサービス制度に懐疑的であるため，家族や家族療養保護士が高齢者ケアを提供する傾向にあるのだ。さらに労働条件やケア労働の社会的地位の向上にあたって重要なプロセスであるにもかかわらず，ケア労働の脱女性化はほとんど進展していない

のである。

　事実，脱女性化はそもそも既存の政策目標ではなかったし，メディアなどのツールを利用しても，一般市民の関心を集めなかった。簡潔に言うと，高齢者や患者の介護や育児をするのは女性のケアワーカーであるべきだという考えは，依然として周知のものとなっているのだ。今後ケアワークの脱女性化が成功するならば，韓国のケア労働市場は，質・量両面で活発になるであろうし，実際にケアワークが真の職業として認められる可能性も高まるであろう。

　　＊　　本研究は韓国政府出資による韓国研究財団の補助金の助成を受けたものである（NRF–2010–330–B00189）。

・参考文献・

Choi, In-Hee and Kim, Jung-Hyun 2013. "Characteristics of Certified Family Care Providers (yoyangbohosa) and Informal Caregivers, and Predictors of Their Caregiving Burden," *Family and Culture*, 25(3): 159–185.

Choi, Sung Hoon 2010. "A Study on the Factors Influencing to the Job Satisfaction of Korea Residents in China Care Giver." MA Thesis, Dongguk University, Seoul. (In Korean).

Chu, Yousun 2011. "Institutional Improvement of Working Conditions of Care Workers with Emphasis on Ganbyungin." MA Thesis, Korea University, Seoul. (In Korean).

Chung, Ki-Seon, Kang, Dong Kwan, Kim, Seok Ho, Seol, Dong Hoon Seol, and Lee, Kyu Yong 2010. *Survey on Resident Foreigners* 2010: Employment and Social Life of Foreign Workers under the Employment Permit System. Seoul: Ministry of Justice. (In Korean).

Economic and Social Development Commission 2012. *Vitalizing Care Service Labor Market Working Group Report.* Seoul (In Korean).

Hong, Sae-Young, and Kim, Gum-Ja 2010. "A Study of the Acculturation Meaning among Chinese-Chosun Residential Care Attendants in Long-Term Care Settings." *Journal of the Korean Gerontological Society* 30(4): 1263–80 (In Korean).

Institute of Medical & Welfare Resources 2012. *Survey on Working Conditions of yoyangbohosa.* Seoul (In Korean).

Jones, R. S. 2010. "Health-Care Reform in Korea." OECD Economics Department Working Papers No. 797, OECD Publishing. http://dx.doi.org/10.1787/5kmbhk53x7nt-en OECD saccessed on July 03 2012.

Kim, Doo-Sub, and Kim, Cheong-Seok 2004. *The Population of Korea.* Daejeon: Korea

第 4 章　韓国におけるケア労働市場及び移住ケアワーカーの位置付け

National Statistical Office.

Kim, Hyang-Soo 2007. "Studies on Factors which Influence on Work Satisfaction of Ganbyungin." MA Thesis, Korea University, Seoul. (In Korean).

Kim, Seung-Gi 2015. *Review Report about Revised Bills: the Law on Long Term Care Insurance for Elderly. Health*, Welfare Committee, The National Assembly of the Republic of Korea.

Kim, Younghye, Park, Chaekyu, Jeon, Kyungsook, and Nam, Hyojeong 2010. *Studies on Suitable Jobs and Employment Linkage Plan for Marriage Migrant Women*. Seoul: Ministry of Employment and Labor (In Korean).

Koo, Mi-Young, Oh, Eun-Jin, Jang, Mee-Hye, Choi, Young Mee 2015. *Survey on the Situation of Human Rights of Domestic Workers in Informal Sectors*. Seoul: National Human Rights Commission of Korea.

Lee, Hye-Kyung 2004. "Foreign Domestic Workers in Korea." *Korea Journal of Population Studies* 27(2): 121−53 (In Korean).

Lee, Hye-Kyung 2006. "Migrant Domestic Workers in Korea: The Effects of Global Householding on Korean-Chinese Domestic Workers." *International Development Planning Review* 28(4): 499−514.

Lee, Hye-kyung, Chung, Kiseon, Yoo, Myungki, and Kim, Minjung 2006. "Feminization of Migration and Transnational Families of Korean-Chinese Migrants in South Korea." *Korean Journal of Sociology* 40(5): 258−98. (In Korean).

Lee, MiJeong 2002. "Labor Market Participation among Young College-Educated Women." *Korea Journal of Population Studies* 25(2): 139−62. (In Korean).

Ministry of Health and Welfare 2008. Introduction of the Welfare Facilities for the Aged Program in the Second Half of 2008. (In Korean)

Ministry of Health and Welfare 2011. *Survey of Health, Welfare and Related Industries* (In Korean).

Ministry of Health and Welfare 2012. *Yoyangbohosa Training Guidelines 2012* (In Korean).

Ministry of Interior 2015. *Status of Foreign Residents in Korea*. Seoul: Ministry of Interior.

National Health Insurance Corporation 2008a ∼ 2014a. *LTCIE (Long-term Care Insurance for the Elderly) Statistical Yearbook*. http://www.nhic.or.kr (In Korean).

National Health Insurance Corporation 2008b ∼ 2015b. *LTCIE (Long-term Care Insurance for the Elderly) Monthly Statistics* http://www.nhic.or.kr (In Korean).

Oh, Eunjin and Noh, Dae Myung 2009. *Policy Study to Improve "Job Creation Policy" in the Social Service Sector III*. Seoul: Korean Women's Development Institute (In Korean).

Park, Bok Im 2010. "A Study on the Influence of Care-Givers' Knowledge of and Attitude toward Elders with Dementia over Care-Giving Practice - Comparison between Korean and Chinese-Korean Care-Givers. MA Thesis, Hanyang University, Seoul. (In Korean).

Statistic Korea 2011. *Population Projections*. http://www.kosis.kr (In Korean).

Um, Seong Gee 2012. "At the Bottom: Migrant Workers in the South Korean Long-Term

125

第 II 部　親密性の労働の国際化の現状

Care Market" Ph. D. Dissertation, University of Toronto.

Yang, Insook, Min, Moosuk, and Kim, Sun Hye 2010. *Economic Activities of Women Marriage Immigrants in Korea and their Employment Policies*. Seoul: Korean Women's Development Institute.

Yoo, Jae Kyun 2011. "The Research on the Comparison of Job Satisfaction of Care Helpers and Care Workers for Aged Care Facilities and Geriatric Hospitals." MA Thesis, Department of Social Welfare, Kyungwoon University, Gumi, Gyeongbuk region, Korea (In Korean).

第**5**章 台湾におけるケアの不足と外国人労働者・結婚移民

王宏仁
翻訳・編集　左海陽子

　東アジア社会では，高齢化の進展や，低下の一方をたどる出生率に起因するケア不足が，いまや当たり前の状況となっている。(Jones and Shen 2008)。たとえば台湾は，20世紀の終わりころから高齢化社会に突入し，2015年には65歳以上の高齢者が全体の12.5％を占めるようになった。こうした高齢者介護の人材不足に対処すべく，東アジア社会はそれぞれの価値観や歴史的背景に基づいて，さまざまな方法を起用している。

1　台湾におけるケア不足

1-1. 人口動態の推定

　台湾では，1988年には65歳以上の人口は全体の5.75％に過ぎなかったが，2015年にはこれが12.5％にまで増加している（表1参照）。出生率の低下などを考慮すると，今後とも高齢化は急速に進むと考えられ，これは，多くの先進諸国よりも早いスピードである。また，産業化がもたらした都市化により，ほとんどの家庭が核家族として都市に暮らすようになった。とはいえ，「老親は子ども，とりわけ息子が同居して扶養すべきで，介護のための支援を政府に頼るべきではない」という考えは，未だに共通の認識のままだ。しかし

127

第 II 部　親密性の労働の国際化の現状

表 1　台湾の主要な人口統計学的データ（1975〜2015 年）

年	人口	新生児数	30〜44 歳の未婚男性	30〜44 歳の未婚女性	65 歳以上の人口（％）
1975	16,223,089	369,349	131,754	44,081	3.5
1980	17,866,008	413,881	140,171	73,834	4.3
1985	19,313,825	346,208	214,080	124,954	5.1
1990	20,401,305	335,618	347,406	204,604	6.2
1995	21,357,431	329,581	521,722	290,663	7.6
2000	22,276,672	305,312	620,066	367,632	8.6
2005	22,770,383	205,854	730,054	498,121	9.7
2010	23,162,123	157,282			10.6
2015	23,492,074	201,523			12.5

出典：内政部戸政司ホームページより筆者作成

ながら，1 人の収入だけでは生計を立てることが難しい家庭にとっては，妻
または夫が家に残って高齢の親を介護するのは困難である。さらに，台湾に
は，国民党兵士の結婚を認めてこなかった過去があるため，もともと一人暮
らしの軍人が多いという特殊な事情があった。表 2 が示すように，独居の割
合は 2005 年には今よりも高かった。これは，この国民党兵士という特別な
事情があったものと考えられる。その後，2009 年と 2013 年の比較では，子
どもと離れて自分たちだけで暮らす高齢の夫婦や独居の高齢者の割合が増加
している。2009 年には独居が 9.2％，配偶者と同居が 18.8％だったが，2013
年にはこれらがそれぞれ 11.1％と 20.6％に推移した。一方で，65 歳以上の
高齢者をかかえる 3 世代家族は継続して減少している。つまり，従来の家族
介護の持続がもはや困難になっているのだ。他方，台湾では，女性の労働参
加率は 1981 年には 38.8％だったが，1990 年には 44.5％，2005 年には
48.1％，そして 2015 年には 50.7％に増加した（労働部 2016）。また，3 歳未
満の子どもの育児をフルタイムでおこなう女性の割合は，1979 年の 84.7％
から，1985 年の 76.9％，2006 年の 65.8％，2013 年の 51.8％へと減少の一
途をたどっている（行政院主計總處 2014）。すでにケアの不足は高齢者ケア，
子どものケア双方において大きく顕在化している。

第 5 章　台湾におけるケアの不足と外国人労働者

表 2　高齢者の世帯構成 (2005 年〜2013 年)

項目別	合計	独居	配偶者と同居	2 世代同居	3 世代同居	4 世代同居	親族や友人と同居	施設等
2005 年	100	13.6	22.2	22.5	37.9	0.7	0.7	2.3
2009 年	100	9.2	18.8	29.8	37.9	0.8	0.8	2.8
2013 年	100	11.1	20.6	25.8	37.5	1	0.6	3.4

出典：内政部 (2014)『老人状況調査報告』内政部, p. 2 表 3 をもとに筆者作成

表 3　既婚女性の家事労働時間 (15〜65 歳, 1 日あたりの時間数)

	小計	育児	介護	家事
全体	9.56	2.91	4.22	2.43
雇用状況別				
兼業主婦	7.02	2.33	2.66	2.03
求職中	10.07	3.48	3.79	2.80
専業主婦	12.22	3.91	5.35	2.96

出典：行政院 (2014)『102 年婦女婚育與就業調査』行政院主計署

　では，誰がこうした不足を補っているのだろうか。家庭内労働において男性が主に担当するのはせいぜい「家の修繕」ぐらいだ。「病人の世話」や「日用品の購入」は，4 割が「男女両方の担当」と回答しているが，その他の家庭内労働のほとんどが依然として女性によるものである (cf. Lin 2007)。こういった性役割分業は，女性が家庭内労働で費やす長時間労働に関係してくる。だが，それと同時に，社会は女性が労働市場に参加し，家計を支えることも求める。つまり，既婚女性は二重の労働者となるわけだ。台湾で就労する女性は，1 日に 7 時間もの家庭内労働に従事しなければならない (表 3)。労働市場に参加していない女性は，育児や高齢の家族の介護，家事のため，1 日に 12 時間を家庭内労働に費やしている。家庭内労働の内訳としては，全労働時間の 40％が育児に費やされており，高齢の家族の介護には 25％の時間を要する。換言すると，台湾人女性は，育児や高齢の家族介護のために 1 日あたり 5〜7 時間かかっているのだ。

第 II 部　親密性の労働の国際化の現状

　この介護の危機的状況を打開するため，台湾政府は 1992 年以降，一般家庭で高齢者介護のために外国人労働者を雇用することを許可している。それだけではなく，国際結婚といった移民制度も他の制度とともに介護制度に組み込まれ，この介護不足の問題の解決に向けた取り組みがおこなわれている。

1-2. 外国人労働者の雇用の傾向

　図 1 は，1998 年以降の台湾における外国人労働者の雇用傾向を示すものである。外国人労働者は短期滞在を前提としており，非熟練の産業部門に割り当てられるものであった。当初より政府は，短期滞在の外国人労働者の受け入れはあくまで「補助的」なものであり，すべての外国人労働者は契約期間満了後には出国しなければならないとしてきた。こうした非熟練労働者に許されていた滞在期間は，当初は 3 年間のみだったが，2000 年には 6 年間に，2007 年には 9 年間に，そして 2012 年には 12 年間にまで緩和された。すなわち，いわゆる「短期」「一時的」移住が，結果的には「長期」「永続的」移住政策に変化したのである。最近では，長期にわたって就労する外国人労働者には永住資格を付与すべきであるという議論も存在している。こうした長期化の動きはまた，介護人材や肉体労働者の不足を解消するための台湾の外国人労働者に対する歴史的・構造的依存を示している。

　1990 年代後半，製造業に雇用される外国人労働者は 150,000〜200,000 人にとどまっていた。しかし 2010 年以降，馬英九政権が労働単価の安い外国人労働者を受け入れて製造コストを削減する方針を打ち出してからは，受け入れが急速かつ大幅に増加した。住み込みの外国人介護労働者の数も，1992 年以降ほとんど減少することなく，2015 年には 220,000 人へと大きく増加している。公的な介護制度が整えられない限り，こうした外国人労働者への依存傾向が今後数年で変わるとは考えにくい。高齢者をはじめとする長期ケアに関する法令が打ち出されつつあるものの，根本的な解決方法は見出されていないのが現状である。

　表 4 は，台湾における外国人労働者数を出身国別に示したものである。特徴的な現象があるのがお分かりいただけるだろう。すなわち，住み込みの介

130

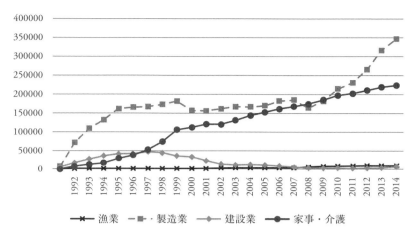

図 1　台湾における外国人労働者の雇用：業種別（1998～2014 年）
出典：労働部「調査統計結果提要分析」各年（労働部 HP よりアクセス可）

表 4　台湾における外国人労働者の職種・出身国別統計（2017 年）

単位：人

職種	合計	インドネシア	フィリピン	ベトナム	タイ	その他
農業・水産業	11,181	7,330	1,727	2,102	22	0
製造業	373,582	54,418	105,648	158,056	55,459	1
建設業	6,244	1,274	66	1,783	3,121	0
社会福祉（住み込みの介護従事者を含む）	240,829	185,931	30,824	23,522	552	0
合計	631,836	248,953	138,265	185,463	59,154	1

出典：労働部「調査統計結果提要分析」各年（労働部 HP よりアクセス可）

護労働者が大半を占める「社会福祉関係」にはインドネシアからの労働者が，「製造業」にはタイやフィリピンからの労働者がそれぞれ割当てられているという点である。介護労働者の大半を占めるインドネシア人を，あっせん業者は「頭は悪いが素直」と評する。つまり，社会空間における外国人労働者の配置が人種化されているのである (Lan 2005)。こうしたステレオタイプな見方は社会のなかに浸透しており，外国人労働者への依存と人種化を強化する理由の一つとなっている。また，介護労働者の 99％以上が女性で，

第 II 部　親密性の労働の国際化の現状

性役割分業が明瞭である。外国人労働者のジェンダー構成は，台湾の性役割
分業よりも強化されているのだ。

　労働市場における女性化が進むにしたがって，家族介護のあり方が家族や
政府にとって重要な問題となっている。本稿では育児と介護を例として，社
会がこのようなケアの不足（Care deficit）にどのように対処しているかを考察
する。

② ケア不足への対処

2-1. 中流階級は市場サービスを利用

　2015 年の段階で台湾の合計特殊出生率は 1.1 であり，かつてないほどの
落ち込みを見せている。この値は世界でも最も低い部類に入るため，少子化
は台湾社会でも大きな問題となっている。そして少子化であるにもかかわら
ずケア不足を解消する傾向も見られないため，就労する人々，特に女性たち
にとっては「誰が子どもをケアするのか」が常に大きな問題となる。

　現在，6 歳以上の子どもは初等教育を受けることができるが，6 歳未満の
子どもを対象にした公的なケアは十分とは言えない。台湾のフェミニスト団
体は，政府に対して，この課題にきちんと取り組み，すべての家庭に一般的
な公的ケアを提供し，義務教育開始年齢を 4 歳に引き下げることを要請して
いる（Wang 2012）。

　先に述べた通り，フルタイムで 3 歳未満の子どもを世話している女性の割
合は 1979 年の 84.7％から，2013 年には 51.8％へと減少傾向にある（DGBAS,
2014）。育児は，性役割分業に基づく母親の手から徐々に離れてきているのだ。
ただし，だからと言って，政府が十分な役割を果たしているわけではない。

　さらに見てみよう。社会階層が異なれば，自ら育児をする割合も異なって
くる。学歴の高い女性ほど，自ら育児をすることが少ない（表 5 参照）。中学
校卒業以下の学歴を有する女性の 73.4％が 3 歳未満の子どもの育児を自ら
おこなうのに対し，高等学校卒業の学歴を有する女性の場合は 57.4％，大

132

第 5 章　台湾におけるケアの不足と外国人労働者

表 5　子どものケアの主な担い手：15〜64 歳の既婚女性に対する調査（2013）

単位：%

ケアの担い手 \ 回答者の学歴	3 歳未満の子どものケア				3〜6 歳の子どものケア			
	小計	中学卒業以下	高校卒業	大卒程度	小計	中学卒業以下	高校卒業	大卒程度
自分自身	51.8	73.4	57.4	38.5	23.2	30.9	24.5	18.0
親	37.1	23.7	35.2	43.7	13.5	9.4	13.7	15.1
親族	1.0	0.5	1.1	1.1	0.2	0.1	0.2	0.3
ナニー	9.1	2.1	5.8	15.0	1.6	0.3	1.2	2.6
外国人労働者	0.3	0.2	−	0.6	0.1	0.2	−	0.2
勤務先の託児所	0.1	−	0.1	0.2	0.6	0.1	0.5	0.8
公共の託児所	0.0	−	0.0	0.1	17.3	25.4	18.4	12.4
民間の託児所	0.6	0.1	0.4	1.0	43.6	33.6	41.6	50.6
その他		−		−		−		−
合計	100.0	100.0	100.0	100.0	100.0	100.0	100.0	100.0

出典：行政院（2014）「102 年婦女婚育與就業調査」p. 20，表 9 より作成

卒程度の学歴を有する女性の場合は 38.5％である。つまり，学歴が高ければ高いほど母親自らが育児する割合は低くなるが，ナニーを雇う割合は逆に高くなる。大卒程度の学歴を有する女性の 15.0％が，育児を手助けしてくれるナニーを雇っているのに対し，中学校卒業以下の学歴の女性の場合は0.2％にすぎない。女性の学歴が高ければ高いほど，育児を手助けしてくれる外国人労働者を雇うことができるのだ。

　しかし，こうした外国人労働者の雇用は，高収入の家庭以外は容易ではない。未就学児の育児に対する政府の援助や，育児産業の市場化がなければ，各家庭の財政事情そのものが，社会階層ごとに異なる育児方法を生み出す主な要因となる。高収入の家庭では，育児の負担軽減のために独自にナニーや外国人労働者を雇えるが，低収入の家庭では母親自らが育児の負担を背負わなければならないのである。

　6 歳以上の子どもは，小学校に通わせることができる。小学校は午前 7：30 に始まり，午後 4：30 に終わるが，親は通常は午後 6 時以降も働かなけ

133

第 II 部　親密性の労働の国際化の現状

ればならない。しかし，12 歳以下の子どもが保護者なしで自宅にいること
は法律で禁止されているため，小学生は学校が終わってもひとりでは家に帰
ることができない（青少年福祉法第 32 条）。そのため，児童のほとんどは「安
親班」に行く。安親班とは「親に心配をかけない教室」を意味し，そこで放
課後に宿題をしたり，午後 6 時以降に親が迎えに来るのを待ったりする。日
本で言えば学童保育のようなものである。規模の大きな安親班では，学校か
ら直接バスで安心班まで送迎するサービスも提供している。経済的に余裕の
ない家庭では，祖父母や近所の家庭に子どもを短時間預かってもらい，仕事
を終えた親が家に連れて帰る事例もある。

　では，高齢者の介護については，誰が担っているのだろうか。表 6 は，過
去一年以内に入院経験のある高齢者の世話をする主な人物や，サブとなる人
物について示している（内政部 2014）。この調査によると，主な介護者は配
偶者（22 ％），息子（26.5 ％），娘（17.2 ％），そして義理の娘（7.2 ％）で，移民
の介護労働者を雇用している家庭は 7.8 ％，自国の介護労働者を雇用してい
る家庭は 7.3 ％にすぎなかった。しかし，65 歳以上で日常生活に支障を抱え
る者に限ると，外国人介護労働者の重要性がより大きくなっている。これは，
日常生活に支障をきたすなどの障害を抱えていることが，外国人介護労働者
の雇用の要件となっているからだと考えられる。つまり，急性疾患では難し
くても，慢性疾患なら外国人の雇用がより容易なのである。またここでは，
性別分業化された介護のありさまも見てとれる。高齢者が男性の場合，主な
介護者は妻や息子だが，逆に女性の場合には，義理の娘や女性の外国人労働
者，息子，娘に介護されることが多い（表 7 参照）。

　高齢者介護の担い手としては，「その他」として介護施設も存在する。
2015 年末時点で台湾全土に 1,067 の介護施設が存在し，46,297 人が利用し
ているが，これは全高齢者人口のわずか 1.6 ％に過ぎない。そもそも，施設
介護を希望している高齢者は，2006 年の調査では 15 ％と少ない。ただ，高
学歴の高齢者ほど介護施設を好む。また独身者は，より介護施設を利用する
傾向にある。

　介護施設そのものは，質によって分極化している。1949 年の国共内戦後
に中国本土から台湾に移住し，その後は生涯独身の国民党の退役軍人向けの

134

第 5 章　台湾におけるケアの不足と外国人労働者

表 6　過去一年間に入院経験のある 65 歳以上の高齢者の介護をする主な人物及び 2
番目に主な人物（2013）

単位：%

介護者	主な介護者	2 番目に主な介護者
配偶者または同棲者	22.0	3.9
息子	26.5	20.2
娘	17.2	14.4
義理の娘（嫁）	7.2	10.8
義理の息子（婿）	0.2	－
兄弟	0.4	0.2
姉妹	1.1	0.6
父	0.1	－
母	0.2	－
孫（男）	0.7	2.4
孫（女）	0.3	1.7
他の親族	0.2	0.2
隣人	0.3	－
友人	0.5	0.0
外国人労働者	7.8	1.6
台湾人介護労働者	7.3	2.4
施設介護労働者	0.9	0.7
ボランティア	0.8	0.0
その他	0.6	0.4
なし	5.8	
合計	100.0	

出典：衛生福利部（2013）『老人状況調査報告』衛生福利部 p. 19，表 2–7 をもとに筆者が作成

介護施設を，政府は台湾全土に多数設立している。こうした介護施設に居住
している退役軍人も多い。他方で高所得の家庭は，平均 45 平米の部屋に質
の良い医療やコミュニティ施設の備わった高額な民間の高齢者介護施設を利
用している。台北中心地から 20km ほど西に位置する淡水は，海岸部にほど
近いリゾート地だが，ここの民間の介護施設は，170,000 米ドルの保証金の

第 II 部　親密性の労働の国際化の現状

表7　日常生活に支障のある 65 歳以上の高齢者の主な介護者 (2013)

単位：%

	配偶者または同棲者	息子	娘	義理の娘（嫁）	義理の息子（婿）	兄弟	姉妹	父	母	孫息子	孫娘	他の親族	隣人	友人	外国人労働者	家庭内介護者	在宅サービス業者	民間企業からの介護者	ボランティア	その他
小計	20.3	37.8	18.7	21.4	0.8	0.4	1.1	0.2	–	4.6	1.5	0.8	1.5	1.1	13.2	1.4	3.1	6.7	0.2	1.3
性別 男性	37.4	34.9	12.9	15.7	1.1	0.6	1.1	0.5	–	2.7	0.6	0.1	0.8	–	15.3	1.6	3.7	7.2	0.7	0.8
女性	10.4	39.5	22	24.7	0.7	0.3	1	–	–	5.7	2	1.2	2	1.7	12	1.3	2.8	6.4	–	1.6
年齢 65～69	31.5	33.7	20.9	13.8	3.1	0.2	0.9	–	–	5	1.1	–	5.1	–	3.9	2	1.8	3.1	–	1.6
70～74	27.6	39.1	17.7	18.7	0.5	–	1.4	–	–	4	–	2.4	0.8	1.4	4.5	1.2	4.1	4.9	–	1.1
75～79	24.7	37.7	21.8	19.8	0.8	1.3	0.9	–	–	2.7	1.8	0.5	1.7	1.9	7	0.5	4.9	3.7	1.1	2
80＞	11.7	39	16.8	25.2	0.5	0.2	1	0.4	–	5.7	1.9	0.7	0.6	1.1	22.9	1.8	2.3	10.1	–	0.9

出典：衛生福利部 (2014)『老人状況調査報告』衛生福利部 p. 20, 表 2-8 をもとに筆者作成

ほかに，最低でも 1,400 米ドルの月額利用料がかかる。大卒者の月収が 900
米ドルにすぎない台湾の賃金水準を考えると，このような高額な利用料金は，
よほどの高所得者でなければ支払えない。高学歴で民間の介護施設に入居で
きる財力のある高齢者が，他の人よりも介護施設を好む傾向にあることもう
なずける。また，こうした介護施設における介護従事者の半数が，ベトナム
やインドネシア，フィリピンからリクルートされてきた外国人労働者である。

2-2. 介護をおこなうのは誰なのか

　ここでは，有償 / 無償で介護をする人物を分類してみよう。無償で介護を
するのは，主に家族の中で労働市場に参加していない女性であり，配偶者や
嫁，娘が挙げられる。台湾家族介護協会が 2007 年におこなった調査によると，
長期療養中の家族を介護する家庭内介護者の約 70％が女性だった。被介護
者は主に親（29.5％），配偶者の親（12.2％），配偶者（20.6％），そして子ども
（29.2％）である（台湾家族介護協会 2007）。

　政府は，介護の必要な家庭に対して，被介護者の障害の程度に応じて週に
数時間無料で訪問介護サービスを提供しているが，韓国のように家族介護手
当が充てられることはない（第 4 章を参照）。政府は助成金を介護施設に投入
し，それらの介護施設が各家庭に介護者を派遣して数時間の訪問介護サービ
スを提供し，利用者の家族が介護ストレスからひととき解放される仕組みと
なっている。

　なお，児童が放課後に利用する民間の児童育成センター「安親班」の「先
生」は，6〜12 歳の子どもの世話をする，事実上のケア従事者である。ただ
し，本稿では小学校以上は義務教育に含まれるため，6 歳以下の子ども，そ
れに高齢者や患者の世話をするケア従事者について主に論じるものとする。
参考までに，6 歳以下の子どもに対するケア従事者のうち，重要な役割を担
うのがナニーである。政府は，6 歳以下の子どもを持つ家庭に対し，ナニー
を雇うための補助として月 100〜130 米ドルの支給を始めた。この補助金が
適用されるのはナニーの有資格者の雇用に限られるが，126 時間のトレーニ
ングを受け試験に合格すれば，家族でもこれに申請することができる。その

137

第 II 部　親密性の労働の国際化の現状

表 8　ナニーの有資格者数

年	人数
2003	32,172
2004	37,610
2005	40,553
2006	43,473
2007	47,843
2008	55,679
2009	67,608
2010	82,460
2011	91,248
2012 年 10 月	97,232

出典：内務省子ども福祉局　http://www.cbi.gov.tw/CBI_2/internet/main/doc/doc_detail.aspx?uid=110&docid=1536
（最終アクセス日　2012 年 12 月 31 日）

ため，資格を有するナニーの数は 2003 年の 32,172 人から，2012 年 10 月には 97,232 人へと増加した（表 8 参照）。

　もとにもどって，介護従事者を有償／無償でわけると，有償の介護者は，「外国人労働者」「台湾人介護労働者」「看護師・准看護師」で，無償の介護者が「結婚移民」である。彼女たちは，適用される法律やエスニシティにより階層化されている。特に結婚移民については，節を改めて詳しく検討しよう。

　まず外国人労働者だが，彼女たちは非熟練労働者として法律で厳しく管理されていて，出身国で負債を抱えている（Wang and Belanger 2008, 2011; Lan 2006）。1 カ月 15,840 台湾ドルの最低賃金が定められているが，通常はこの最低賃金が彼女らに対する待遇であり，休日も就労するとこれに残業代が加わるといった形で，実際に支払われるのは 19,000 台湾ドルそこそこである（労働部 2016）。また，移動の制限があるため，虐待などよほどの理由がないかぎり，職や雇用者を変えることはできない。さらに，家庭内の外国人労働者には労働基準法が十分に適用されないなどの問題も抱えている。雇用主側にとっては，これがあるから長時間の拘束などが可能となっているのだ。こうした競争的な市場の創出を阻む移住労働政策および労働政策により，労働

138

第 5 章　台湾におけるケアの不足と外国人労働者

者と雇用者の結びつきが強く，その流動性は大きく制限されている。

　このように拘束のある住み込みの外国人労働者と比べると，他の「台湾人介護労働者」「看護師・准看護師」「中国大陸出身，あるいは東南アジア出身の配偶者（結婚移民）」という3種の介護者は，移動の自由が認められているため，仕事や雇用主を容易に変えることができる。

　衛生福利部によれば，ほとんどの台湾人介護労働者は介護施設に勤務しているが，その勤務時間は通常は1日に12時間と長く，賃金は低い。政府は介護労働者のスキルアップのために国家試験制度を設けているが，介護の仕事をするのに国家試験に合格する必要はない。介護職の門戸は広く開かれていて，仕事が必要な人は誰でも応募が可能である。

　また，台湾人介護労働者の95％以上が女性で，熟練した介護労働者は，介護施設よりも仕事の負担の軽い，病院などの医療機関での「付添婦」として働くことを好む。付添婦は，病院ではなく患者個人に雇用されていて，その患者の世話だけをする。たとえば，民間の介護施設で働く介護労働者は，1日あたり12時間勤務で，月々の給料は約1,000米ドルである。また，訪問介護の介護労働者は，1時間あたり約5米ドルを稼ぐ。これらに対して，医療施設での付添婦は，拘束時間は長いが実働時間ははるかに少なく，賃金は月に2,000米ドルに及ぶ。そのため介護労働者の49.4％が医療機関で付添婦として働くことを選好し，介護施設での勤務を選択する者は22.6％，訪問介護を選択する者は23％にすぎない（労働委員会2012）。

　台湾では，台湾人介護労働者の雇用を守るため，外国人介護労働者を雇用する際には，雇用主は最初に公式の長期介護センターに登録する必要がある。長期介護センターは，まずは台湾人の介護労働者を募集する。マッチングがうまくいかない場合，ようやく雇用主は外国人労働者に募集をかけることができる。しかしながら，現実には長期介護センターの呼びかけに応じた台湾人介護労働者は0.1％以下（46,747人中48人）と極めて低く，結局，74％を超える申請者が外国人介護労働者を雇用している（2006年1月～9月）。外国人介護労働者に対する人気は高い。

　ところが，外国人介護労働者のうち，ケアのトレーニングを受けた者は全体の3分の2にすぎない（表9参照）。しかも，それは台湾でトレーニングを

139

第 II 部　親密性の労働の国際化の現状

表 9　外国人介護労働者の属性とケアトレーニングの状況

2015 年 6 月時点　単位：%

性別		国籍	
男性	0.6	インドネシア	83.3
女性	99.4	フィリピン	11.8
年齢		ベトナム	4.7
24 才未満	9.5	タイ	0.3
25-34 才	47.6		
35-44 才	36.7		
45 歳以上	6.2	介護訓練	
教育		受けた	71.4
中学卒業以下	54.1	受けていない	28.6
高校卒業	38.8		
大学	7.1		
大学院以上	0.0		

出典：労働部「調査統計結果提要分析」各年（労働部 HP よりアクセス可）

受けるのではなく，それぞれの国のやり方で受けているのであって，資格という点でいえば無資格者に相当する。では，台湾人は，なぜ台湾人介護労働者よりも外国人介護労働者の雇用を選ぶのだろうか。第 1 に，台湾人は，外国人介護労働者の役割は「付添人」であると考えている。高齢者が必要としているのは，医療ケアではなく，付き添ってくれる人なのだ。寝たきりの高齢者は，マッサージをしてくれたり，食事を食べさせてくれたり，体を拭いてくれたりする人を必要としている。このような仕事は，外国人介護労働者を雇う以前は家族がしていたものなので，専門的な仕事とはみなされていない。医療ケアを要するような緊急時には，外国人介護労働者は救急センターに応援を要請すればいいのである。

　第 2 に，こうした外国人介護労働者には，ほとんど休日がない（表 10 参照）。彼女たちの過半数が，残業代は受け取っているものの，1 年のうち 1 日も休日を取ったことがない。外国人介護労働者は住み込みであることが多いので，24 時間の対応を当然視されているのだ。同じ労働量で台湾人の介護者を雇

第 5 章　台湾におけるケアの不足と外国人労働者

表 10　外国人介護労働者の休暇について

単位：%

	2012 年 6 月	2015 年 6 月
合計	100.0	100.0
休暇日数	7.9	10.6
一部休暇	47.4	53.3
残業手当あり	(98.0)	(97.5)
残業手当なし	(2.0)	(2.5)
1 日も休暇がない	44.7	36.2
残業手当あり	(98.8)	(98.8)
残業手当なし	(1.2)	(1.2)

出典：労働部「調査統計結果提要分析」各年（労働部 HP よりアクセス可）

表 11　看護師の勤務地の分布

種別	人数	比率
病院	87,732	70.2%
クリニック	20,043	16.0%
その他	17,163	13.8%
小計	124,938	100%

出典：Lu (2011) p. 9　http://www.nurse.org.tw/userfiles/file/Projects/99 年醫事人力需求推估 1000130(fin).pdf
（最終アクセス日　2012 年 12 月 31 日）

えば，外国人労働者の少なくとも 2 倍以上の賃金がかかる。つまり最低賃金
レベルの給料での長時間労働が実情なのだ。そして，こうした労働条件・労
働形態がケアを受ける側にとっては好都合なのである。

　有償のケア労働者のカテゴリーとして最後に挙げるのが，「看護師・准看
護師」である。2010 年の時点では，看護師および准看護師は 124,938 人であっ
た。彼らのほとんどは病院やクリニックに勤務しており（表 11 参照），その
他の施設，特に介護施設に勤務する者は全体の 13％にすぎなかった。介護
施設に比べて，病院勤務のほうが，はるかに待遇が良い。給与が高く，勤務
時間帯が確定していて，実働時間も少ない。それに，慢性疾患専門の医療機
関よりも，急性疾患に対応できる医療機関に勤めることのほうが医療職とし

141

第 II 部　親密性の労働の国際化の現状

て望ましいと考えられているからである。

　しかしながら，政府がすべての介護施設に「高齢者 15 人あたり最低 1 人
の看護師または准看護師の雇用」を義務付けたため（老人福祉施設の設置基準
第 11 条），こうした介護施設では，数名の看護師または准看護師を雇用せざ
るを得なくなった。また，この設置許可の第 8 条では，「介護施設で雇用す
る人員のうち，外国人労働者が半数以上を占めてはならない」と定めている。
現実には，こうした施設のほとんどが，人件費の観点から，法定の雇用上限
ぎりぎりまで外国人労働者を雇用している。そのため，実際には看護師や准
看護師の雇用枠はわずかとなっている。

③ 結婚移民とケア

3-1. 台湾における結婚移民

　前節で無償の介護者として結婚移民を挙げたが，このグローバリゼーショ
ンの時代においては，国際結婚という現象は，国際人口移動の一つと考える
ことができる（Constable 2005; Thai 2008; Kojima 2001; Suzuki 2000; Piper 1997;
Glodava and Onizuka 1994）。東アジアでは，国際結婚によって夫の出身国に移
住した女性は，主に無償の再生産労働者の役割を果たすという点から，事実
上は経済移民である（Kojima 2001; Wang 2001; Bélanger and Oudin 2007; Belanger,
Lee and Wang 2010）。1990 年代初め以降，東南アジアや中国から台湾に移住
してくる女性パートナーの数は大きく増加している。これは台湾だけでなく，
その近隣諸国についても同じことが言える。台湾では，公的には「外国人」
とは見なされていない「中国大陸出身配偶者」を除くと，実に 10 組中 1 組
の新婚夫婦が国際結婚である（表 12）。中国大陸出身配偶者も外国人として
カウントすると，国際結婚の比率は最大で 3 分の 1 に上昇すると考えられる。
こうした国際結婚の子どもについても，近年ではその割合が減少していると
はいえ，2000 年から 2016 年にかけて誕生した新生児の 10 人に 1 人は，結
婚移民女性が属する家族から生まれている（表 13）。

142

第5章　台湾におけるケアの不足と外国人労働者

表12　総婚姻件数に占める国際結婚の割合

| 西暦 | 総婚姻件数 | 台湾籍 | | 外国人（中国大陸を含む） | | | | | |
| | | | | 小計 | | 中国大陸 | | 東南アジアおよびその他外国人 | |
		組数	%	組数	%	組数	%	組数	%
2000	181,642	136,676	75.2	44,966	24.8	23,628	13.0	21,338	11.7
2001	170,515	124,313	72.9	46,202	27.1	26,797	15.7	19,405	11.4
2002	172,655	123,642	71.6	49,013	28.4	28,906	16.7	20,107	11.6
2003	171,483	116,849	68.1	54,634	31.8	34,991	20.4	19,643	11.4
2004	131,453	100,143	76.2	31,310	23.8	10,972	8.3	20,338	15.5
2005	141,140	112,713	79.9	28,427	20.1	14,619	10.4	13,808	9.8
2006	142,669	118,739	83.2	23,930	16.8	14,406	10.1	9,524	6.7
2007	135,041	110,341	81.7	24,700	18.3	15,146	11.2	9,554	7.1
2008	154,866	133,137	86.0	21,729	14.0	12,772	8.2	8,957	5.8
2009	117,099	95,185	81.3	21,914	18.7	13,294	11.4	8,620	7.4
2010	138,819	117,318	84.5	21,501	15.5	13,332	9.6	8,169	5.9
2011	165,327	143,811	87.0	21,516	13.0	13,463	8.1	8,053	4.9
2012	143,384	122,784	85.6	20,600	14.4	12,713	8.9	7,887	5.5
2013	147,636	128,144	86.8	19,492	13.2	11,542	7.8	7,950	5.4
2014	149,287	129,586	86.8	19,701	13.2	10,986	7.4	8,715	5.8
2015	154,346	134,358	87.0	19,988	13.0	10,455	6.8	9,533	6.2

出典：内政部戸政司ホームページ　http://www.ris.gov.tw/346（最終アクセス日 2017 年 1 月 30 日）
注：外国人，大陸籍結婚移民が国籍を取得した際は台湾籍とカウントされる

　表 14 は結婚移民女性の社会的背景である。結婚移民は，中国大陸出身と東南アジア出身に大きく分けることができる。結婚移民女性の 42％が「35 歳から 44 歳」のあいだに分布しているが，ベトナムを含む東南アジア出身の女性の場合は「25 歳から 34 歳」が最も多く，中国大陸出身者は 40 代後半以上も 23％を占める。つまり，東南アジアからの結婚移民は相対的に若い。中国大陸出身者の年齢層が高いことは台湾では周知の事実で，必ずしも出産を目的とした婚姻ではなく，高齢の退役軍人との婚姻が多い。教育水準は，全体としては「中学校卒業程度」が 34％を占めていて最も多い。東南アジ

143

第Ⅱ部　親密性の労働の国際化の現状

表 13　新生児数と母親の国籍

| 西暦 | 数 | | 母親の出身国籍 | | | |
| | | | 台湾 | | 外国 | |
	人数	％	人数	％	人数	％
2000	305,312	100.0	282,073	92.4	23,239	7.61
2001	260,354	100.0	232,608	89.3	27,746	10.6
2002	247,530	100.0	216,697	87.5	30,833	12.5
2003	227,070	100.0	196,722	86.6	30,348	13.4
2004	216,419	100.0	187,753	86.7	28,666	13.2
2005	205,854	100.0	179,345	87.1	26,509	12.9
2006	204,459	100.0	180,556	88.3	23,903	11.7
2007	204,414	100.0	183,509	89.8	20,905	10.2
2008	198,733	100.0	179,647	90.4	19,086	9.6
2009	191,310	100.0	174,698	91.3	16,612	8.7
2010	166,886	100.0	152,363	91.3	14,523	8.7
2011	196,627	100.0	181,230	92.2	15,397	7.8
2012	229,481	100.0	212,186	92.5	17,295	7.5
2013	199,113	100.0	185,194	93.0	13,919	7.0
2014	210,383	100.0	196,545	93.4	13,838	6.6
2015	213,598	100.0	200,345	93.8	13,253	6.2
2016	208,440	100.0	195,557	93.8	12,883	6.2
合計	3,685,983	100.0	3,337,028	90.5	348,955	9.5

出典：内政部戸政司ホームページ　http://www.ris.gov.tw/346（最終アクセス日 2017 年 1 月 30 日）
注：外国人，大陸籍結婚移民が国籍を取得した際は台湾籍とカウントされる

ア出身女性に限ると 34.6％が「中学校卒業程度」だが，中国大陸出身女性
では 36.1％が「中学校卒業程度」で，35.9％が「高卒程度」であり，東南ア
ジア出身女性よりも高学歴である（内政部 2014）。また，結婚移民女性のほ
とんどが，結婚相談所を介して台湾に来ている。友人や親戚の紹介も多いが，
これも同じく結婚相談産業の一部とみなすことができるだろう。

第 5 章　台湾におけるケアの不足と外国人労働者

表 14　台湾人配偶者の属性（人数，％）

項目別	外国人配偶者				中国大陸出身配偶者		
	小計	東南アジア	その他	小計	中国大陸	香港マカオ
合計	100.0	100.0	100.0	100.0	100.0	100.0	100.0
性別							
男	5.6	7.2	3.5	27.6	4.4	4.1	31.7
女	94.4	92.8	96.5	72.4	95.6	95.9	68.3
年齢							
15–24 歳	0.8	0.4	0.5	−	1.0	1.0	0.2
25–34 歳	35.9	42.0	47.2	13.3	31.4	31.4	35.2
35–44 歳	42.1	39.8	39.5	41.5	43.8	43.8	40.6
45–54 歳	14.8	11.7	9.2	25.0	17.1	17.1	18.0
55–64 歳	4.6	4.5	3.0	13.1	4.7	4.7	5.4
65 歳以上	1.8	1.7	0.7	7.1	1.9	2.0	0.5
教育程度							
未就学	1.6	2.2	2.5	0.5	1.2	1.2	1.3
自修（含小學在學或肄業）	1.8	3.0	3.5	0.2	1.0	1.0	0.4
小学校	16.1	22.1	25.5	3.7	11.8	11.8	6.2
中学校	34.0	31.2	34.6	12.4	36.1	36.3	15.2
高校	32.4	27.5	27.7	26.1	35.9	35.8	43.3
専門学校	5.8	2.0	1.4	5.4	8.5	8.5	9.3
大学	7.7	11.1	4.5	46.9	5.2	5.0	21.7
それ以上	0.6	0.9	0.2	4.9	0.3	0.3	2.6

出典：内政部（2014）p. 116，表 4-1 をもとに作成。

3-2.　低福祉の体制とケア従事者の不足

　台湾人男性が国外出身の配偶者を求めるのは，彼らが台湾の結婚市場では
社会経済的地位が低いのが理由だと一般的には言われている。こうした台湾
人男性の平均年齢は 36 歳で，平均的な学歴は 9 年間の義務教育に満たない

145

第 II 部　親密性の労働の国際化の現状

ため，確かに高学歴とは言えない。また職業分布を見ると，肉体労働やタクシー運転手，自営業，農業が中心となっている。さらに，彼らのほとんどが低所得地域出身者である。つまり，実際に彼らの社会経済的地位は教育・職業威信・居住地という点で比較的低く，こうした不利な社会的背景により台湾出身の配偶者を見つけることが困難なのである。

　国際結婚の拡大については，ほかにも台湾の男性文化が要因として挙げられている。ベトナム人女性と結婚する台湾人男性は，家族に従順な妻を娶り，国際結婚による家族形成プロセスの過程で男性性を再生産することを望んでいる（Wang and Tien 2009; Fung 2009）。彼らにとっては，男性とは経済的および物質的に家族を支える存在なのだ。このような男性の視点から言えば，ベトナム人女性は物欲が少なく従属的であるべきで，夫や夫の家族がもたらす経済的貢献に恩を感じて礼を尽くさなければならない。また，こうした台湾人夫の家族や友人も同じ文化的 / 社会的コンテクストを共有していて，同様の「理想の妻」像を抱いているため，交友関係にある他の台湾人男性が結婚を決める際にも大きな影響を与えている。結婚相談所も，こうした層の関心を引き付けるため，「ベトナム人女性は 1950 年代に見られた昔ながらの台湾人女性のようだ」と謳っており，これは台湾人男性やその親の求める女性像に合致している。嫁が第三世界の国出身であるとか，台湾の方が収入や生活水準が高いというイメージも，台湾人男性に「自分より劣った誰か」を，つまり従属的で従順なベトナム人女性を想定させている。

　台湾の人口構造的要因やジェンダー文化的要因に加えて，低福祉体制という政治経済的な側面も，台湾とベトナムの間の国際結婚増加の重要な要因になっている。ケア従事者の不足に対処する際に，外国人介護労働者を受け入れられるのは，前述のように中流階級以上の家庭である。社会経済的に比較的低い階層では，ケア不足を補うべく戦略的に国際結婚を利用しているのだ。

146

3-3. 移民の妻とケア従事者の不足

結婚移民女性の生活状況に関しては，2004年，2008年，2012年に一般調査がおこなわれた（内政部2014）。全体の出生に占める結婚移民の子の割合は，先に述べた通り近年は減少傾向にある。ただし，そうした子どもが小学校などの公教育へ進む割合は高くなっている。2000年のWangの調査では，ベトナム人女性は台湾に移住してから平均して6カ月以内に妊娠しているが，このうちの73％が「育児の責任は自分が一人で引き受けている」と答えており，「夫婦そろって育児をしている」と答えたのはわずか9％であった（Wang 2001）。こうした国際結婚家庭の子どもが教育を受けるようになっており，その人数は大きく増加している。

結婚移民女性の労働力参加率は46.6％で，台湾人女性と比べて低い（内政部2014）。ただし，東南アジア出身女性と中国大陸出身女性では大きな開きがあり，前者が64.8％，後者が34.7％である。結婚移民女性が働きに出ない主な理由は，そのほとんどが「家事」である。このような結婚移民家庭の収入は多くはない。最も多い月収は30,000〜40,000台湾ドルであり，台湾人女性の家庭のそれが90,000台湾ドルであることを考えると，結婚移民女性が社会階層の低い家庭に嫁いでいることがわかる（内政部2014）。

結婚移民女性が仕事をしている場合，その多くはサービス業である。また，東南アジアの結婚移民は第一次産業や製造業にも多く従事している。そのような女性の32.4％がいわゆる非熟練の事務職やサービス業に従事している。また，47.8％が非熟練の製造業に従事している。つまり，雇用されている結婚移民女性の約8割が，低収入で非熟練労働の分野で働いているのだ（内政部2014）。別の公的な調査報告によれば，こうした結婚移民女性のうち7％が月に10,000台湾ドル以下，77％が月に30,000台湾ドル以下の稼ぎしかない（行政院2014）。台湾人女性の平均月収が約30,000台湾ドルだから，働く結婚移民女性の月収はかなり少ない額に分布している。彼女らの多くは仕事に満足しておらず，「賃金の低さ（74％）」や「勤務時間の長さ（20％）」がその理由となっている。

3-4. 中国大陸／ベトナム出身の結婚移民

　中国大陸からの配偶者は，結婚移民の中でも特殊である。というのも，中国大陸からの配偶者は「移民」として位置づけられはするものの，感情労働としてのケアに必須の標準中国語（台湾の公用語）が話せるのだ。こうした利点もあって，中国大陸出身の移民女性がサービス業に従事する割合は，東南アジア出身女性と比べても高くなっている。

　結婚移民の台湾移住の初期段階である1990年代はじめは，中国大陸出身女性の多くが，60歳を超える独身で独居の台湾人退役軍人と結婚していた。そして，夫が高齢になって介護が必要になった場合は，こうした移民の妻たちが彼らの世話をすることが当然とされていた（Chao 2008）。このような「介護を含む結婚」を，政府は事実上，推奨していたのである。

　また2010年以前は，こうした中国人移民である配偶者は，結婚してから永住資格を取得するまでの数年間は働くことが許可されていなかった。これには，中国大陸との関係性を示すさまざまな政治的理由があり，結婚による入国を制限する意図があった。東南アジア出身の女性には就労の制限はないが，中国大陸の女性に対しては就労のインセンティブをそいできたのである。換言すると，中国大陸出身の移民女性が賃金労働に従事する場合，法的には彼女たちは「不法労働者」と位置付けられていた。彼女たちが就労して得ようとする賃金が，中国にいる自分の家族のためであろうが，台湾人の夫のためであろうが，それは政府にとっては重要ではなかった。介護市場の社会的ネットワークとして中国大陸からの女性配偶者がリクルートされたという歴史的な経路依存性を鑑みると，不法労働を理由に彼女たちを排除することはできないのである。彼女たちが受け取る賃金が台湾人介護者よりも低いのも，不法労働という理由に基づいている。

　他方で，政府はこうした人々に職業訓練を無料で受けさせ，資格を持つ介護労働者として育成してきた。労働者として十分に認めないといった制限を加えつつも，結婚や介護を事実上は推奨してきたという矛盾した対応をとったのである。

　東南アジア出身者，なかでもベトナム人との婚姻においては，ある種の国

際結婚ブームがあったと言ってよい。2009 年末までに，実に 100,000 人以上のベトナム人女性が台湾人男性と結婚しており，台湾におけるエスニックグループのなかで漢族に次いで大きな割合を占めている。このベトナム人女性と台湾人男性の国際結婚の増加には，台湾の人口構造の変化やケア従事者の不足，そして台越二国間の経済的な結びつきの強さも関係している。

　こうした女性たちは，貧困からの脱却に向けた強い意志を持っている。筆者らがインタビューした Khoa は，次のように語っている。「彼（夫）に会ったとき，容姿が醜くて，すごく肌の色が黒いと思いました。彼のことはまったく好きではありませんでした。ですが，どうしてもベトナムを出て（家族のために）台湾でお金を稼ぎたかったので，容姿のことは考えないようにしました」。

　台湾でよく言われるのは，「ベトナム人女性は，母国の家族の貧しい経済的状況を改善する手段として国際結婚を利用しているだけだ」という言説である。これは主に支配層における単純化した見方であり，ベトナム人女性の真意や生活経験の複雑な絡み合いを度外視した民族イデオロギーでもある。筆者らによるインタビューのなかで明らかになったのは，こうした女性たちが国際結婚し国外に移住することで，親をはじめとする母国の家族の家計を助けようとしている点である。換言すると，「親孝行な娘としての役割」を果たし，母国の家族を助けることが，外国人の男性と結婚する際の最も重要な動機なのだ。夫や夫の家族によって母国の家族の経済的保障が得られるのであれば，たいていのベトナム人女性は台湾で女性に求められる性役割を受け入れている。どうしてもその性役割を受け入れられない場合は，働きに出て，実家に送るお金を稼がなければならない。しかし，そうすれば夫の家族との間に緊張が生ずる。このことについては後ほど論じる。

④ 結婚移民の実態

4-1．嫁と家事労働者の二重負担

　ここまで台湾におけるケア従事者の不足の概要や，これとジェンダーとの

関係性を検討してきた。また簡単ではあるが，ケア従事者の不足への対処法を階層別に論じてきた。すなわち，収入が高い家庭ほど移住労働者を雇用するが，収入の低い家庭は家族の誰かがこの問題を解決しなければならない状況にある。ここからは，フィールドワークによって得た資料をもとに，国際結婚家庭にとっては，外国人女性との結婚そのものがケア従事者の不足を補うための戦略であることを浮き彫りにする。

　外国人女性と結婚するということは，家庭内労働に従事する家族が 1 人増えることを意味する。父系制の継承を重視する昔ながらの文化に合致するのみならず，労働力が増えるという点も台湾人男性の家族にとっては魅力なのだ。例えば Luan というベトナム人女性は，台湾に来てすぐに妊娠したものの，寝たきりの義父の世話を含めてすべての家庭内労働を強いられた。夫や義母は彼女を身体的に酷使したあげく，結婚したのと同じ年に夫は彼女に離婚を求めた。ある日の夜，夫の家族と喧嘩になった Luan は，自分の姉の夫に助けを求めた。彼は Luan の義母を咎めて，「Luan のことを嫁と思っているのですか？　それとも外国人の家庭内労働者と思っているのですか？」と詰問した。すると義母は冷静に「嫁でもあるし，家庭内労働者でもあります」と答えた。義母の発言は，台湾の家庭で移民の妻が担わなければならない二重の役割を鮮明に描いている。Luan は嫁として男の子を産み，義理の両親や夫に尽くさなければならない。また外国人家事労働者と同じく，あらゆる家庭内労働をこなさなければならないのだ。

4-2.　育児をめぐる不和

　Khoa は，結婚仲介業者を通じて夫の A-fa と知り合った。Khoa が A-fa と結婚した一番の動機は，台湾で仕事に就き，お金を稼ぎ，育ててくれた自分の家族への孝行として仕送りをすることであった。ホーチミンで A-fa が彼女を選んだときも，彼女は夫の容姿や自分との年齢差については気にしなかった。「私たちは年齢が 34 歳はなれています。私の父は一生懸命働いていましたが，それでも家族は貧乏でした。私はお金を稼いで両親を助けたいんです」と，Khoa は語っている。娘として親孝行し，自分の稼ぎでいくら

か親に仕送りをすることこそが，彼女が台湾に暮らす主な目的なのだ。この妻のニーズを夫や夫の家族が満たすことができなければ，夫婦の間で不和が生じる。とりわけ移民の妻は，無償の家事労働者としてずっと家にいなければならないため，このような不和が生じやすい。

　Khoa は，台湾に来てすぐに身ごもり，2 人の子どもを出産した。最初の数年は義母と同居し，Khoa が外で働けるように義母が子どもの面倒をみていた。しかし，そのような育児のあり方は義母の死とともに崩れてしまった。夫の A-fa の考えでは，育児は女性の仕事だった。「私は食費の他に，毎月15,000 台湾ドルを彼女に渡していました。彼女は受け取りたがりませんでした……。子どもがまだ 2 ヶ月の頃から，彼女は電化製品の工場に働きに出たんです」と A-fa は語る。では，誰が子どもの世話をしたのだろうか。A-fa には，第 2 子の誕生までは安定した収入があった。しかし彼の母が亡くなって，Khoa が子どもの世話をしたがらなくなってからは，結局は彼が家に残らなければならず，これが理由で最終的には職を失った。「もし私が家族のケアの心配をすることなく働けたなら，月に 40,000 台湾ドル以上は収入を得られたでしょう。これはマネージャーレベルの収入です。家は持ち家ですし……。こんな良い夫は他にはいませんよ」と彼は不満を口にした。A-fa は，子どもたちの面倒をみるために近所で仕事を探すよう，Khoa をせっついた。「彼女は働いてもいいんです。ですが，子どもの世話を第一に考えなければなりません。学校が終われば子どもを迎えに行かなければなりませんし，夕食を用意しなければなりません」。しかし，Khoa はこの提案を受け入れなかった。むしろ彼女は働いて，子どもの世話をしてくれるベビーシッターを雇いたかったのだ。彼女は，子どもの世話にかかるお金として月 30,000 台湾ドルを渡すと A-fa に言ったが，これが A-fa を怒らせてしまった。「台湾で大卒者がどれぐらいお金を稼げるとお思いですか？　彼女はまだ身分証明書すら持っていません。性産業ででも働かない限り，どうやって彼女がそれほどの稼ぎを得られるというのでしょうか？」

　前述のように，結婚移民女性のほとんどは 30,000 台湾ドル以下の収入しかない。3 歳未満の子どもを世話してくれるベビーシッターを雇うには，都市部では 10,000〜15,000 台湾ドルはかかるので，彼女たちの収入では十分

第II部　親密性の労働の国際化の現状

ではない。その一方で，夫の家族は，一般的には妻が仕事に出るのをいやがる。というのも，妻が仕事に出れば，かわりに家族の誰かが子どもや高齢者の世話をしなければならないからだ。公的な育児制度や高齢者介護制度が不十分なので，介護者不足の問題は各家庭で解決せざるを得ないのである。政府が無料の育児制度を設けておらず，企業も男性による育児をサポートしていないため，A-fa のケースのように夫が仕事を失うか，子どもたちを民間のケア市場に預けるか，いずれかを選択しなければならないのだ。ケアの市場化は，高所得の家庭であれば選択肢として有効ではあるが，低所得の家庭ではジレンマを生むだけである。

　ケア従事者不足に対処する金銭的余裕が低収入の家庭にはないのであれば，従来のジェンダー規範通り，妻が家事をせざるを得ない。国際結婚家庭では，A-fa が Khoa に望んだように，まず間違いなく移民の妻は育児をする人材としての期待を背負う。筆者らがインタビューしたベトナム人女性 Nhan は「夫は，子どもの世話が下手だと言って，私を責めました。赤ちゃんが泣けば，夫は私を叱り始めました。殴られることもありました」と語った。別のベトナム人女性 Ngoc も「私はまだ 19 歳で，初めての赤ちゃんでした。子育ての仕方が分からなくても，誰も私を助けてはくれませんでした。実の家族がそばにいなかったので，赤ちゃんが泣くと，どうしていいか分かりませんでした。私はとても疲れていましたが，夫はいっさい助けてくれませんでした。それどころか殴られたこともあります」と述べている。Ling もベトナム人女性で，似たような経験がある。彼女の義母や義姉は，Ling に最初の子どもが生まれてもまったく面倒をみてくれず，彼女の夫も「外でテレビゲームをする」と言って 2 日間家に戻らなかった。怒った Ling は，夫がテレビゲームをしている場所に探しに行ったが，夫はそれが気に入らず，彼女を殴った。その後，Ling は家を出て子どもと二人で暮らそうと決意したのだが，なぜか夫は「自分も一緒に行く」と言い張った。だが，彼女はそれを拒否した。「夫は絶対に手助けしてくれないんです。私は夫に『もしあなたが子どもの世話を手伝ってくれるんなら，私は仕事ができる。そうじゃなかったら，月収 20,000 台湾ドルしかないし，それでは今の生活費を払うのは難しい。なぜ私がすべてのことに対して責任を負わなきゃいけないの？』

第 5 章　台湾におけるケアの不足と外国人労働者

と言いました」。Ling は，実母に育児を手伝ってもらおうと子どもだけベトナムに預けることも考えたが，夫は子どもが二度と台湾に戻らないと思って反対した。子育てと生活費を稼ぐための職を得ることの両立は，今なお Ling の頭を悩ませている。

4-3.　高齢の家族の介護をめぐる不和

　Ling は台湾に来て間もなく，義母の世話をするよう求められた。彼女はすぐに妊娠したが，夫はいっさいお金をくれなかったので，自分で自由に使ったり，貯金してベトナムの家族に仕送りしたりするためには，自分自身でお金を稼ぐ必要があった。当時，夫は無職だったのだ。彼女は，妊娠中も工場から出荷されるおもちゃに紙を張り付ける内職をしており，月に 6,000 台湾ドルほどの稼ぎがあった。だが，夫は彼女にその仕事を辞めるよう要求した。というのも「夫は，私が仕事をしているせいで義母を世話する時間がなくなってしまうことを恐れたから」である。夫のほかの家族も，高齢の家族の介護は嫁の Ling がすべきだと考えていた。Ling は夫とともに夫の兄弟の家に居候しており，家主である夫の兄弟が「Ling は義母の世話をするように」と命じたのだ。Ling は「介護することが問題というわけではなかったんです。最初は，きちんと介護をしていました。でも，子どもが生まれてからは，それがとても大変になったんです……。夫の家族は『自分たちはおまえの面倒をみてやっているし，おまえに住む場所も与えてやっている』と常々言っていました。もし義母の世話を拒んだら，私は飢え死にしてしまうでしょう……」と語っている。

　ベトナム人嫁の Luan は，2 人の娘だけでなく，同居の義理の両親の世話もしなければならない。寝たきりの義父の介護のためには，夜中に起きて，床ずれができないように義父の体を動かす必要がある。彼女は「私の姉の夫は裕福ではないんですが，それでも姉は幸せなんです。彼女には自由があるし，どこでも好きなところに行けますから。姉の夫は姉を束縛したりしません。でも，私の生活はそうではありません。結婚後，私は寝たきりの義父の介護のために，ずっと家にいなければならなくなりました。義母には料理や

153

第Ⅱ部　親密性の労働の国際化の現状

掃除をさせられたし，外出も許されませんでした。義母は，私が友人に会う
ことも許してくれませんでした。私のベトナム人の友人が嫌いだったんで
す」と語った。高齢の家族の介護は Luan ひとりが担っていて，他の家族は
彼女をいっさい手助けしなかった。

4-4. 家事をめぐる不和

　このように，結婚移民の妻は，毎日家事をすることを求められる。そして，
たいてい誰も彼女を手助けしない。彼女たちに「外国人労働者」と同等の働
きを期待するからである。「あの家庭はめちゃくちゃでした。（初日に）足を
踏み入れたとたん，私は間違った場所に来てしまったと感じました。それま
で誰も掃除をしていないように見えました。めちゃくちゃで，片づけられて
いなくて，ほこりっぽくて，汚かったんです。私は 1 日かけて家を掃除しま
した」と，ベトナム人結婚移民女性の Minh は語っている。また，別のベト
ナム人女性 Hien も，同様の不満を述べている。「家事はすべて私任せでした。
ときどき義父が私に一カ月のおこづかいとして 1,000 台湾ドルをくれること
がありましたが，1 カ月の仕事がたった 30 米ドルぽっちだなんて！　私は
妊娠していましたが，それでもすべての家事をこなしていたんです。それが
たったの 30 米ドルですって？　好きなものを買うお金なんて，一度も持っ
たことがないんです」。

　ベトナム人結婚移民女性の Huong は，義理の両親だけでなく，義理の兄
姉とも同居していた。そして彼女には，料理・洗濯・掃除を含むすべての家
事をこなすことが求められていた。「義姉はとても太っていて，怠け者で，
家では何もしないんです。そして，私を一日中働かせるんです。ある日，彼
女は朝 6 時に私をたたき起こして料理を作らせました。夫は当時は台北で働
いていたので，週末しか家に戻りませんでした」と，Huong は不満を口に
する。ある日 Huong は，義姉に「下着は自分で洗うように」と言って彼女
を怒らせてしまった。「義姉は私をぶって，私の頭をひっかいて冷蔵庫にぶ
つけ，『追い出してやる！』と脅してきました」と，Huong は話す。Huong
はこのことを夫や義母に訴えたが，同情は得られなかった。Huong は，家

事はすべて彼女の義務なのだと悟った。

おわりに

　新自由主義を提唱する前政権の国民党政府は，ケアを必要とする人々全て
をカバーしうるような福祉システムの拡大は望まなかった。台湾は低福祉の
レジームに分類されており，ほとんどのケア労働は市場に委ねられている。
そのため，介護人材の不足という課題に対しては，国民自らが取り組まなけ
ればならなかった。介護の負担は，主に家族，とりわけ女性に降りかかる。
　このような状況下で，ケア従事者の不足への対処法は階層によって異なっ
ている。高所得の家庭は十分な稼ぎがあるので，子どもの世話や高齢の家族
の介護のために移住労働者を雇えるし，母親業に専念するお金も時間もある。
しかし中流階級の家庭では，家計を支えるためには妻も仕事に出なければな
らないため，母親業に専念はできない。子どもを民間の幼稚園に行かせたり，
放課後に託児施設に預けたり，高齢の家族を世話してくれるパートの在宅ヘ
ルパーを雇うことはできるだろう。しかし，たとえケアの一部を外部化でき
たとしても，それでもまだ自分で家事をしなければならないのだ。低所得の
家庭の場合は，家族の世話や介護を手伝ってくれる人を雇うことはできない。
そのため，人件費のかからない家族が，無償で育児や介護の仕事をしなけれ
ばならない。家庭によっては移民の妻を娶り，彼女に家庭におけるあらゆる
ケア問題の対処を求める。低所得の家庭にとっては，外国人女性との結婚は，
ケア従事者不足という問題への対処法なのである。
　しかし，夫の家族と結婚移民の妻との間で期待に相違が生じると，しばし
ばそれは家庭内不和をもたらす（Tang and Wang 2011）。夫の家族は子どもや
高齢の家族の世話を無償で担う労働力を必要としているのに対し，妻は親孝
行な娘としての役割を果たし，母として，また一人の女性として生きていく
ためにお金を必要としている。夫が経済的な保障を提供できない場合には，
妻はその対処法を自分で見出さなければならず，その際にケア従事者の不足
の問題が議論の中心となる。このような議論は，台湾に特有のジェンダー /

第II部　親密性の労働の国際化の現状

階層構造に裏打ちされるものであり，政府の福祉政策の介入なくして容易に
解決し得る問題ではない。

　ケアを必要とする人々とは，子ども，高齢者，障害者，そして患者である。
台湾にも，一般的なケア制度（国民健康保険）はあって，患者の医療費はカバー
されている。しかしながら，これに加えて長期介護保険も定められているた
め，政府が貧困家庭の援助に充てられる社会福祉は，それらのわずかな剰余
金にすぎない（Chen 2011）。そのため，大半の家庭では家族による無償のケ
ア労働で済ませるか，あるいは市場のサービスを利用せざるを得ない。この
ような社会的背景があるので，台湾の家庭では構造的に，長期ケアの担い手
として外国人介護労働者に頼るのである。在宅サービスを提供する住み込み
の外国人介護労働者を雇えば，高齢者の介護のみならず，子どもの世話，家
の掃除まで依頼できる。つまり，移民介護労働者は，ケア労働者及び家事手
伝いという二つの役割を果たすのだ。外国人介護労働者の時給は台湾人介護
労働者のおよそ40％にすぎない。中流・上層階級の家庭であれば，そうし
た外国人介護労働者を雇うだけの余裕はある。けれど，それは台湾社会全体
が少子高齢化に向かうなかで持続可能な方法とは決して言えないだろう。

　馬総統は2015年に長期ケアサービス法を採択したが，それは社会保険制
度の創設を含むものであった。しかし，民間の介護施設は反対した。という
のも，保険料の60％を民間の介護施設が捻出しなければならなかったから
である。蔡英文政府は0.5％の法人税と10％の相続税の増税を打ち出した。
しかし，これも民間の介護施設からの反対にあった。ついに政府は相続税の
増税のみを実施し，たばこ税も200％の増税とした。これにより400億台湾
ドルを捻出できるが，これは当初の想定の35％に満たない。長期ケア（介護）
の財源をどうするかは，いまだに議論が続いている。結局のところ，政府は
増税で赤字の補てんを続けるのが関の山なので，富裕層は外国人を雇用でき
るが，貧困層は自前でケアを調達するか，最低限のサービスを政府に依存す
るしかないのである。

156

参考文献

Bélanger, Danièle and Oudin, Xavier 2007. For Better or Worse? Working and Mothering in Late Vietnamese Socialism. In: *Working Mothers of Asia*. Theresa Devashayam & Brenda Yeoh (Eds.). Singapore University Press.

Belanger, Daniele, Hye-kyung Lee H, and Hong-zen Wang 2010. "Ethnic diversity and statistics in East Asia: 'foreign brides' surveys in Taiwan and South Korea'. *Ethnic and Racial Studies*, 33(6): 1108-1130.

Chao, Yen-ning 2008. "Qinmi guanxi zuowei fansi guozu zhuyi de changyu: laorongmin de liang'an hunyin chongtu" ("Rethinking nationalism through intimate relationships: conflicts in cross-strait marriages"), *Taiwan Shehuixue (Taiwanese Sociology)* 16: 97-148.

Chen, Zhengfen 2011. "Woguo changqi zhaogu zhengce zhi guihua yu fazhan" ("Planning and development of Long-term care policy in Taiwan"). *Shequ Fazhan Jikan (Community Development Quarterly)* 133: 192-203.

Constable, Nicole 2005. A Tale of Two Marriages: International Matchmaking and Gendered Mobility. In Nicole Constable(Ed.), *Cross-Border Marriages: Gender and Mobility in Transnational Asia* (pp. 166-186). Philadelphia: University of Pennsylvania Press.

Council of Labor Affairs 2012. Occupation "Zhaogu fuwuyuan" ("Care attendant"). http://statdb.cla.gov.tw/careerguide/ind/ind_detail.asp?section_id=2&id_no=50132. Accessed on 2012/12/28.

DGBAS (Directorate General of Budget, Accounting and Statistics) 2006. hunyu yu jiuye diaocha baogao (Report on women's marriage, fertility and employment). http://www.dgbas.gov.tw/public/Attachment/76251555871.doc. Accessed on 31/12/2012.

Fung, Heidi 2009. Transnational daughterhood: How Vietnamese marriage migrants in Taiwan practice their filial duties from afar. Paper presented at the symposium on Maritime Link and Transnationalism in Southeast Asia: Past and Present. Center for Southeast Asian Studies (CSEAS), Kyoto University and Center for Asia-Pacific Area Studies (CAPAS), Academia Sinica, Taipei, Taiwan.

Glodava, Mila and Richard Onizuka 1994. Mail-order Brides: Women for Sale, Alaken.

Jones, Gavin, Hsiu-Hua Shen 2008. "International marriage in East and Southeast Asia: trends and research emphases", *Citizenship Studies*, 12(1): 9-25.

Kojima, Yamanak 2001. "In the Business of Cultural Reproduction: Theoretical Implications of the Mauil-Order Bride Phenomenon," *Women's Studies International Forum*, 24(2): 199-210.

MOI (Ministry of Interior) 2004. 92nian waiji yu dalu peiou shenghuo zhuangkuang diaocha (Survey on living conditions of foreign and Mainland Chinese spouses, 2003), Taipei: Ministry of Interior.

——— 2012. Minguo 100nian zhongyao renkou zhibiao (Important demographic

第 II 部　親密性の労働の国際化の現状

indicators in 2011). http://www.ris.gov.tw/zh_TW/346. Accessed on 31/Dec/2012.

Lan, Pei-Chia 2005. Stratified Otherization: Recruitment, Training and Racialization of Migrant Domestic Workers. (in Chinese) Taiwanese Journal of Sociology, June 2005, 34: 1–57.

Lan, Pei-Chia 2006. Global Cinderellas: Migrant Domestics and Newly Rich Employers in Taiwan. Durham: Duke University Press.

Lin, Chin-ju 2007. Fuxi jiating yu nuxing chayi rentong: chongchan jieji zhiye funu jiawu fengong jingyan de kuashidai bijiao (Identity Differences Among Women in Patrilineal Families: A Cross-generational Comparison of the Division of Domestic Labor of the Middle-class Working Women), Taiwan: *A Radical Quarterly in Social Studies*, 68: 1–73.

Lu, Meixiu 2011. 99nian yishi renli xuqiu tuigu luntan (Forum on the estimation of demand for medical manpower). PPT presentation in 31 Jan 2011.

Piper, Nicola 1997. "International Marriage in Japan: 'Race' and 'Gender' perspectives", *Gender, Place & Culture*, Vol. 4, Iss. 3.

Suzuki, Nobue 2000. "Between Two Shores: Transnational Projects and Filipina Wives in/ from Japan," *Women's Studies International Forum*. 23(4): 431–444.

Tang, A. W. and H. Wang 2011. From Victims of Domestic Violence to Determined Independent Women: How Vietnamese Immigrant Spouses Negotiate Taiwan's Patriarchal Family System. Women Studies International Forum 34(5): 430–440.

Thai, Hung Cam 2008. *For Better or For Worse: Vietnamese International Marriages in the New Global Economy*. New Brunswick, N. J.: Rutgers University Press

Wang, Hong-zen 2001. "Shehui jiecenghua xia de hunyin yimin yu guonei laodong shichang: yi yuenan xinniang weili" ("Social Stratification, Vietnamese Partners Migration and Taiwan Labour Market"), Taiwan: *A Radical Quarterly in Social Studies*, 41: 99–127.

Wang, Hong-zen and Daniele Belganer 2008. "Taiwanizing Female Immigrant Spouses and Materializing Differential Citizenship," *Citizenship Studies*, 12(1): 91–106.

Wang, Hong-zen and Daniele Belganer 2011. "Exploitative recruitment processes and working conditions of Vietnamese migrant workers in Taiwan," in Anita Chan (ed.) Labor in Vietnam, pp. 309–336. Singapore: ISEAS.

Wang Shuyun 2012. "Taiwan tuoyu gonggonghua zhi yanjiu" ("Research on public care of children"), in Taiwan Thinktank (ed.), Maixiang shehui touzixing guojia: jiuye yu shehui anquan zhongda yiti yanjiu lunwenji (Towards a social investment state: employment and social security essay collection), pp. 63–107. Taipei: Taiwan Thinktank.

内政部 2014. 『102 年外籍與大陸配偶生活需求』内政部

行政院主計總處 2014.『婦女婚育與就業調查』行政院主計總處

勞働部 2016.『勞働統計年報』勞働部

中華民國家庭照顧者關懷總會 2007「2007 家庭照顧者現況調查」中華民國家庭照顧者關懷總會

第6章 親密性の労働を担う「JFC」

原めぐみ

はじめに

　近年，親密性の労働という新たな概念への学術的関心が高まっている。親密性の労働とは家事労働，ケア労働，性産業などを含む市場主義の中で商品化された労働を指す（Boris and Parreñas 2010）。親密性の労働の議論は，特にアジア女性の労働力移動の加速化とともに新出した問題提起である。つまり，移民受入社会が親密性の労働を担うアジア女性を「労働者としては受け入れるが，人間として受け入れない」（落合 2012: 21）という問題である。

　日本では，1980 年代よりアジアからの結婚移民やエンターテイナー女性が多数来日しており，彼女たちが日本の社会的再生産を支えてきた（伊藤 1996; Truong 1996）。また，超高齢化社会に差し掛かっており，介護業界での人材の需要が増し，フィリピン人などの定住する外国人女性が介護現場で働き始めている（在日フィリピン人介護者研究会 2010）。さらに，2008 年よりインドネシアとフィリピン，2009 年よりベトナムとの間で経済連携協定（EPA）に基づく外国人看護師・介護福祉士の日本での就労が開始されている[1]。2016 年には，外国人技能実習制度の介護分野での外国人受入拡大，2017 年から特区における家事代行サービスへの外国人労働者受入が本格的に始動し

---

1) 日本・インドネシア経済連携協定（2008 年 7 月発効），日本・フィリピン経済連携協定（同年 12 月発効），日本・ベトナム経済連携協定（2009 年 10 月発効）。

ている。このような人手不足を補うためだけの日本政府の受入政策について
は，先行研究でも問題点が指摘されている（Takahata 2016; Ogawa 2012; Ohno
2012）。

　本章は，政府の介入によらない，より不可視化されたスキームで来日する
「ジャパニーズ・フィリピーノ・チルドレン（以下，JFC）」の来日経緯と来日
後の生活を調査した研究結果である。「JFC」とは，日本人とフィリピン人
を親にもつ者の総称とされる。本調査では，特に両親の離別などの原因によ
りフィリピンで幼少期を過ごし，のちに教育あるいは就労のために来日した
者を対象とした。彼女／彼らは，日本国籍や在留資格を取得し合法的に来日
しているが，来日後は介護労働，清掃業，性産業などに携わる中で極めて搾
取的な労働状況下で働く傾向にある。以下では，彼女／彼らがいかに「人間」
として日本社会に受け入れられておらず，「労働力」としてのみ扱われてい
るのかを親密性の労働という概念を手掛かりに考察していく。

　本章では，まず先行研究の流れを整理し，理論的枠組みを提示する。次に，
JFC の出生の背景と調査の方法論，調査参加者のプロフィールを説明する。
そして，「移動の制度論」（Abello 2004）に着眼し，来日する際に関連する法的
制度と，彼女／彼らの移動に介入した斡旋団体や人材派遣会社，NGO を含
めた移動のメカニズムについて分析する。さらに，来日後に直面する 3 つの
課題：①就労，②子ども・若者たちのトランスナショナルな教育，③家族に
課される親密性への期待，についてケーススタディを用いて検討する。

① 再生産労働から親密性の労働へ

　移動するアジア女性が携わる労働については，1980 年代から注目されて
おり，フィリピン人海外労働者に限定しても膨大な数の調査・研究がなされて
きた。初期の研究では，女性労働者の移住先国での生活を調査し，低賃金，
長時間労働，さらに雇用主からの暴力など，女性労働者特有の問題を指摘し
た（Huang, Yeoh and Rahman 1994; 2005; Asian Migrant Workers Centre 1991; Asian
and Pacific Development Centre 1989）。日本の事例においては，特に来日したフィ

リピン人エンターテイナーの現状が明らかに問題視されている。バレスカス（1992）は，日本でエンターテイナーとして働くフィリピン人女性たちを対象に調査を行い，アジア女性が受入国社会で直面する精神的苦痛や性的搾取の現状を明らかにした。デ・ディオス（1989; 1992）は「じゃぱゆきさん」と呼ばれたエンターテイナーやセックスワーカーとして働くフィリピン人女性たちに圧し掛かる暴力を批判した。

　1990年代後半頃より，雇用主と労働者の不平等な関係性や，劣悪な労働環境を問題視する従来の研究から，移民女性個人の主体性に着目した社会学的研究群が出てくる。代表的な研究は，香港のフィリピン人家事労働者を事例に，労働環境などを改善したり，雇用主との力関係を覆したりする「日常型の抵抗」を描写し，家事労働者たちの能動性に注目したコンスタブル（1997）や，アメリカの家事労働者と雇用主の権力関係を論じたロメロ（2002），台湾で働くフィリピン人とインドネシア人家事労働者と台湾人雇用主がいかに交渉し合い，相互に理解しているかを描写したラン（2006）などである。日本では，鈴木（1998）が日本の首都圏在住のフィリピン人妻たちの葛藤と抵抗を描き，移民女性の日常的な実践が，「日本人」「外人」といった二分法やジェンダー差別への挑戦であると論じた。高畑（2003）は，フィリピン人女性たちは日本に定住していく中で困難に直面しながらも，相互扶助活動などを通して問題を解決しているという事例を紹介している。このように，搾取される労働者としての一面だけに照明を当てるのではなく，アジア女性たちを主体として論じることに研究の関心は向かっている。

　さらに，「移動の女性化」が加速化する中で，ジェンダー，階級，人種／エスニシティが交差する場として，「再生産労働」を読み解く作業が多くの研究者によって行われてきた。再生産労働とは，「生産的労働力を維持するために必要とされる労働」と定義づけられる（Parreñas 2001: 61）。例えば，家事労働や高齢者へのケア労働，子育てなどを含む（Glenn 1992）。トゥルンによれば，フェミニストの視点から再生産労働は，以下の3つの意味を持つ概念だという：①人間の再生産，②人間のライフサイクルを通じて維持し支える活動，そして③社会システムの再生産である（Truong 1996: 32）。

　さらに社会学者エヴェリンN. グレンは従来のフェミニストの分析は，再

第II部　親密性の労働の国際化の現状

生産労働をジェンダーという角度からしか見ておらず，あたかも世界中の女性が平等であるかのように論じてきたことを問題視した。グレンは，アメリカ国内の再生産労働の現場を3つの時代に分けて分析し，歴史的に富裕層の白人女性たちが低所得層の有色人種の女性を雇うのは，再生産労働が人種間分業のもとに成立しているからだと示した（Glenn 1992; 2001）。彼女は女性の中の階層や人種・エスニシティなどの差異に注意を払わなければならないと明確に指摘したのだった（Glenn 2001: 81）。その上で，産業経済において再生産労働は欠かせないが，ほとんど市場の外で営まれ，「本物の仕事」として認識されるに至らず，再生産労働に従事する者はジェンダーによる労働分業の不平等な構造から抜け出せないと明示した（Glenn 2001, 80-81）。その後，社会学者のラセル S. パレーニャスは，アメリカ国内の事例を用いて説いたグレンの再生産労働の議論にサスキア・サッセン（1984）の労働力の国際分業の議論を融合させ発展させた。ローマとロサンジェルスで働くフィリピン人家事労働者を事例に，グローバル化が加速する市場経済の中での「再生産労働の国際分業」について説明したのだ（Parreñas 2001: 78）。パレーニャスは「ジェンダーがグローバリゼーションにおける出稼ぎの重要な要因」であり「人種，階級，市民権の不平等が受入国におけるかれらの状況を悪化させている」と主張する（Parreñas 2001: 61-69）。

　一方，親密性の労働は，「家庭の中や外において個人の親密的必要／要求の世話をする」，「身体的で感情的な相互作用に関する仕事」である。親密性の労働は，再生産労働と重なる面があるが同じではなく，親密性の労働の方がより広義に解釈することができる概念である（落合 2012: 3-10）。再生産労働は，社会的再生産と人間ないしは労働力の再生産に直接つながる労働のみをさし，血縁関係に従属する労働である一方，親密性の労働は，血縁的なものを解体するために提唱され，アジア女性の越境移動と深く結びついている。家事労働，ケア労働，国際結婚，性労働，そしてエンターテイナーなどをひっくるめて「親密性の労働」として捉えていくことで，ジェンダー，民族／エスニシティ，階層などの力関係を理解することに役立つ（Boris and Parreñas 2010: 2）。特に，国際移動したアジア女性には，「親密な労働」の担い手であることが過度に期待されてしまう傾向にあると指摘されている（落合 2012:

162

第 6 章　親密性の労働を担う「JFC」

19-25)。

　さて，日本で外国人家事労働者が少ないのは，そもそも外国人「単純労働」に対する日本政府の閉鎖的政策 (伊藤 1996: 254)，および近代家族が理想とされる日本社会における性役割分業により，女性が無償ですべき家事労働の外注がタブー視されてきたことに起因する (Cornelius 1994: 385)。しかし，その家事労働を含む親密性の労働は，1980 年代より増加したアジアからの結婚移民によっても担われてきた (伊藤 1996; 落合 2012)。また，在留資格「興行」を取得し，合法的に来日したエンターテイナー女性たちも親密性の労働に大きく関係する。女性たちの本来の仕事は，歌や踊りを披露することであり，その他の業務は在留資格外とされていた。しかし，バレスカス (1992) によれば，実際には多くの女性が男性客に酒を注いで談笑するなどの接客行為を行い，その延長線上で性的な行為を強いられたり，営業時間外に店の外で客と会う「同伴」などを行い性的な関係を持つこととなった。日本人の客はエンターテイナー女性から快楽を得ることによって明日への活力を見出し，女性たちは日本経済のさらなる発展に寄与していたのだとバレスカスは述べる (Ballescas 1992: 103)。

　さらに，高齢化が進む中，人材派遣会社などが在日外国人用に介護業界語学サポートも含めたホームヘルパー 2 級講座を開設し，多くのフィリピン人女性が課程を修了し，介護福祉施設で働いている[2]。在日フィリピン人女性らは，エンターテイナーから主婦になり家事労働，育児，そして介護へ，という親密性の労働サイクルに陥っている。したがって，エンターテイナー，家事労働／子育て，そしてケア労働と経験してきた在日フィリピン人女性は，「立場は変わっても『親密性の労働』から抜けられないアジア女性」(落合 2012: 25) の典型例だといえる。

　さらに，移民第 1 世代の女性たちだけではなく，国際結婚家庭に生まれた男性を含む 2 世もまた介護労働，清掃業，あるいはパブやバーでエンターテ

---

[2]　日本人の配偶者等の査証もしくは永住権を持つ在日フィリピン人は，資格取得までの期限もなく，さらに新規来日者に比べ言語の面でも有利であるため，2000 年後半頃より，介護施設等で働き始めている (鈴木 2009)。就労までの道のりには，人材派遣会社などの介入があり，主催するホームヘルパー 2 級の養成講座の受講を経ていることが多い (高畑 2009)。

163

第 II 部　親密性の労働の国際化の現状

イナーとして就労していることが筆者のフィールドワークからわかってきた。本章では，人間の血縁からいったん距離を置き，親密性の労働という概念より着想を得て，JFC の若者たちを取り巻くジェンダー，民族／エスニシティ，階級などの力関係を理解していきたい。なお，JFC 本人だけでなく，母子の単位に注目し，JFC の母親との母子関係，フィリピンの家族とのトランスナショナルな繋がりについても視野に入れ検討していく。

② 調査参加者の背景と方法論

2-1.「JFC」とは誰か

　「JFC」とは，日本人とフィリピン人を親にもつ者と定義されるが，一口に「JFC」といっても一人ひとりの家庭背景や移動経験は大きく異なる（高畑 2011; 原 2011）。本章の調査協力者はいずれも両親の離別などが原因で，フィリピンにて幼少期を過ごし，その後来日した者である。以下，1980 年代以降に日本人とフィリピン人を両親にもつ子どもが増加した社会的背景を説明する。

　JFC が生まれた背景には，1990 年代以降の日本人とフィリピン人の結婚件数や未婚のカップルの増加がある。厚生労働省が発表した『人口動態調査』内における「夫婦の国籍別にみた年次別婚姻件数」によると，1992 年から 2015 年までに約 16 万組の日比カップルが婚姻している[3]。日本国籍者とフィリピン国籍者の結婚の特徴としてあげられるのは，その 98 ％以上が日本籍の男性とフィリピン籍の女性の結婚であり，ジェンダーバランスが極めて歪な点である。日本国籍者とフィリピン国籍者の婚姻件数は 2006 年をピークに減少しているものの，2015 年時点でも日本人男性における外国人妻の国籍順では，中国籍の相手に次いで 2 番目に多い（厚生労働省 2015a）。フィリピン政府が発表する統計を見ても，アメリカ国籍の相手の次に日本国籍の

---

3)　1991 年以前，人口動態統計の中でフィリピン籍は「その他の国」に含められていた。

164

相手との婚姻件数が多い（Commission on Filipinos Overseas 2008）。

　日比結婚の増加背景には主に3つの局面がある。まず，1970年代からの日本の高度経済成長に伴い，多くの日本企業がアジア諸国に進出し，ビジネス目的や観光目的でマニラやバンコクなどのアジアの都市へと出向く日本人男性が増えたことだ。彼らの一部は現地のパブやナイト・クラブで夜遊びをし，買春行為にはしったことからこうした日本人男性のアジアへの渡航は「セックス観光」と比喩された（Suzuki 2010: 34）。中には女性に子どもを妊娠させ，責任をとらずに日本に帰国した者もいたため，国際的な批判が相次いだ（de Dios 1989: 140）。その後，斡旋団体などがフィリピン人女性に観光などの在留資格を取得させ，女性たちを来日させる逆方向の移動の流れが始まった。2つ目の局面は，1981年からフィリピン人女性が「興行」という在留資格を取得し，合法的に日本に入国し，就労できるようになったことである。その後，約30年間でいわゆる「興行ビザ」を取得し，日本で就労したフィリピン人は総数50万人にのぼり（Takeda 2008）[4]，延べで100万人を超えると言われている（法務局 2012）。バレスカス（1992）の調査によれば，女性たちは客と恋愛関係になり，結婚に至るケースも多くあり，フィリピン人女性たちの間で「パナロ（勝者）」と呼ばれていたという。3つ目の局面は，1980年代より民間の斡旋団体や家族の紹介などを経て来日したフィリピン人「農村花嫁」の流入である。彼女らは嫁不足が深刻化する東北や四国などの農村地域へ嫁ぎ，出産・子育ても含め，地域活性化に貢献してきた（Faier 2009: 19）。

　このような局面を経て，この30年の間に，多くの日比カップル，国際結婚夫婦が誕生したのだった。それに伴い，日本人とフィリピン人を親に持つ子どもの人口も増加していった。両親のいずれか一方がフィリピン籍である子の出生数は，1992年から2015年までに約104,000件登録されており，そのうち約97%がフィリピン籍の母親をもつ（厚生労働省 1995; 2015b）。しかし，1991年以前はフィリピン籍の親の子は，統計上「その他の国籍」に含まれていたため，1991年以前に生まれたフィリピン国籍をもつ者の実数は不明

4）　2006年省令が改正され，その後，在留資格「興行」の年間発行数はそれまでの10%程度に激減した。

第 II 部　親密性の労働の国際化の現状

である。また，日本人の父親から認知を受けていなかったり，フィリピン在住の者で出生証明書を日本大使館や日本の役所に提出していなかったりする場合は，人口動態調査の統計には表れてこない。そのため実数を把握することは困難であるが，支援団体などの2008年時点での推計では，日本人とフィリピン人を両親にもつ子の数は，約10万人から20万人だという（Nuqui 2008: 488）。

2-2. 法的地位と国籍（再）取得

　日本とフィリピンは共に国籍法を血統主義に則っており，原則的に婚姻関係にある日本籍とフィリピン籍の両親のもとに生まれた子は二重国籍[5]をもっていることになる。しかし，日本生まれの場合，日本国籍であればフィリピンには容易に渡航できるなどの理由からフィリピン国籍を取得せず，日本国籍のみを保持している者が多い。また，両親が未婚，もしくは離婚していたとしても，日本の戸籍に日本人の実子として登録されている者は，日本国籍を有する。一方，日本に出生届が出されていない，もしくは日本人の親の戸籍に入っていない場合，フィリピンに出生証明書を提出していればフィリピン国籍となり，何らかの理由でフィリピンにも届けられていない場合は無国籍状態ということもある[6]。フィリピン在住のJFCの中には，両親が婚姻関係になく認知されていない，あるいは嫡出子であっても出生の届出をしていなかったために日本国籍を喪失している者もいる。

　このような国際婚外子の国籍に関する法的問題を解決すべく，1990年代より弁護士団体やNGOが彼女／彼らの国籍回復のために法的サポートを行ってきた。特に非営利活動法人JFCネットワークは，日本人の父親から生後認知を受けたフィリピン国籍の子どもたちとともに2006年，国籍確認訴訟を始めた。長年の活動の成果が実り，2008年6月4日の最高裁判決で

5）　フィリピンの法律では2003年より二重国籍が認められるようになったが，日本の国籍法は22歳までに国籍選択をすることを義務づけている。

6）　フィリピン人の母親が日本で不法滞在になっている場合は，どちらの国にも出生を届出できず，無国籍状態になっていることがある。

第 6 章　親密性の労働を担う「JFC」

原告側が勝訴し，原告の子どもたちに日本国籍が認められることとなった（伊藤 2009）。その後，2008 年 12 月 5 日に国籍法改正法案は成立し，2009年 1 月 1 日に施行された。施行から 7 年間に，約 7 千人が国籍取得届を法務省へ提出し，その 98％が受理されている（法務省 2012; 2016）[7]。

　もちろん日本国籍を取得すれば日本への出入国は自由であるし，日本国籍がなくとも，父親から認知を受けていれば「日本人の配偶者等」[8] の在留資格が発行され入国でき，制限なく就労することができる。また，フィリピン国籍の母親が日本人男性と婚姻関係にある場合は「日本人の配偶者等」の在留資格を，未成年の子が日本国籍であり親権者が母親である場合には「定住者」の在留資格が得られる。

2-3.　調査方法と調査参加者プロフィール

　本章は，筆者が 2008 年 9 月から 2014 年 3 月までに行ったマニラ，ダバオ，東京，愛知，静岡などの都市における複数地フィールドワーク調査で収集したデータを用いる。6 人の若者と 3 組の母子へのインタビュー調査のデータをもとに構成される。JFC とその母親へのインタビューを中心に，職場関係者や他の家族にも補足的にインタビューを行った。彼女／彼らの生活史と語り，筆者による参与観察を分析対象とする。
ナラティブ

　インタビューでは基本的に IC レコーダーを使用し，インタビュー後にテープ起こしを行った。何らかの理由によりレコーダーを使用できなかった場合などには，インタビュー内容を詳細に記録したフィールドノーツを頼りに生活史の再構成を行った。インタビューは 1 度限りではなく，可能な限り，ひとりにつき何度かインフォーマル・インタビューを含め数度の面接を行った。また電話や SNS を通じたコミュニケーションを日常的に行うことにより，ラポールの形成に努めた。使用言語は基本的にタガログ語と英語で，一

---

7)　ただしこれは申請者らの国籍を示されていないため，フィリピン国籍の者で日本国籍を取得した者の実数は掴めない。
8)　「日本人の配偶者等」という在留資格は，①日本人の配偶者，②日本人の子どもとして出生した者，③日本人の特別養子に認められる。

167

第 II 部　親密性の労働の国際化の現状

表 1　調査参加者プロフィール（単身者）

名前	性別	国籍	年齢	来日年	出身	居住地	最終学歴	職業・職歴
アリサ	女	二重国籍	20	2010	マニラ首都圏（MM）	近畿地方	ハイスクール（HS）卒[9]	介護施設（清掃）・ホテル清掃
ベス	女	二重国籍	21	2009	MM	関東地方	HS 卒	介護施設（ホームヘルパー2級取得）→弁当工場
チカ	女	日本	23	2005	ビサヤ地方	関東地方	専門学校（日）	介護施設（ホームヘルパー2級取得）
ディナ	女	二重国籍	19	2012	MM	東海地方	専門学校（比）	ホテルの清掃・エンターテイナー
エイジ	男	二重国籍	23	2008	MM	関東地方	HS 卒	電気工事作業員→介護施設（キッチン・配膳）→工場
フミオ	男	日本	23	2010	MM	関東地方	HS 卒→夜間高校卒（日）	介護施設（清掃）→飲食店

部は日本語で行った。

　表 1，表 2 に示したのが，調査参加者のプロフィールである。JFC の来日には，表 1 で示した日本国籍もしくは在留資格を持つ若者単身での来日と，表 2 で示した日本国籍もしくは在留資格を持つ未成年者と，その養育者として在留資格を得たフィリピン人の母親が来日するケースの 2 パターンがある。名前はすべて仮名とする。国籍，年齢，居住地などは最終調査日当時のデータである。

---

9)　2011 年 6 月より新教育制度が導入されるまで，フィリピンの基本教育年数は，初等教育（小学校）6 年＋中等教育（ハイスクール）4 年＋高等教育（大学，専門学校等）であった。インタビュー対象者らはいずれも 2011 年以前に中等教育を終えているため，日本の中等教育卒業年齢よりも 2 年早く卒業している。

表2　調査参加者プロフィール（母子）

名前	家族構成・年齢・子の国籍	来日年	出身	居住地	最終学歴	職業・職歴
合田家	母（45歳） 長男（18歳・日本） 長女（15歳・日本）	2011	ミンダナオ地方	東海地方	母：大学中退（比） 長男：中卒 長女：中卒	母：エンターテイナー（日）[10] →セールス（比）→無職→介護施設（日） 長男：電化製品修理
ハビエール家	母（42歳） 長女（19歳・二重国籍）[11]	2012	MM	東海地方	母：HS卒 長女：専門学校（比）	母：エンターテイナー（日）→個人商店など（比）→ホテルの清掃（日） 長女：ホテルの清掃
石井家	母（28歳） 長女（7歳・フィリピン）	2010	MM	東海地方	母：HS卒 長女：小1	母：エンターテイナー（日）→無職（比）→エンターテイナー（日）

③　移動の動機と移住過程

　本節では，調査参加者への聞き取りから，移動の動機，移住過程を分析する。生い立ち，フィリピンでの生活経験から，彼女／彼らがなぜ移動という選択肢をとったのか，そしてその選択を実行するためにどのような経路をたどってきたのかを明らかにしていく[12]。まず，アリサの事例を紹介する。

　アリサは1989年に日本で生まれた。1歳の時，両親が離婚し，20歳で来日するまでフィリピンで暮らしていた。両親の離婚後，日本人の父親とは一度も会っておらず，現在の住所地も知らないという。フィリピン人の母親はフィリピン人男性と再婚し，のちに2人の子どもをもうけた。

　転機はハイスクールを卒業した時にやってきた。小学校高学年の頃から，継父は海外労働者として中東へ出稼ぎに行っていたが，フィリピンには数年

10）在留資格「興行」の期限は6カ月間であるため，母親たちはその都度ビザを更新して，数回来日していた。

11）表1，ディナと同一人物。2012年3月にディナが単身で来日し，続いて2012年9月に母親が来日した。現在は一緒に暮らしている。

12）JFCの来日と就労については，より多くのサンプル数の調査結果をJFCネットワーク（2014）で公表している。筆者も調査・執筆に携わった。

帰ってきておらず，送金も途絶えがちだった。さらに，継父はフィリピンに
借金を残しており，それをアリサの母親や祖母が返済している状況だった。
また，アリサの末の妹は体が弱く，通院をしていたため，家族は常に医療費
を必要としていた。そんな中，母親と祖母は，アリサに日本に行って働くよ
うに勧めた。

アリサは当時を振り返り，以下のように語る：

> 幼い頃から親戚や近所の人から「ハーフ・ジャパニーズ」や「アナック・
> ナ・ハポン（日本人の子ども）」と呼ばれてきた。だから自分の父親が日本人
> であり，自分には妹たちとは別の父親がいることを感じていた。いつもフィ
> リピンの家は自分の家じゃないような気がしていた。お母さんやお祖母ちゃ
> んからのプッシュもあったし，昔から，いつか自分は日本に行くんだって思っ
> ていたから，抵抗はなかった。それに日本でひとり暮らしをしたいって思っ
> ていた。でも日本については何も知らなかった。知っていたのは自分には日
> 本人の父親がいるということだけだった。

彼女は，出生当時，婚内子であったため法律上，日本国籍を有していたが，
日本のパスポートは持っておらず，渡航手続きに関しては無知であった。そ
こで，アリサの母親が知り合いから紹介されたという団体Xに会員登録に
行くこととなった。団体Xは，JFCを専門に日本での就労を仲介する斡旋
団体であった。出生証明書や両親の婚姻証明書，そして父親の戸籍のコピー
などを団体Xに提出すると，数ヶ月後にマネージャーだという日本人の男
から電話があった。アリサの日本のパスポートが発行され，日本での就労先
も見つかったので，渡航準備は完了したという。事務所へ行くと契約書が用
意されてあり，サインをすれば日本に行ける状態だった。

2010年9月，同じ団体Xの他の会員ら10人と共に来日し，大阪にある
介護施設で清掃係として働くことになった。アパートも団体Xを通じて，
日本の人材派遣会社が用意していたが，その時点でアリサは渡航費や紹介料
などで50万円近い借金をしていることになっており，毎月の給料から2万
円ずつ天引きされていた。さらに，「NGO」と称する団体Xへの「寄付金」
として2万円が毎月引かれた。時給750円で働くアリサの月給は手取りに

して 12 万円ほどで，うち 1／3 は借金返済と寄付金でなくなり，これに家賃 4 万 8 千円を支払うとフィリピンの家族への送金はおろか，自分の生活費はほとんどないことになる。そのため彼女は，平日は介護施設で働き，土曜日の夕方から泊まり込みでホテル清掃のアルバイトを始めた。

　アリサは，「日本に到着してから騙されたと気づいた。来なければ良かったって何度も思った。だけど，お母さんとはずっと仲悪いし，日本で辛いことがあってもフィリピンへ帰る気にはなれない」。日本に友達も少なく，働き詰めのアリサは生まれ育った故郷，フィリピンへのホームシックのような感情を募らせるが，フィリピンにも自分の居場所はないと悟っている[13]。

3-1．移動の動機

　人の移動の動機は経済的なプッシュ・プル要因で説明されることが多い。確かに調査参加者の中にも，フィリピンでの貧しい暮らしから抜け出すため，日本で稼ぐためという理由を上げる者もいた。しかし実際には，移動の動機はより複雑で家族の再統合，自己実現，望郷の念など複数の動機があったり，しかもその動機は時によって流動的である（梶田，丹野，樋口 2005）。

　アリサの場合，自身の個人的な経済的上昇だけを目的とするのではなく，家計を支えるという側面が強い。落合は，「出身国で規範とされる女性役割は，国際移動をする女性たちのアイデンティティやライフコースの選択にも大きな影響を与えている」と述べている（落合 2012, 22）。アリサは，母や祖母からのプレッシャー，すなわち女性から女性に課せられる過度の役割期待を背負っているといえるだろう。一方で，彼女には自己実現という動機もあった。「日本でのひとり暮らし」に憧れていたという動機も持っていたのだった。これは，混沌としたフィリピンでの生活からの脱出目的とも言い換えることができるだろう。アリサは，フィリピンで女性に課せられる役割期待を背負っていたといえる。彼女もまた，オーイシ（2005）のいう，「従順な娘」（Dutiful daughters）（p.115）の一人なのである。さらに彼女がフィリピンの家族の中で

---

13) 2011 年 1 月に実施された聞き取り調査ならびにインターネット上でのチャットインタビューの内容を再構成した。

第II部　親密性の労働の国際化の現状

抱いていた，一人だけ「日本人」という疎外感が，日本で一人暮らしをして
自由になりたいという気持ちを煽ったと考えられる。

　別の事例を見ていくと，ベスは，来日の動機に対し「おばさんの家族と一
緒に住んでいて，肩身の狭い思いをしていた。とにかく家を出たかった」と
語った。フィリピンの家族との同居の中で育まれる帰属意識も様々なのであ
る。さらに，チカは「ママから日本はきれいでいいところだと聞いていた。
お父さんの国を自分の目で一度は見てみたいって思っていた」と語る。日系
人が持つ「望郷の念」(梶田，丹野，樋口 2005: 27; Tsuda 2009) というのも，JFC
が来日する動機になっている (原 2011)。調査協力者たちは，日本人の父親
と同居した経験がなくても，自分の父親が日本人だということは幼少期から
知っていた。アリサの語りからもわかる通り，母親を含め家族や隣人は，そ
の子の父親が日本人であるという事実を抵抗なく日常的に口にする。しかし，
実際は父親と連絡が途絶えており，日本へ行ったことがない者も多いため，
幼い頃から日本との繋がりを求め，自分のルーツを探すために日本へ行きた
いと考えている。また，ベスやフミオは，今まで一度も会ったことのない父
親との再会を夢見て日本に行きたいと思ったという。家族再統合を来日の一
番の動機としてあげている。

　一方，母親たちは，子どもへの教育が来日の目的だったという。合田家の
母親は，「子どもたち 2 人には日本で教育を受けさせたかった。日本の方が
理系は特に進んでいるでしょう。息子は医者になりたいから」と語った。上
野 (2011) によれば，子どもへの教育投資は家事労働者になる典型的な理由
だというが，JFC の母親たちも，子どもへの教育面の動機が強いのだ。また
フミオは，日本の大学で工学を勉強したいと思っていることも来日の目的の
ひとつとしてあげていた。

　人の移動の動機は，経済的な理由をもとに考えられることが多いが，JFC
の場合はこうした社会的な動機がある。言い換えれば，社会的な動機を叶え
るために経済的な自立を果たすことが必要なのだろう。

3-2. 移住過程

　JFC の来日は，合法的に入国することができるにもかかわらず，実際の移住には困難が伴う。なぜなら，彼女／彼らは日本に頼れる人がいなかったり，日本での居住や就労に必要な知識やネットワークを持ち合わせていなかったりするためだ。さらに，航空券や家賃の敷金礼金など，経済的な負担もかかる。仕事の斡旋や住居の提供をしてくれる団体や組織がなくては移動できないのが現実である。以下に，アリサ，チカ，フミオ，ハビエール家，合田家の移動の一連の流れを見よう。なお，ベス，エイジの移動過程はフミオの事例と，石井家の移動過程は合田家の事例とほぼ類似するため省略する。

　まず，来日するためには行政的な手続きを踏まなければならない。日本人の父親との関係が重要になってくる。理想的な来日過程として，チカの例を見てみよう。

　両親は婚姻関係になかったが，チカは日本人の父親と日常的なやり取りがあったため，日本のパスポート取得に関し，父親に直接お願いすることができた。また父が来日に必要な費用もすべて負担してくれ，来日後は手に職をつけさせるため，訪問介護ヘルパーの資格を取得できる専門学校への入学資金も支援してくれた。フィリピンで生まれ育ったため日本語は片言だったが，専門学校が介護施設を紹介してくれ，就職することができた。その介護施設は日系フィリピン人を雇用しているが，彼女／彼らには資格がないので施設内での清掃や調理担当などをしているという。資格を持っているチカは，実際の介護を行うことができ，時給も少しだけ良い。職場では，シフト管理など「フィリピン人」と「日本人」の連絡係を任されることも多く，昼休みには日本語教室の先生として一回りも二回りも年上のフィリピン人らに日本語を教えている[14]。

　チカの両親は非婚だが，日本人の父親と日常的なやり取りがあったため，父親に協力を要請し日本のパスポートを取得することができた。父親とのコミュニケーションが一切なかったり，父親が消息不明であったり，他界して

14）千葉県内にて 2009 年 11 月，筆者による参与観察による。

第II部　親密性の労働の国際化の現状

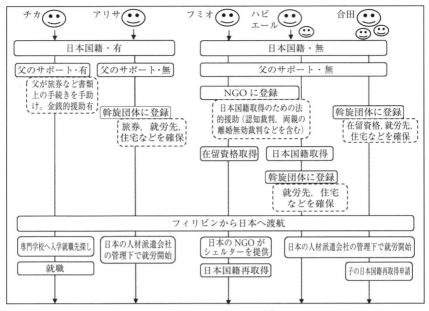

図1　JFCの移住過程[15]

いる場合の来日は至難の業だ。特に日本国籍がない場合は、日本での身元保証人が必要なため渡航準備を自分で行うのは困難である。こうした問題を抱えるJFCは、渡航から就労までの一連の流れを「支援」してくれる斡旋団体に登録し、移住への道を模索することになる。

アリサ、ハビエール家、合田家は斡旋団体を介して国籍取得申請ならびに在留資格申請を行った。アリサは婚内子であり、出生時に父親の戸籍に入っていたので日本国籍を保持していることになっていたが、自分ひとりでは手続きを踏めず、斡旋団体へ登録に行った。斡旋団体が日本の行政書士に依頼し、父親の戸籍の写しを入手し、日本国籍保持者として日本に移住すること

---

15) この図では時間軸は考慮に入れていない。手続きにかかる時間は、行政書類のそろい具合や父親からのサポートの有無によって個人差がある。たとえば、アリサは、数ヶ月で比較的簡単にパスポートの発行手続きができたが、ハビエール親子は、NGOのクライアントになってパスポート取得まで8年が経過していた。

174

ができた。一方，合田家は，長男も長女も日本国籍を持っていなかった。長男は嫡出子だったが父親の戸籍に記載されていなかったため日本国籍喪失状態になっていた。長女は両親が離婚後に生まれ，本来は嫡出推定が及ぶはずだが，フィリピンで生まれたために手続きが行われていなかった。そのため，国籍再取得を目的として「日本人の配偶者等」の在留許可が認められた。これらの手続きは斡旋団体が行った。

　一方，フミオとハビエール家は，この法的手続きをNGOに依頼した。フィリピン人の母親を亡くしたフミオは，父親の居場所を知らなかったが，母親が残してくれていた父のパスポートの写しなどを証拠としてNGOが父親探しに成功し，過去に両親の婚姻が成立していたことがわかった。しかしフミオ自身の出生は届けられておらず，日本国籍喪失状態となっていたため，国籍再取得のために日本に渡航し，数カ月間日本に在住しなければならなくなった。NGOが日本人の父親を説得した結果，父親が航空運賃を支払い，NGOのネットワークを駆使して居住地を見つけ，またボランティアの弁護士のおかげで国籍再取得申請を行うことができた。

　ハビエール家も，子の国籍取得までの過程はNGOの支援によるものだった。両親が未婚で，父親からの認知はなかったため，父親を相手取って認知裁判を起こす必要があった。この裁判はNGOに協力している日本人弁護士らの支援によって行われた。婚外子の生後認知による国籍取得は2009年の改正国籍法施行後に認められたので，それまではフィリピン国籍のみ保有していたが，その後，在フィリピン日本大使館にて日本国籍取得申請を行い，二重国籍となった。しかし，NGOは法的支援に特化したサービスのみを行っており，日本での就労斡旋は業務外であった。そのため，そのNGOを脱退して斡旋団体に登録し直し，移住・就労を依頼することとなった。

　居住地，職場，そして保証人などすべてを準備してくれるフィリピンの斡旋団体は，日本の人材派遣会社と契約しており，来日後すぐに仕事と住居を用意してくれる。日本に身寄りのない母子にとっては，唯一の選択肢であったと言える。しかし，父親の力を借りて単身で渡航したチカ，NGOに協力を仰いだフミオのケースとは違い，斡旋団体に申し込んだアリサ，ハビエール家，合田家は多額の債務を負うこととなった。例えば，アリサは，渡航前

175

第 II 部　親密性の労働の国際化の現状

の手続きや利子を合わせて約 50 万円を支払わなければならない，と日本に着いた時に斡旋団体にいわれた。この債務には，行政／司法手続きにかかった手数料，航空券，就労や日本語の渡航前研修があればその教育費，アパートの敷金，そして日本での職業紹介手数料などが含まれると考えられる。本人らは，きちんとした契約書を交わしていない場合が多く，各手続きにいくらかかったかなどの詳細は知らない。

3-3. 職業選択

　斡旋業者を経由して来日している場合，職業選択の自由はほぼない。人材派遣会社が労働市場の動向を見て，面接でマッチングし，労働力の配置を決めているからである。2008 年のリーマンショック後，工場労働などの生産業が下火になったこともあり，JFC を介護労働へと導くメカニズムが働いている。JFC やその母親は，EPA や研修生・実習生の受け入れなどとは違い，労働時間や賃金設定などの制限が明確となっていないことから，行政からの目が行き届きにくくなっている。事前研修の有無や就労先紹介手数料なども斡旋業者や人材派遣会社の裁量で決めることができる。

　事例から見ると，アリサのように業者を通じて日本に渡航する場合，就労斡旋も併せて行われることが多い。日本国籍もしくは在留資格を取得した者から日本の人材派遣会社とマッチングを行う。また，合田家は斡旋団体に登録後，数カ月して事務所に呼び出され，日本の人材派遣会社と面接を行った。面接中に，来日後は老人介護施設で「ケアギバー（caregiver）」として働くということを知った。面接を受けた多くの母子の中で，3 組だけが日本に渡航できることになり，合田家はその 1 組に選ばれた。母親はこれまで介護関係の仕事をした経験はなかったが，接客には自信があり，日本に行けるのであれば新しい仕事を始めるのに抵抗はなかったという。その後，在留資格申請に必要な書類を仲介団体に提出し，数カ月後に 3 人の在留許可が下りた。必要書類である父親の戸籍取寄せには，行政書士が関わり，日本での保証人は雇用先である人材派遣会社であった。1 カ月後，合田家を含む 3 組の親子はそろってフィリピンを出国した。来日後に人材派遣会社で日本語と介護の基

176

礎知識を事前に勉強した。このような就労前研修の有無は斡旋団体や人材派遣会社によって異なる。

　日本側の人材派遣会社は書類審査や面接を行った後，最終的に誰を雇い，どの会社で働かせるかを決定する。ある支援団体の日本人スタッフによると，事前に行う日本語のテストや面接によって上位にランクづけされた母子は介護施設へ，次は半導体などの工場，そして食材加工工場へと派遣するのだという。さらに，2008年のリーマンショック直後は工場などに派遣する人材派遣会社からの問い合わせが激減したが，介護人材には未だ需要があることから，介護職へ派遣するJFCの割合が多くなっているという[16]。また，ある会社の人事担当者は，EPAで受け入れると制度に縛られてしまうため，JFCのような在留資格に就労の縛りのない人の受け入れが好ましいとまで語った。さらに，日系ブラジル人や日系フィリピン人などに比べ，JFC母子の場合，定住化傾向にあり離職率が低いため，介護施設などで喜ばれるという[17]。在日フィリピン人介護士研究会の調査によると，在日フィリピン人自身が介護労働に向かう動機として，日本におけるフィリピン人の社会的評価を上げるためであるという者が多数いたという（高畑 2010）。しかし，JFCにとっては，自ら職種を選択したというより，派遣会社もしくは仲介団体によって介護労働などの親密性の労働に従事するよう促されたといえる。

　エンターテイナーに関しては，在留資格「興行」の発行が厳粛化されて以来，慢性的に人手不足となっており，多くの「フィリピンパブ」が姿を消した。しかし，都市部の繁華街にはまだ生き残っているフィリピンパブがある。「興行」の在留資格で来日するフィリピン人女性が激減したため，現在こうしたパブやクラブで働くのは，日本人と結婚するなどして在留資格が安定している在日フィリピン人，偽装結婚など非合法的に来日したフィリピン人，そして2009年前後より来日したJFCの母親とJFC自身だと考えられる。

　ディナは，日本国籍をフィリピンで申請し，斡旋団体を介して来日した。最初はビジネスホテルなどの清掃業を行っていたが，6ヶ月ほどしてから，人材派遣会社に「お店」で働くようにいわれたという。いわゆるフィリピン

---

16) セブ市内にて2008年11月，筆者による聞き取りによる。
17) 東京都内にて2010年7月，筆者による聞き取りによる。

パブである。日本語はまだ片言で，とてもシャイな性格だったためディナは嫌がったが，借金の返済のためにはそこで働くしかないと強くいわれた。

親密性の労働に伴い生じる問題

　本節では，親密性の労働という概念から，1) 就労，2) 子どもの教育，3)「親密性への期待」という 3 つの問題を捉え，来日後に JFC が日常的に抱える問題を紐解いていきたい。

4-1．下層階級化する JFC 母子

　来日後，彼女／彼らが第一に直面する問題は，就労現場でのトラブルである。まずは，賃金に関して不透明な点が多い。給料の支払いや借金の返済期間などは人材派遣会社や斡旋団体によって様々である。介護施設に派遣されたベスは，最初の 3 ヶ月間，見習いとして働いていたため，その期間の時給は 450 円だったという。その 3 ヶ月は会社が用意した借り上げアパートの家賃 2 万円と介護施設で食べる 3 食分の食事代 1 万 5 千円しか払えなかった。その後，時給は 750 円に上がったが，残業をしてもタイムカードは無視され，1 日に 6 時間しか働いていない計算になっていた。日給にして 4,500 円で月に 20 日間働くことになっていたので，月給は約 9 万円，手取りは 7 万円〜8 万円だという。そこから，8 人で共同生活をするアパートの家賃と施設での食事代が引かれる。

　合田家の母親は，介護施設で契約社員として働いていた。時給は 900 円で，手取りにして月々約 14 万円の給料を得ている。これは日本人スタッフと同じ給与設定である。しかし，斡旋団体に返済しなければならない査証申請などにかかった手数料，フィリピンからの航空運賃 3 人分などが借金として毎月 2 万 5 千円ずつ引かれている。家賃は毎月 6 万円，光熱費や通信費を引くと残りは約 5〜6 万円である。また育ちざかりの 2 人の子どもの食費を考えると 3 人家族の家計は火の車であるが，それでも数カ月に一度はフィリ

ピンの家族へ送金している。賃金の問題だけではなく，合田家の母は，雇用主との間で生じる精神的苦痛についても話した。来日後，居住地や移転先などについて人材派遣会社からの監視が小まめに入るのだと言う。母親は，「全部知りたがるのに何も協力しない。全てコントロールされているし，いつも見られている感じがしてストレスが溜まる」と語った。フィリピンにある斡旋団体や日本の人材派遣会社がパスポートや在留資格，会社との契約情報，欠勤・遅刻数などありとあらゆる情報を管理している。

　清掃業に従事するハビエール家の現状はさらに厳しい。筆者が家庭訪問を行った際，母親に頼まれて日本語で書かれた給与明細を確認すると，「日当2,000円」と記されていた。母親は，温泉施設やビジネスホテルなどで毎日10時間勤務を強いられる。以前は日当3,500円だったが，雇用主は何の説明もなく給料を2,000円にさげたため，担当者に交渉したが，「うるさい」といわれ，取り合ってくれなかったのだという。挙げ句の果てに，担当者の男はそれまで清掃業をしていたハビエール家の当時18歳の娘をパブで働かせるといい出した。母親は，若い頃エンターテイナーとして日本に出稼ぎに来ていた経験から，「娘には夜の仕事をさせたくない」と会社に懇願したが，「借金を返すためにはこれしか手立てがない」といわれたという。さらに劣悪なのが，債務の全額がいくらなのか，毎月いくらずつ返済しているのか，という情報を知らされていないことだ。筆者がインタビューを行った当時，ハビエール家を始め，同じアパートに住んでいたJFCらは，まさに債務奴隷化していたのである。

　調査結果からは，このようなJFC母子と派遣会社や斡旋団体との不平等な関係が随所に垣間見られる。特に20歳前後の彼女／彼らは，フィリピンでも就労経験のない者も多く，労働者としての権利を知っているわけではない。ゆえに雇用者とのトラブルにうまく対処できないことが多々ある。例えば，有休休暇の取り方や，所得税や社会保険などについてなど，雇用者から説明を受けていなかったり，双方のコミュニケーションが不十分だったりで，理解できていないことが多い。インタビュー当時，ディナは日本の健康保険などの社会保険についての知識はほぼ皆無であり，派遣会社はディナらを社会保険に一切加入させていなかった。日本の人材派遣会社の狙いとしては，

第 II 部　親密性の労働の国際化の現状

社会保険支出などの必要経費を節約するために，JFC を連れてきたということだろう。

　また，日本の職場でのジェンダー役割に関する問題も生じている。ベスとエイジは同じ老人介護施設で働いていたことがある。施設のマネージャーは，エイジの母親とベスにホームヘルパー 2 級講座を受けるよう促した。2 人は自費で毎週日曜日にフィリピン語で受けられる講座に通った。月曜から土曜までは午前 6 時から午後 7 時半まで仕事をし，日曜日は資格取得のための研修や勉強と多忙な日々であった。資格を取得してからは週に 3 回夜勤が入った。一方，エイジは施設のキッチンを担当。3 食を厨房で準備し，利用者 1 人ずつに分けて配膳するのが主な仕事だ。ベスがちょうど講座に通い始めた頃，会社の会長がエイジと他の JFC の男性アルバイト計 3 人を夜間高校に通わせることにした。午前 5 時に出勤し，利用者のための朝食を作り，夕食を出し終わった後，午後 5 時頃帰宅し電車で高校へ通った。会長は，「彼らには日本語も学んでもらって，日本の高校を出て，今後本社でキャリアアップしていける人材になってほしいと思っている」という[18]。ベスは高校に行くエイジらをうらやましそうに，「私も高校の制服を着たい」といった。ベスとエイジの年齢はほぼ同じで，2 人ともフィリピンでハイスクールを卒業してから来日している。会社は，将来像まで見据え，一方は手に職をつけるために資格取得を，他方にはキャリアアップできるよう学歴を，と明らかにジェンダーによる資源配分をしていると分析できる。

　ボリスとパレーニャスは，親密性の労働と呼ばれる様々な仕事に共通しているのは，「下層階級または人種的部外者（外国人）によって行われるべき非市場活動もしくは経済的に低価値として考えられている」点であると主張する（Boris and Parreñas 2010, 2）。これらの労働に対し，低賃金しか支払われないのは，親密性の労働がもともと家庭内で，無償で行われるべきであると考えられているからである。言語面での困難や若年であることによる情報と経験の欠如という弱点につけこみ，斡旋団体や人材派遣会社は JFC を安価な労働力として雇用している。日本国籍を保持しているとしても，日本社会に

18）東京都内にて 2012 年 9 月，筆者による聞き取りによる。

第6章　親密性の労働を担う「JFC」

おいて JFC は「人種的部外者」とみなされているのである。

4-2. 教育による社会上昇への弊害

　次に，JFC の子どもや若者の教育について考えたい。日本で教育を受ける
ことが母親もしくは JFC 自身の来日動機となっていると前述したが，来日
後の現状は想像以上に厳しい。これまで親密性の労働の議論の中では，女性
の労働に注目が集まってきたが，彼女たちの子どもの教育，養育，さらに家
族関係についても深く検討していく必要がある。ここでは，子どもの来日し
た学年が異なる 3 つの事例を取り上げ，教育の問題を掘り下げていく。

　1) 幼児期に来日し，日本の小学校に通っている石井家の娘

　石井家の長女は，5 歳で来日し，日本の幼稚園に 2 年通い，調査当時小学
校 1 年生であった。ひらがな，カタカナは書けるようになり，母の母語であ
るタガログ語よりも日常的に日本語を話すようになっていた。しかし，2 学
期の面談時に担任の先生から，「言語面で混乱しており発話が苦手だ」とい
われた。また「このままクラスについていけない場合は特別学級で勉強する
ことも考えたほうが良い」ともいわれたそうだ。母親にとっては思いがけな
い報告だった。いつしか娘はタガログ語を忘れ，その分母親よりも日本語が
上手になっているのだと思っていたからだ。

　2) 小学校高学年と中学生になってから来日した合田家の息子と娘

　合田家は，子どもたちの教育を一番に考え来日した。長男 15 歳，長女 11
歳であった。来日後，子どもたちは派遣会社の近くの公立小学校・中学校に
短期間入学し，日本語教室での最低限の初期日本語教育を受けた。その 2 カ
月後，家族は別の市にある介護施設に派遣されることになったため，転校を
余儀なくされた。年齢どおりに長男は中学校に，長女は小学校に通うことに
なった。しかし，来日から 1 年半が経ったが，2 人とも日本語での授業につ
いていくことは困難で，特に中学 2 年生に転入した兄は全く授業についてい
くことができなかった。フィリピンでは成績優秀で，医者になりたいという
夢を持っていたが，結局日本では高校にも進学することができなかった。中
学校の先生とハローワークの支援を受け，中学卒業後，電気工として働くこ

181

とになる。しかし，日本語が十分にできないことから「正社員として雇用することはできない」といわれたため，その会社は数カ月で辞めてしまった。その後，派遣社員として自動車やソーラーパネルなどの工場を転々としている。長女もフィリピンでは平均以上の成績を保っていたというが，日本では問題文が読めないまま期末テストを受け，全教科赤点だったという。長女はすでに高校進学を諦めており，「母の助けになりたい」と中学卒業後はアルバイトをするといっている。「子どもたちに教育を受けさせたい」と願って来日を決意した母親の希望とは裏腹に，子どもたちは共に中学卒業後，就労の道しかなかった。

3）フィリピンのハイスクール卒業後，来日する若者

働いていた会社の社長の支援を受け，エイジは日本語を勉強するため定時制高校へ通っていた。しかし受け入れ先の高校は職場から電車で1時間以上離れたところに位置し，終業後に登校するのは体力的に厳しく，1年も経たないうちに通学を辞めてしまった。ディナやフミオも，大学に行きたいと思っているが，日本の高校を卒業していない場合，大学受験をすることは制度上，不可能に等しい。なぜならフィリピンのハイスクール卒業資格は日本の高校卒業資格に相当せず，年齢を超えていても2年間は日本の高等学校教育を受けなければならないからだ。15歳以上で来日し，日本語を母語としないJFCには，日本の教育を受ける機会がほとんど閉ざされている。日本語を学習する場すらほとんどないのが現状だ。また現在の就労状態では，学費を貯めることもできないという経済的な問題もある。受験勉強をする時間的な余裕もない。さらに，日本国籍を有しているJFCは外国籍学生が応募できる留学生のための奨学金には申請できない[19]。

このように，どの年齢で来日しても言語と文化的差異，さらに制度上の「ずれ」から子どもたちが不利益を被ることになる。日本でも外国人集住地域では，行政やNGO，ボランティアによって開かれる日本語教室などの数は増えてきているが，全国的にそのノウハウは蓄積されておらず，包括的な支援対策がなされていない。高校入試制度も各都道府県の裁量に任せられており，

19）日本では，日本学生支援機構などが出しているいわゆる「奨学金」は返済義務が課されているが，フィリピンで「奨学金（= scholarship）」と言った場合，ほとんどが給付型である。

対応は大きく異なる（田巻 2012）。教育の現場ではトラブルが絶えず，また子どもたちの低学歴化や不就学が問題となったまま放置されており，結果的に彼女／彼らが教育を十分に受けられないまま単純労働者／非正規労働者として雇用されていくサイクルを止められないでいる。

　JFC は日本で居住する権利を保持しながら，また日本国籍を有しながら，教育の機会の平等が与えられていない。JFC の来日というのは，子どもの国籍ありきの移動であり，母親はその養育者として在留が認められ，就労している。まずは子どもたちの教育へのアクセスの壁を低くするための制度的なサポート体制の構築が急務だろう。

4–3. 親密性への期待

　フィリピン人移民の研究ではこれまで，越境家族に関しても重要な視点が提示されてきた。越境家族とは，「家族の成員が国境を越えて複数の場所に分散して暮らし，複数の国に跨がる親族ネットワークと情報通信手段を駆使して，社会的・情緒的・経済的に繋がる一単位として」トランスナショナルに維持される家族のことである（関口 2008: 77）。越境家族に関する研究は，人の移動が移民個人の変容に留まらず，移民の家族にも大きな影響を与えており，さらには出身国の家族概念をも変えてしまう可能性があることを知らしめた。

　さて，本章においても，家族という単位にも注目し，彼女／彼らの親，特に母親・子ども関係，そしてフィリピンの家族との繋がりについても検討する必要があろう。日本の入管法の制度上，JFC の母親は養育者として位置づけられている。したがって就学年齢の子どもはフィリピン国籍の母親とともに来日できる。その仕組みを利用して斡旋団体らも，母子を「パッケージ化」しているのだが，現在の日本では一般的に，一人親家庭で子育てをしながら母親がフルタイムで働くというのは容易なことではない。こうした母親らが抱える葛藤と苦悩は，上述の就労先や教育での問題以外に，日本とフィリピンの双方の社会から母親たちに寄せられる「親密性の期待」からくると仮定し，事例に従い以下に論述していく。

第II部　親密性の労働の国際化の現状

　石井家の母は，エンターテイナーとして来日していた時に客として知り合った男性と交際していた。妊娠していることがわかり，男性に「結婚してほしい，少なくとも生まれてくる赤ちゃんを認知してやってほしい」と訴えたが相手に拒否された。仕方なくフィリピンに帰国して出産することになった。子どもを出産してからも，家族の生計を支えるために子どもを自分の親に預けて何度かエンターテイナーとして日本に出稼ぎにきていた。しかし，2005年前後より在留資格「興行」の発行が厳粛化されたことに伴い，「タレント」としての入国ができなくなってしまった。今度は斡旋団体に登録し，「日本国籍の申請のため」という理由で当時5歳の娘と2人で来日した。日本の派遣会社は，彼女が着いた翌日からフィリピンパブで働かせた。学校へ行く娘と共に朝7時に起き，娘を送り出してから家事をする。日中に時間があれば昼寝をし，夕方には仕事の支度をする。3時頃に娘を出迎え，夜6時頃に家の前に迎えにくるバンに乗り込み出勤。通常，午前3時に退勤，午前4時に帰宅する。母親が勤務中，娘は近くに住んでいるフィリピン人の家に預けられるか，ひとりでDVDなどを見ながら過ごしているという。幼い子どもを育てながら昼夜逆転した生活を送っている。28歳の若い母親は，以下のように述べる：

　　ひとりで（日本に）来ていた時は楽だった。自分のことだけをしていれば良かったから。今は娘の面倒を全部見ないといけない。2倍大変。娘の成長を見るのは嬉しいけど，ずっと2人だと疲れてしまう時もあるわ。フィリピンでは私の母親やきょうだいが色々助けてくれるでしょ。一緒に娘を育てているの。ここではひとりだからね。

　この母親としての負担は，日本とフィリピン双方の社会から彼女たちに向けられる「親密性の期待」に起因するのではないか。ここで，親密性の期待とは，血縁や地縁関係を根拠とし，親密でなくてはならない関係を周囲から押しつけられている状態を指すとしよう。フィリピンの家族においては，「女性が感情的なニーズと家族構成員の期待を請け負うべきである」というイデオロギーが存在する（Medina 2001）。近年の移民労働の女性化も，出稼ぎをして送金し，「よりよい生活や教育を子どもにさせなければならない」とい

184

第6章　親密性の労働を担う「JFC」

う思いに動機づけられている。筆者がインタビューしたJFCらも、低賃金で自分たちの生活に精一杯であるにも関わらず、それでもフィリピンの家族に送金をしている。送金には、どんなに距離的に離れていても、「家族だから期待に応えなければならない」という切迫感がある。

　次に合田家の事例を見ていこう。母子が来日して1年あまりが経った頃、フィリピンに残していた母の母の様態が悪化し、亡くなった。日本での生活もまだ安定しておらず、仲介団体への借金返済中であり、貯金もほとんどなかったが、人材派遣会社に給料を前借りして葬式に参列するため家族3人で帰国した。葬式にかかった費用のほとんどは、一家の長女である母親が負担した。これは彼女の長女としての役割であり、親族の中で唯一の海外出稼ぎ者としての責務であった。1週間の滞在後、再来日するがショックが治まらず、また前借りしていた給料の返済というプレッシャーに押しつぶされそうになったという。家族や親戚という血縁の親密性を証明することを期待され、彼女は経済的な稼ぎ頭として身を粉にして働きながら送金をする。日本の老人介護施設で働く合田さんは、職場で高齢者に話しかけることで「天国にいる母親と話しているようだ」といいながら、時に「おばあちゃんたちと神様の話をしながら一緒に泣いて」擬似的家族を演じているという。

　海外フィリピン人労働者は、フィリピン側の家族への経済的な支援の一方で、感情的なニーズにも応じなければならない（Parreñas 2001, 144）。パレーニャス（2005）は、海外で働く家事労働者について調査し、移住労働により子どもと距離があっても、フィリピンに残してきた子どもへの1)「モラルケア」、2)「感情的ケア」、3)「物質的ケア」といったトランスナショナルな母親業を維持していると論じる。かろうじて送金やプレゼントなど物質的なケアをすることによってモラルや感情的ケアを補おうとするも、母子の精神的な溝はなおも深まり、家族再統合が遅れるほど家族の問題は深刻化すると指摘している。ヨーとラン（2006）は、親に置き去りにされ、本国で過ごした経験のある子どもたちと、親とともに移住した子どもたち両者への量的調査から、子育てや教育戦略など、子どもに及ぼす影響を分析した。女性の移動労働の長期化は子どもたちに悪影響を与えかねないと述べる。

　一方で、他のアジア諸国に出稼ぎに行くフィリピン人家事労働者とは違い、

185

第 II 部　親密性の労働の国際化の現状

JFC の母親は，母親が養育者として子どもとともに来日する。しかし，フィリピンにいた頃の家族構成とは激変するため，母子ともにそれに適応する必要がある。フィリピンにいる時は，シングルマザーの一人親家庭だったとしても祖父母や母方の親戚などと日常的な関わりあいをもっていることが多い。一つ屋根の下に複数の世帯が共同生活していたり，母親以外が子守りをしたり，家事の分担をしたりすることはよくある。だが，来日すると完全なる母子世帯の核家族となる。つまり，フィリピンでは，感情的ケア，モラルのケアなどの「母親業」も母親一人ではなく，他の家族構成員と分散していたが，日本での状況は異なるのだ。

　また，子育てに関わる構成員の問題だけではない。彼女たちは日本社会の中において，日本的な親密性をもつことも期待されている。落合は，東アジアにおいて「良妻賢母」という女性像が，歴史に沿って変化しながらも構築されてきたと論じた（落合 2012: 10–14）。日本に住むフィリピン人女性らにもこの日本の伝統的な価値観が押しつけられていると考えられる。

　筆者が教育現場での参与観察で目にした例をあげると，「小学校では，ほぼ毎日連絡帳に親のコメントを書かなければならない」，「仕事で疲れていても母親が子どもの宿題を見るのが当たり前」，「遠足の日は何種類かのおかずの入った色とりどりの弁当を持たせる」，「子どもが風邪で休むことになれば母親も仕事を休むべきだ」，「休みや遅刻の際には必ず朝のうちに学校に電話を入れる」，など小学校の先生から母親に対する細やかな「指導」が入る。言い換えれば，日本には周囲から強要される「母親だから」しなければならない仕事がたくさんある。さらに，「同じ学校に子どもを通わせる親同士は仲良くし助け合うべきだ」，「親は学校を信頼し，学校と良い関係を築く努力をすべきだ」といった，血縁の親密性だけではなく，地縁や「学縁」といえるような親密性を期待されることもある。

　JFC の母親は，こうした日本とフィリピン双方の社会からかけられる親密性の期待に板挟みになっているのである。ただし，母親たちがこれらの押しつけられる期待のすべてを深刻に捉えているか否かは別の話である。この 2つの社会からの親密性の期待は，移住年数や経験，状況によって，どちらの規範にどれくらいの比重で従うかは個々人が選択するのである。例えば，フィ

186

リピンからの期待には応えようと送金のため身を粉にして働くが，日本の学校などからの期待に関しては適当にあしらうという場合もあるだろう。いずれにせよ，「親密にならなければならない」というプレッシャーを感じる場面が日常にいくつもあり，そこに葛藤を抱えることになる。

おわりに

　本章は，日本において新たな移動者としてのJFCの移動の制度論を解説し，移動後に起こる問題を親密性の労働という概念から検討してきた。親密性の労働がアジア女性の労働移動と深く関連していることは先行研究から明らかになったが，JFCの事例は，アジア女性らの子ども世代もまた同じように移動し，就労に向かっているという点で，注目に値する。これまで，JFCの問題の解明は，日本人との親子関係を問い，血縁や日本におけるエスニシティを追究していく作業であった。しかし，親密性の労働という概念と合わせて考えることにより，これまでの再生産の問題からは別の視点から検討していくことを試みた。

　本章で明らかになったことは，日本国籍や在留資格があり，日本とフィリピンの間を自由に移動できるJFCでも，日本での人的ネットワークや就労に関する情報に欠くことが多く，仲介団体の支援に頼らざるを得ない。斡旋業者が介入する場合は，多額の債務を背負い，職業選択の自由も制限されている。さらに，来日後に彼女／彼らが抱える問題群は，就労，教育，親密性の期待などがある。就労上の問題は，多額の債務，低賃金，職場スタッフとの人間関係，人材派遣会社からの管理などがあげられる。親密性の労働は身体が消費される労働であるが，多くの場合，経済的価値の低い労働と見なされていることに問題点がある。子どもの教育に関しては，どの年齢で来日しても，言語，文化そして教育制度の違いから子どもへの負担が大きいことが事例からわかった。親密性の労働を検討するには，親子の親密性についても言及していく必要があろう。さらに，母親らは，フィリピンと日本の双方の社会における「親密性の期待」を押しつけられている。血縁に由来する人種

第 II 部　親密性の労働の国際化の現状

の概念だけでは見えづらくなっていた点が，親密性という概念を使うことによって新たな示唆が加えられた。JFC およびその母親が就労の現場で目の当たりにするトラブルは，ジェンダー，エスニシティ，階層などの不平等のうえに成り立っているのである。

　最後に繰り返しになるが，親密性の労働を担う彼女／彼らを，単なる労働者としてではなく，家族をもつ市民として受け入れることを念頭に置くべきだ。JFC 支援のノウハウをもつ日本とフィリピンの両方の NGO と，行政との連携が必要だろう。特に，子どもの教育に関しては課題が多い。文部科学省発行の「日本語指導が必要な児童生徒の受入状況等に関する調査」によるとフィリピン語を母語とする児童の数は年々増加傾向にある（文部科学省 2015）。どの年齢で来日しても教育の制度的壁，文化面での差に不利を被る子どもたちへの教育支援と，外国人女性として様々な差別を経験する母親たちへの経済的・精神的支援，そして自立のための就労支援のためには，教育現場，行政，研究者などが協力し，解を導き出していくことが不可欠である。

・参考文献・

Abello, Manolo 2004. "Cooperation in Managing Labour Migration in a Globalizing World." Reference Paper for Special Session, 107–121.

Asian and Pacific Development Centre 1989. *The Trade in Domestic Helpers: Causes, Mechanisms and Consequences*. Kuala Lumpur: Asian and Pacific Development Centre.

Asian Migrant Wokers Centre 1991. *Foreign Domestic Workers in Hong Kong: A Report of a Baseline Study Undertaken in 1989*. Kowloon, Hong Kong: Asian Migrant Workers Centre.

Ballescas, Maria R. P. 1992. *Filipino Entertainers in Japan*. Quezon City: Foundation for Nationalist Studies.

Boris, Eileen and Parreñas, Rhacel Salazar eds. 2010. *Intimate Labor: Cultures, Technologies, and the Politics of Care*. Stanford: Stanford University Press.

Constable, Nicole 1997. *Maid to Order in Hong Kong: Stories of Filipina Workers*. Ithaca, NY: Cornell University Press.

Cornelius, Wayne A. 1994. "Japan: The Illusion of Immigration Control." In *Controlling Immigration: A Global Perspective*, edited by Wayne A. Cornelius, James H. Hollifield and Philip L. Martin, 375–410. California: Stanford University Press.

de Dios, Aurora Javate. 1989. "Filipinas as Commodities: the Plight of the Japayukisan." In

Trade in Domestic Helpers: Causes, Mechanisms and Consequences, by Asian and Pacific Development Centre, 139–152. Kuala Lumpur: Asian and Pacific Development Centre.

——— 1992. "Japayuki-san: Filipinas at Risk." *Filipino Women Overseas Contract Workers: At What Cost?* Goodwill Trading Co., 39–58.

Faier, Lieba 2009. *Intimate Encounters: Filipina Women and the Remaking of Rural Japan*. California: California Press.

Glenn, Evelyn Nakano 1992. "From Servitude to Service Work: The Historical Continuities of Women's Paid and Unpaid Reproductive Labor." *Signs* 18 (1): 1–44.

——— 2001. "Gender, Race Reproductive Labor." In *Critical Study of Work: Labor, Technology, and Global Production*, by Rick Baldoz, Charles Koeber and Philip Kraft, 80–91. Philadelphia: Temple University Press.

原めぐみ 2011.「越境する若者たち，望郷する若者たち ── 新日系フィリピン人の生活史からの考察」『グローバル人間学紀要』4: 4–25.

Huang, Shirlena, Brenda S. A. Yeoh, and Noor Abdul Rahman 1994. *The Trade in Domestic Workers: Causes, Mechanisms and Consequences of International Migration*. Vol. I. Kuala Lumpur, Malaysia, London: Asian and Pacific Development Centre; Zed Books.

——— 2005. *Asian Women as Transnational Domestic Workers*. Singapore: Marchall Cavemdish Academic.

伊藤るり 1996.「もう一つの国際労働力移動 ── 再生産労働の超国境的移転と日本の女性移住者」『講座外国人定住問題 第 1 巻 ── 日本社会と移民』伊豫谷登士翁，杉原達編，241–271. 明石書店 .

伊藤里枝子 2009.「国籍法改正 ── 子どもたちのたたかいが実って」『部落解放』614: 82–85.

JFC ネットワーク 2014.『2013 年度パルシステム東京市民活動助成調査報告書（改訂版）：改正国籍法施行以後のジャパニーズ・フィリピノ・チルドレンの来日と就労の課題』.

梶田孝道，丹野清人，樋口直人 2005.『顔の見えない定住化』名古屋大学出版会 .

Lan, Pei-Chia 2006. *Global Cinderellas: Migrant Domestics and Newly Rich Employers in Taiwan*. Durhan, NC: Duke University.

Medina, Belen T. G. 2001. *The Filipino Family*. Second Edition. Quezon City: The University of the Philippines Press.

Nuqui Carmelita 2008. "International Migration, Citizenship, Identities and Cultures: Japanese-Filipino Children (JFC) in the Philippines." *Gender, Technology and Development*. 12 (3): 483–507.

落合恵美子 2012.「親密性の労働とアジア女性の構築」『アジア女性と親密性の労働』，落合恵美子・赤枝香奈子編，1–34. 京都大学学術出版会 .

Ogawa, Reiko 2012. "Globalization of Care and the Context of Reception of Southeast Asian Care Workers in Japan." *Southeast Asian Studies*. 49(4): 570–593.

第 II 部　親密性の労働の国際化の現状

Ohno, Shun 2012. "Southeast Asian Nurses and Caregiving Workers Transcending the National Boundaries: An Overview of Indonesian and Filipino Workers in Japan and Abroad." *Southeast Asian Studies*. 49(4): 541-569.

Oishi, Nana 2005. *Women in Motion*. Stanford: Stanford University Press.

Parreñas, Rhacel S. 2001. *Servants of Globalization: Women, Migration, and Domestic Work*. Stanford: Stanford University Press.

―――― 2005. *Children of Global Migration: Transnational Families and Gendered Woes*. Stanford University Press.

Romero, Mary 2002. *Maid in the U.S.A*. New York: Routledge.

Sassen, Saskia 1984. "Notes on the Incorporation of Third World Women into Wage Labor through Immigration and Offshore Production." *International Migration Review*. 18(4): 1144-1167.

関口知子 2008.「越境家族の子どもたち ―― 新移住者第二世代の言語とアイデンティティ」『南山短期大学紀要』(36) : 75-101.

鈴木伸枝 1998.「首都圏在住フィリピン人既婚女性に関する一考察 ―― 表象と主体性構築過程の超国民論からの分析」『ジェンダー研究 (お茶の水女子大学ジェンダー研究センター年報)』1 (18) : 97-112.

―――― 2009.「フィリピン人の移動・ケア労働・アイデンティティ ―― 移動労働政策・ジェンダー化・自己実現のはざまで」『立命館言語文化研究』20 (4) : 3-17.

Suzuki, Nobue 2010. "Outlawed Children: Japanese Filipino Children, Legal Defiance and Ambivalent Citizenships." *Pacific Affairs*. 31-50.

高畑幸 2003.「国際結婚と家族 ―― 在日フィリピン人による出産と子育ての相互扶助」石井由香編『講座・移民問題第 5 巻 ―― 移民の移住と生活』明石書店. 255-292.

―――― 2009.「在日フィリピン人の介護人材育成 ―― 教育を担う人材派遣会社」『現代社会』広島国際学院大学現代社会学部. 10: 85-100.

―――― 2010.「在日フィリピン人の介護労働参入 ―― 資格取得の動機と職場での人間関係を中心に」『フォーラム現代社会学』9: 20-30.

―――― 2011.「在日フィリピン人社会の現状分析 ―― 第一世代の加齢・高齢化と新日系人の流入を中心に」『部落解放研究』広島部落解放研究所, 17: 67-83.

Takahata, Sachi 2016. "Can Certified Care Workers Become Long-term Settlers?: Case Study of 49 Filipinos under the Japan-Philippines Economic Partnership Agreement." *International Journal of Japanese Sociology*. 25: 27-39.

Takeda, Jo 2008. *Behind the Drama of Filipino Entertainers in Japan*. Quezon City: Batis Center for Women.

田巻松雄 2012.「外国人生徒の高校進学問題 ―― 入試配慮に焦点を当てて」『理論と動態』(5) : 79-93.

Truong, Thanh-Dan 1996. "Gender, International Migration and Social Reproduction: Implications for Theory, Policy, Research and Networking." *Asian and Pacific Migration Journal*. 27–52.

Tsuda, Takeyuki, ed. 2009. *Diasporic Homecoming: Ethnic Return Migration in Comparative Perspective*. California: Stanford University.

上野加代子 2011.『国境を越えるアジアの家事労働者』世界思想社.

Yeoh, Brenda, and Lam, Theodora 2006. *The Costs of (Im)mobility: Children Left Behind and Children who Migrate with a Parent*. UNESCAP.

在日フィリピン人介護者研究会 2010.『2008 在日フィリピン人介護者調査報告書』在日フィリピン人介護者研究会.

政府統計資料等

Commission on Filipinos Overseas 2008. *Statistical Profile of Spouses and Other Partners of Foreign Nationals*. Office of the President of the Philippines, Commission of Filipino Overseases.

文部科学省 2015.『日本語指導が必要な児童生徒受入状況等に関する調査（平成 26 年度）』. http://www.mext.go.jp/b_menu/toukei/chousa01/nihongo/1266536.htm［アクセス日：2015 年 6 月 1 日］.

厚生労働省 2015a.「夫妻の国籍別にみた年次別婚姻件数及び百分率」『平成 26 年人口動態調査』.

———— 2015b.「父母の国籍別にみた年次別出生数及び百分率」『平成 26 年人口動態調査』.

法務局 2012.『改正国籍法に伴う国籍取得届の状況（平成 21 年 1 月 1 日施行）』http://www.moj.go.jp/MINJI/MINJI41/minji174.html［アクセス日：2012 年 7 月 1 日］.

———— 2016.『改正国籍法に伴う国籍取得届の状況（平成 23 年から平成 27 年まで）』http://www.moj.go.jp/MINJI/MINJI41/minji174.html［アクセス日：2016 年 2 月 20 日］.

第**7**章

セーフティネットとしての故郷

—— 非都市部に生きるマレーシア華人
家族の再生産労働と生存戦略

櫻田涼子

母性愛の欠如? —— 女性の就労と再生産労働の空間的分離の検討

〈豊かな華人〉と〈貧しいマレー人〉というマレーシアで広く流布するイメージ, あるいは事実としての社会構造は, いつ頃どのような経緯で生成されたのだろうか。「マレーシア華人は都市部に居住し国内経済を牛耳っている」という言説は, マレーシアの内外を問わず頻繁に耳にする華人イメージのひとつのバリエーションである。しかし, 当然のことではあるが, そうではない現実を生きるマレーシア華人も決して少なくない。実際, これまで筆者が人類学的調査を行ってきたマレーシアの非都市部A町の住宅団地に暮らす華人のなかには, 商業に従事する者もいれば, 農業, ゴム液採取などの肉体労働, 工場労働などに従事する者, あるいは公務員として働く者もいる。その一方で, 多くの若者は就労先が少ないこの町に見切りを付けて, クアラルンプールやシンガポールなどの周辺都市で働くことを選択する。それは既婚女性においても例外ではなく, 彼女たちの多くが出産後も子どもを故郷A町に残る家族や親族などに預け, 都市部での賃金労働に従事する二重生活を継続する。つまり, 故郷は次世代を担う成員を生み育てる再生産労働の社会空間であり, 都市は世帯維持に必要な賃金労働を可能とする経済空間として位置付けられ, 二つの空間は相互依存的な関係にあるといえる。

独立以後, 農業から工業への経済構造の転換を目指す中で, マレーシア政

第 II 部　親密性の労働の国際化の現状

府は工業化するマレーシアを担う熟練労働力の育成には教育が不可欠である
とし，「1961 年教育法（Education Act of 1961）」によって 15 歳までのマレー
語を教授用語とする学校教育の無償化を制定した。今日，マレーシアの初婚
年齢は 1970 年の 23.8 歳から 2000 年には 26.9 歳へと上昇し（DSM 1970;
2000），教育レベルの引き上げによって女性のフォーマルセクターの就業率
も上昇している。マーブルとアブドゥラはマレー半島部における母親のワー
ク・ファミリー・コンフリクトの研究において，マレー人やインド人と比べ
フォーマルセクターでの就労率が高い華人女性ほど役割間葛藤を抱えてい
る[1]と指摘する。女性が就労することで，妻であり母であるといった女性の
役割の複数性に矛盾と葛藤が生じるとみなす視座からすれば，故郷と都市に
それぞれ子どもの養育と賃金労働という女性の労働を配置して成り立つ A
町の華人家族の世帯維持のありかたから，〈役割間葛藤を抱える母親〉と〈引
き裂かれた家族〉という悲壮なイメージが喚起されるかもしれない。しかし
ながら，若い母親は故郷に残した子どもたちの存在に後ろ髪を引かれながら
も，時に嬉々として華やかな都市へ戻っていくのである。また，子どもを預
かる祖母やオバたちも子どもを故郷に残して都市へ向かう娘や嫁を「無責任
である」とか「子どもが愛情不足になる」といったネガティブな言葉で断じ
ることは稀である。

　本章は，女性の就労と再生産労働の空間的分離は女性の役割間葛藤をもた
らす社会問題であるとみなす視点からはこぼれ落ちてしまうもの，つまりこ
の実践によって成り立つ生活世界の実際を描出することを目指し，非都市部
（故郷）と都市部（就労先）の頻繁な往来によって再生産労働と賃金労働を両
立させる華人女性の諸実践に焦点をあて，二つの場所をつなぐ移動こそが彼
女たちの生活を維持する上で不可欠な生存戦略となっている点を指摘し，
セーフティネットとしての故郷を検討する。

---

1)　マーブルとアブドゥラによると，子どもがいる華人女性の 56.3％が，仕事と家庭を両立する
　　上で何らかの葛藤を感じている一方で，マレー人やインド系マレーシア人については 40％以下
　　だという（Mahpul and Abdullah 2011: 156）。

第 7 章　セーフティネットとしての故郷

① 移民社会マレーシアにおける華人という アンビバレントな存在

　マレーシア華人をめぐる〈国内経済を牛耳る豊かな人びと〉といった社会経済的強者としてのエスニック・イメージと，憲法に裏書きされた〈マイノリティ〉という社会的立場は，どのような経緯で生成されたのだろうか。

　マレーシアは 70 以上の民族集団から構成される多民族国家であるが，主にマレー人と先住民を含むブミプトラ（Bumiputera），華人（Chinese），インド人（Indians），外国人を含むその他の集団（Others）から構成される。2010 年の総人口は約 2830 万人で，最大の民族集団ブミプトラの人口構成率は60.3 ％，華人は 22.9 ％，インド人は 6.8 ％と続く。外国人を含むその他の人口割合は 10 ％で，1970 年には 1.5 ％だったが，1990 年以降は外国人労働者の流入によってその割合が急増していることがわかる（DSM 1970; 1990; 2010）。

　それぞれの民族集団は文化的，社会的に高い自立性と独自性を維持しているとされるが，政治学者の金子芳樹はその背景を次のように説明する。マレーシアの各民族集団は，①文化や社会構造を再生産できるだけの人口規模を持ち，②宗教，言語が各民族集団で異なるため民族集団の境界が明確であり，③宗教的理由から集団間の通婚が進まず自然同化の進度が極めて鈍く，新規移民の参入が途絶えた後も集団ごとの輪郭が明確に保持されてきた（金子2001: 4）。この民族集団ごとの明確な境界は，国民統合に向けて解消すべき政治的争点だったが，一方で集団を維持する上で重要な生命線でもあった。

　本節では，イギリス植民地期における労働力の大量移入によって形成されたエスノクラシーについて言及した上で，独立後の近代化の過程で最重要課題となっていく民族問題の解消がマレーシア近代化政策とどのように結節し展開されたのか，また結果としてどのような社会経済的変化が生じたかについて論じる。また，他民族集団との相互関係から構築されたマレーシア華人のエスニック・イメージの一端を明らかにし，政治的に措定されたマイノリティとしての華人が国家のケアの網からこぼれ落ちていく諸相を描出したい。

195

第 II 部　親密性の労働の国際化の現状

1-1. ケアの網からこぼれ落ちるもの，それを受け止める伝統的相互扶助組織

　マレーシアでは，イギリス植民地期に南インドと中国華南地域由来の労働力を基盤とするプランテーション経営が広く行われ，ゴムと錫の輸出に極端に依存した植民地型モノカルチャー経済を発展させてきた。しかし，外部から移入した労働力を国内各地に偏在させ植民地経済を成立させる構造は，それまでの社会とは断絶した移民社会をその内に発生させることとなり，その結果，独自性の高い民族集団によって構成される「複合社会」(Furnivall 1948)[2]を形成することとなった。

　当時，それぞれの民族集団は従事する職業に応じて居住地域が偏る傾向にあった。例えば，中国人はマレー半島西海岸に集中する錫鉱山周辺や都市部の商業地区に集住し，インド人の多くはマレー半島のゴムプランテーションに集住した。一方，もともと人口が希薄だったマレー半島に突如として急増した労働人口への食料供給を目的とし，マレー人はイギリス植民地政府によって，半島北部で稲作農業に従事することが奨励された。このようにして，〈都市部に居住し商業に従事する中国人〉と〈農村地域に暮らす貧しいマレー人〉という社会経済構造と民族イメージが次第に強化されるようになる。事実，1970 年当時はマレー人の 69％が農業に従事し，一方の華人は経営・管理職の 66％，販売業の 65％を占めていた（吉村 1998: 29）。1957 年のイギリスによる統治からの独立に際して目指されたのは，このいびつな民族間関係の是正と，一次産業を中心とする経済構造を転換し工業化政策を推進することであった。

　しかしながら，この構造は独立以後も残存し，民族間の経済格差は折にふれ顕在化する政治課題となる。民族間関係の軋轢が顕著となった出来事のひとつが，マレー人と華人の間に存在する根深い不満が爆発した 1969 年 5 月 13 日の「民族暴動 (racial riots)」事件である。さらなる民族間関係の悪化を憂慮した政府は，劣位に置かれたマレー人の社会経済的地位の引き上げと民

---

2)　ファーニバルは，東南アジアの多民族国家では民族集団ごとの分業体制が見られ，それぞれの集団が社会的に断絶し「人種に基づいた分業体制が存在する」(Furnivall 1948: 304) ことを指摘している。

族間関係の改善を目的とした「新経済政策（New Economic Policy: 以下，NEP）[3]」を 1971-1990 年期に実行し，経済格差の是正という名目でマレー人の経済的地位の向上が政策的に目指されることになった。

このようにして，国民は憲法によって先住民である「マレー人（Malays）」と，移民およびその子孫からなる「非マレー系住民（Non-Malays）」とに分類され，この民族分類にもとづき先住民であるマレー人に対する諸権利の特権的付与と優遇措置が NEP によって保障された。つまり，NEP はマイノリティ的なコンプレックスを持つ多数派集団のマレー人の保護[4]を第一の目的とし，「均質一体の国民」という普遍的な理念を二の次とする，憲法に裏書きされた「二種類の国民」の制度化とそれを前提とした社会システムの構築を目指す政策であった。このようにみてくると，華人はマレーシア国内では人口構成的にはマイノリティであったが，マジョリティであるマレー人からは〈不当に富を享受してきた人びと〉とみなされ，独立以降は国家による福祉的保護政策の恩恵享受が後回しにされてきたといえる。NEP におけるブミプトラへの優遇措置は，例えば教育において顕著にみられる。国策としてのエリート養成機関である全寮制中等学校は，ブミプトラにのみ門戸が開かれていることがほとんどである。このような全寮制中等学校は，通常の中等学校と比べるとおよそ 2〜3 倍の予算が割り当てられることもあり，国営企業（エネルギー企業であるペトロナスやテナガ・ナショナルなど）の奨学金制度を利用することも可能である。しかしこのような手厚い経済的サポートは，イ

---

3) NEP はブミプトラ政策（Bumiputera Policy）とも呼ばれ，マレー人を含む先住民の社会経済的状況の改善を目標に据えた経済政策であった。この経済政策は 1971 年から 1990 年を計画期間とし，その後は，1991-2000 年の国家開発政策（National Development Policy: NDP），2001-2010 年の国家展望政策（National Vision Policy: NVP）へと受け継がれている。NEP で実施された経済政策の要点は主に次の三点に集約できる。第一に，植民地期に作り出された第一次産業中心の経済構造を工業製品輸出型経済に転換し，安定的経済発展を目指すという点，第二に，これまで農業に従事していたマレー人を政策的に都市部に人口転移させ，非農業セクターに就業させるという点，第三に就労構造のドラスティックな転換に伴って生じた人口変動，特に都市への人口集中に対応するための住宅供給を実現することが目指されたという点である。

4) 金子は，マレーシア元首相のマハティール氏が著書『マレー・ジレンマ』の中でマレー人を「遺伝的，環境的要因から能力が相対的に劣位にある」とみなしていたことを指摘した上で，マレー人を，中印両文明を背景に持つ少数派のエスニック集団から差別的に保護する必要があると考えていたことを指摘する（金子 2001: 5）。

第 II 部　親密性の労働の国際化の現状

ンド人や華人は受けられないことも多い。

　しかし，政府によるケアの不足は，伝統的巧知によってうまく補われてきた。例えば，移民初期の華人社会では，居住地の統治機構による保護は期待できない状態から生活が開始されたため，同郷団体や宗親会などの相互扶助組織が数多く組織され，学校教育や医療，福祉などの各種サービスを自律的に供給する仕組みを構築してきた。現在でも，同郷団体や寺廟の信者によって組織される委員会の成員子弟に奨学金を給付する仕組みが見られる。この仕組みは，NEP 施行下のマレーシアにおいて，諸々の権利や優遇措置が非マレー系住民である華人を置き去りに展開された際に，彼らの生活を根本から維持する仕組みとして機能してきた。

　現在のマレーシアでは，多様な民族集団により構成され相互交流が希薄だったことに由来する民族間の軋轢をいかに解消し，調和のとれた統一的国民国家となすのかが中心的政治課題となっているが，国家の社会福祉的ネットからこぼれ落ちる人たちを受け止める制度は，華人社会内部に温存維持することが長らく期待されてきた。

　例えば，与党連合の国民戦線（Barisan National: BN）の一角を占める華人政党のマレーシア華人公会（Malaysian Chinese Association: 以下，MCA）には「MCA 公共サービスおよびクレーム部（馬華公共服務及投訴部）（以下，投訴部とする）」という相談窓口があり，個人が行政に対して苦情や支援要請，嘆願書などを提出することができる窓口として機能している。投訴部に対する相談内容は，行政，進学，居住環境，国際結婚，国籍問題，犯罪被害相談，移民など多岐に及び[5]，さながらマレーシア華人の社会福祉局のような役割を果たしている。このシステムはマレーシアの政治的特徴，すなわち個人が政府に対する懇願や相談がある場合，行政窓口に直接出向くのではなく，民族集団を代表する政党を通して解決しようとする点と深く関わるというが（高村 2011: 27），民族集団の制度内で問題解決を図ろうとするこのシステムは，伝統的相互扶助組織の現代的展開のひとつとみなすこともできるだろう。

---

5)　マレーシア華人に関わる問題だけではなく，マレーシアで強盗に遭い落命した大陸出身の中国人女性の事件をめぐり，投訴部が間に入り中国の家族へ遺骨を渡す手続きを進めるなどしている（『光明日報』2012 年 11 月 6 日）。

第 7 章　セーフティネットとしての故郷

これは一つの例にすぎないが，国家や地方行政という公共が掬い上げること
ができない華人の抱える問題の解決や不満の解消は，このようにして自律的
な民族組織の中で処理されることが少なくないのである。

1-2.　マレーシアにおける経済構造の再編

　NEP の実施により，マレーシアの社会経済構造は劇的に変化すること と
なった。例えば，農林漁業セクターが 1970 年の 31％から 1990 年の 19％を
経て，2000 年の 9％へと年々縮小する一方，製造業の比率が 1970 年の
13％，1990 年の 27％を経て 2000 年には 33％へと安定的に増加しており，
いまや外貨獲得の主要部門は全輸出品目の 6 割を占めるに至った電子・電器
産業となった（吉村 2006: 200）。産業構造の転換を受け，マレーシア国内の
就業構造も大きく変化するようになり，全労働人口に占める農林漁業従事者
は 1970 年の 51％から 1990 年には 26％に，そして 2000 年には 15％にまで
減少している。その一方，製造業は 11％から 20％，28％へと増加している。
またサービス業は 1970 年の 38％から 1990 年の 52％，2000 年には 48％と
変動し，サービス業従事者は全労働人口の半数を占めるまでになった。
　マレーシアにおいて〈商業に従事して豊かな華人〉という民族イメージが
根強いことはすでに指摘した通りであるが，独立直後の 1957 年には確かに
半島部における商業従事者の割合は，華人が全体の 66.1％を占めていた一方，
マレー人は 15.9 に過ぎなかった。それが 1970 年には華人が 61.7％，マレー
人が 26.7％になっている。1980 年には華人が 62％，マレー人は 31.1％に，
1985 年には華人が 56.8％，マレー人 37.9％とその差が縮小してきているこ
とが分かる（石井 1999: 49-50）。一方で，1980 年から 85 年までの間，マレー
人を含むブミプトラの新規就業者のうち，約 4 分の 1 が政府公務員や公営
企業，軍・警察などに就職していることが分かる（Malaysia 1986: 102; 石井
1999: 51）。つまり，非農業部門への就業率の低下は，政府サービス部門へと
吸収されたことを示している。
　また，このようなマレーシアの産業構造の転換をもたらし経済成長を牽引
したのは，電子・電器産業や繊維・医療産業といった輸出志向型工業部門で

199

第II部 親密性の労働の国際化の現状

あった。転換するマレーシアの産業の基幹となったのは，1971年制定の自由貿易区法をもとに，72年にペナン州バヤン・ルパスなどに設立された輸出加工区や自由貿易区に，アメリカや日本から進出した多国籍企業が展開する工場である。その労働集約的労働工程には非熟練，半熟練労働力としての若年女性が多く活用された。特にNEPによって農村出身のマレー系の若年女性が大量に雇用された（石井 1999: 142; 吉村 2006: 202）。このようにしてNEPによって推進されたマレーシアの経済構造の転換は，第一次産業からサービス業へ，農村から都市へ，女性労働力の活用の三点に要約することができるだろう。

1-3. 女性の労働力率の上昇と母性規範の不在？

　移民社会から出発したマレーシアでは，独立以後の社会構造転換の一環で，工業化を実現するために女性の労働力は不可欠とされた。それは前項でみたように，NEPによって農村出身の若年マレー人女性の工場労働者が増加したことからも明らかであろう。

　木脇は田村（1999）を引用しながら，政策的な女性労働の奨励によってシンガポールの女性労働力が1970年代の37.2％から，1996年の51.5％まで上昇したことを指摘しているが（木脇 2007: 231），マレーシアでも2007年の時点で女性の労働力率は46.4％まで上昇している。保守的な土地柄と言われるマレーシア北部のクランタン州やトレンガヌ州，パハン州などは38％から40％ほどとされるが，都市部のクアラルンプール連邦特別区やマラッカ州・ペナン州では50％を超えている。一方，華人女性の労働力率は47.5％で，クランタン州では53.9％，トレンガヌ州では47.1％と，北部の州においても高い労働率を示しており，その一方，クアラルンプール連邦特別区とスランゴール州は共に50.9％，ジョホール州は43.1％，ペナン州は50.3％で，都市と農村地域における偏差が少ない状況となっている（DSM 2008）。

　シンガポールの女性の労働と子育てを論じた木脇（2007）は，シンガポールの労働力率の年齢別特徴は，20代後半の80％台後半をピークに40代後半までが60％を維持し，50代になるとリタイアが多くなり労働力率が減少

200

する「右肩下がり」としている。これは，日本のように子育てが一段落した後に再就職するM字型カーブの労働力率とは対照的な状況である。木脇はシンガポールのこのような状況は「子育ては母親の手で行うのがよい」という「母性規範」が存在しないためであるとして，次のように述べている。

> 子育てをなんらかの形で外部化して母親が就労を継続することは当然のことであり，そこには罪悪感もなく，世間の評判も存在しないといってよい。私たちが行った調査の中には「母性規範」について尋ねた項目があったが，その設問（母親が仕事を辞めて自分の手で子育てすべきということ）の意味自体が理解しがたいという表情をした調査対象者も少なくなかった（木脇 2007: 232）。

この母性規範の希薄さこそがシンガポールにおける女性の就労継続傾向の第一要因であると木脇は指摘する。またもうひとつの要因として，子育ての外部化を挙げている。子育ての外部化を可能とするのは，木脇自身が指摘したように，母親が直接子育てに関わらないことに対する罪悪感のなさ，批判的な評価の不在にも関係するものであろう。従って，ここでは一般通念とされてきた「母性規範」の不在こそが，子育ての外部化と出産後の就労の継続を可能とさせると考える方がより自然であろう。しかし本当にシンガポールやマレー半島地域では「母性規範」は希薄あるいは存在しないのだろうか。

次節では，出産後も就労を継続する女性たちの具体的事例をみていくことにしよう。彼女たちの軽やかな移動の実際や苦悩を通して「母性規範」のあり方について考察するとともに，故郷と都市の往来によって生活を維持する実践の意義について検討したい。

② 故郷と都市を移動する華人女性の実践

ここでは4人の女性の子育てと賃金労働の諸実践について概観する。4人のうち3人は同じ故郷A町の出身者である。残りの1人はA町の隣町の出身である。彼女はA町出身の男性と結婚し，A町に引っ越してきた。登場

第 II 部　親密性の労働の国際化の現状

人物の名前は全て仮名である。

2-1. アホイの場合

アホイ（b）は A 町出身の 30 代の女性である。夫（a）は中学校時代からの知り合いで、彼女の兄の親友である。それぞれの実家は A 町の同じ住宅団地内にあり、徒歩で 5 分程度の位置関係にある。夫婦は結婚前からジョホールバルに居住し、すでに 10 年以上が経過している。夫はシンガポールで空調取付け工として働き、妻はジョホールバルのショッピングセンター内の商店の販売員や縫製工場の工具などの短期的雇用に従事していた。ジョホールバルは A 町から高速道路を使って 3 時間ほどの距離にあり、さほど遠い場所ではない。アホイの夫は 10 代後半から A 町で友人たちと地場野菜を大量に買い取って夜市で売る仕事など、さまざまな職を経験した。しかしあまり収入が良くないことと将来性がないことから、すでにシンガポールに渡り空調取付け工の仕事を始めていたアホイの兄を頼り、シンガポールで仕事を始めることになった。1999 年にはアホイとアホイの弟がジョホールバルに先行して住んでいた 2 人に合流し、4 人は共同生活を送ったという。

夫婦は 2001 年に結婚し、第 1 子である長男（e）は 2002 年に誕生した。

アホイは出産後もジョホールバルに残って就労すること、また夫と共に暮らすことを希望したため、生まれたばかりの長男は、A 町の夫の母（c）と妹（d）によって養育されることになった。アホイは義理の妹（d）とは同い年で、同じ小学校、中学校の同級生だった。学生時代は特に仲の良い友人関係にはなかったが、結婚してアホイが兄の妻となってからは「おねえさん（大嫂）」と呼ぶようになった。彼女は独身で華文学校付属幼稚園の教員として隣町で働いているが、午後 2 時には帰宅できるのでオイの養育にも積極的に関わっている。

夫婦は 2 〜 3 週間に 1 度の割合でジョホールバルから A 町に帰省しているが、アホイは婚家で過ごす週末も子育てにはほとんど参加しない。母であるアホイが帰宅している週末も長男に食事をさせ、水浴びをさせ、寝かしつけるのは相変わらず姑と義妹の役割だった。アホイがするのは、皆が食事を

202

第7章 セーフティネットとしての故郷

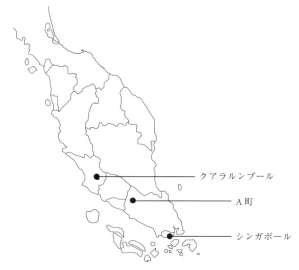

図1 マレー半島都市部と調査地の位置関係

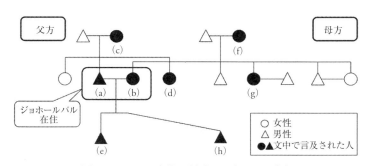

図2 アホイの家族関係（2002年-2009年）

終えた後の皿洗いと洗濯物をたたむ程度である。

　2006年，アホイは第2子である次男(h)を出産した。当初，アホイは2人目の子どもも1人目と同様，姑と義妹に養育してもらうことを希望していた。しかしその前年の2005年に，出産した夫の姉の子どもを誰が世話するかで揉めたため，アホイの第2子は婚家で養育してもらうことができなく

第 II 部　親密性の労働の国際化の現状

なった。

　しかしアホイは出産後には再びジョホールバルに戻り就労することを希望していたため，第 2 子をジョホールバルに連れて行ってそこで養育する，もしくは A 町に戻り 2 人の子どもを養育するという選択肢は全く考えなかったという。彼女が困った挙句に最後に頼ったのは，実家の母 (f) と姉 (g) で，最終的にはこの 2 人に第 2 子の養育を依頼することで落ち着いた。このようにして，アホイの長男は父方祖母・父方オバにより養育されることになり，次男は母方祖母・母方オバにより養育されることになったのである。

　2009 年の旧正月前を契機に，それまでアホイの母と姉に養育されていた次男 (h) は父方に戻されることになった。アホイの実家の母が年老いて身体の調子があまり良くない日が続き，これ以上子どもの世話はできないからというのが理由だった。しかし妻の実家の一角で美容室を経営するアホイの姉の子どもたちの世話は続けていたので，アホイの次男の養育拒否は身体の不調だけが理由ではないようだった。アホイの義理の母 (c) は「あっちのおばあちゃん（外婆）の家は商売をやっているから，この子はずっとベビーチェアにくくりつけられて自由に動くこともできなかったようだ。だからこちらに戻ってきて良かった」と孫に言い聞かせるように繰り返し，孫が母方の祖母ではなく自分のもとに戻ってきたのを喜んでいた。このようにして，第 2 子は 3 歳になって初めて父方の祖父母，オバそして実の兄 (e) と共に暮らすようになった。このように家族が異なる場所で日常生活を送る暮らしの中で，アホイの夫は，退職した父に毎月 250 リンギット（約 7,500 円）を生活費の一部として渡していたが，息子たちの養育を引き受けてくれている母には 600 リンギット（約 18,000 円）を渡していた。

　2012 年時点で，アホイの長男は 10 歳になり，次男は 5 歳になった。アホイ夫婦はジョホールバルに暮らし，2 人の子どもは故郷 A 町の実家に暮らし婚家の姑と未婚の義妹によって養育されている。未婚の義妹はマレーシアの国立大学の教育学部を卒業しており，オイたちの教育を一手に引き受けている。現在，アホイの長男は午後 2 時半に華文小学校から自宅に帰宅した後，平日の夜は 7 時半から 9 時半まで週に 4 回補習教室に通っている。学校と補習教室への送り迎えは全てオバが行っている。彼女は「一生結婚しないか

204

も」と言って，実家から車で10分の距離に新しく住宅を購入した。2012年から住めるようになったこの家にオイと一緒に一時期引っ越したこともあったが，A町で強盗事件があったため「未婚の女性と幼い男の子の2人暮らしでは危ない」と皆に説得され，実家にまた戻ってきた。しかし暇をみつけては自宅に行き，そこで新しく買い揃えた冷蔵庫やオーブンで菓子作りに励む毎日である。オイの送り迎えのために作業が中断されることもしばしばであるが，彼女は「仕方ないよね。これが一番大事なことだから」と作りかけの月餅の皮を冷蔵庫にしまった。

　アホイは，現在ジョホールバルでは仕事についておらず，第3子の妊娠を希望しており，ゆっくり過ごすようにしているのだという。子どもたちと離れて暮らしていてもどかしいこともあるらしい。2012年10月，次男が突然の高熱に倒れ病院に搬送された。故郷A町の婚家のある住宅団地はデング熱発生地区として政府に認定されていて，アホイの夫も一度デング熱に罹患したことがあるが，次男もデング熱の疑いがあるとのことでマラッカの総合病院に搬送されたのである。その状況は義妹が携帯電話とFacebookを通して逐一アホイに報告し，彼女はその夜シンガポールからマラッカの病院に夫と駆けつけた。検査の結果，次男はインフルエンザに罹っていただけだったが，離れているとすぐに対応できないのが不安だと彼女は言った。

2-2. アユーの場合

　アユー（i）はA町出身の30代で，隣町であるS町出身の30代男性（j）と2004年に結婚した。アユーは，アホイの夫の姉である。

　アユーの夫は若くして両親を亡くし兄弟もいないため，出身地のS町に帰省する機会は少なかった。クアラルンプールの大学を卒業した後は，そのままクアラルンプールに居住し，現在はクアラルンプールの私立大学の事務職員として働いている。アユーはペナンの国立大学で数学の修士号を取得した後，シンガポールで高校教員になることを目指していたが，体調不良が重なり，実家に戻り療養生活を送りながらA町の華文小学校で臨時教員として勤務した。2004年の結婚を契機に，クアラルンプールの国民中学校の教員

第 II 部　親密性の労働の国際化の現状

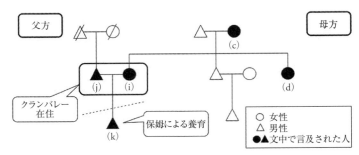

図 3　アユーの場合（2005 年-2006 年）

となった。結婚翌年の 2005 年，妻は実家 A 町の産院で第 1 子となる長男 (k) を出産した。

　実家で 2 ヶ月の産休期間を過ごした後，アユーは首都圏クランバレーに戻ることになった。しかし結婚を契機に首都圏に住み始めた妻は，不慣れな都市では信頼のおける子どもの預け先に心当たりがなかったため，母 (c) に実家で子どもを養育してほしいと懇願した。しかし，実家では 2002 年に生まれたアホイの第 1 子 (e) の養育で手一杯であり，これ以上子育てはしたくないと言って娘の頼みを断った[6]。アホイの息子の養育に積極的に協力していたアユーの未婚の妹 (d) は，何とか姉に協力したいと尽力したが，結局母の一言で他の方法を探さねばならなくなった。

　困り果てたアユーは，かつて家族同然の付き合いのあった近所の年配女性に乳母（保姆 baomu）となってもらうことにした。彼女の孫はすでに大きくなり手がかからなくなったので，昔のよしみで頼みを聞いたわけである。契約は 1 ヶ月 600 リンギット（約 18,000 円）[7]で，週末を除く平日は「保姆」の自宅で終日子どもを養育してもらうという内容だった。

---

6) その後，事例 1 夫婦の妻が第 2 子 (h) を妊娠し子どもの養育を再度夫の母，妹に依頼した際，事例 2 夫婦の子どもをめぐり母娘間で確執があった経緯を引き合いに出され，依頼が拒否された。この一連の流れを横で見ていた女性 (d)（彼女は，事例 1 夫婦の夫の妹であり，事例 2 夫婦の妻の妹である）は，母 (c) に「姉の子どもの世話を〈二人以上の子どもの世話ができない〉，という理由で断ったのだから，兄の子どもも引き受けるべきではない」と進言した。結局事例 1 夫婦の子どもは，妻の母，姉の下で養育されることになった。
7) 事例 2 の妻 (i) の月収は当時 2,000 リンギット（約 60,000 円）であった。

こうして，実家の母に子どもを養育してもらうというアユーの当初の目論見は外れたが，「保姆」による養育という方法を選択することによって，妥協的に実家の協力を得て「故郷で子どもを育てること」が可能となった。A町の「保姆」に養育を依頼することは，結局自分の子どもの養育を拒否した実家の母と妹を子どもの養育という行為実践に巻き込むことになったからである。

　複数の子どもの面倒はとても見られないと言って娘の子どもの養育を拒否した母は，そうはいっても「保姆」のもとに預けられた外孫の様子を週に1度以上は確認しに行き，その都度首都圏に住むアユーに電話で報告していた。様子を確認しに行く時は内孫であるアホイの子どもを連れて，隣近所の知り合いの家にお茶でも飲みに行くような気軽さで頻繁に訪れた。毎週末開かれる住宅団地中心部の夜市に出かける時には，敢えて「保姆」の家の前を通り外から声をかけることもあれば，アユーから電話で指示を受け，不足している紙おむつや粉ミルクを「保姆」に届けることも頻繁にあった。また週末になるとアユー夫婦はA町に帰省し，「保姆」に預けられている我が子を一時的に連れ出して，実家で親子三人くつろいで過ごすこともあった。このようにして，アユーは実家の母に直接子どもの養育を引き受けてもらうことはできなかったが，母や妹による補助的な育児協力を得て，都市に働き故郷で子育てをする生活を維持することが可能となった。

　2006年，アユーはそれまで勤務していた国民中学校から華文小学校の教員に転職した[8]。1年間アユーの故郷A町で子どもを養育してもらったが，2006年には子どもを首都圏で養育することにした。それは，アユーが職場の同僚の助けを得て自宅近くに評判の良い「保姆」を確保することができたからであった。この時の契約は，アユーの勤務時間である日中の間だけ子どもの世話をしてもらうもので，1ヶ月500リンギット（約15,000円）だった。

　2008年，アユーは華文小学校から華文小学校附属幼稚園の教員へと再び異動した。前職の小学校勤務時は高学年クラスの担任で多忙な日々を送って

8）「国民学校（*Sekolah Kebangsaan*）」は教授用語がマレー語の学校である。華文学校は，正確には「国民型華文小学校（*Sekolah Kebangsaan Jenis Cina*）」と称する。教授用語が標準中国語の小学校で，学童のほとんどがマレーシア華人の子弟である。

第 II 部　親密性の労働の国際化の現状

いたため，幼稚園に異動し子育てしやすい環境に身を置きたかったのだという。幼稚園勤務は，会議などの午後の業務がない日は午後 1 時半から午後 2 時半頃に帰宅することができるため時間の融通がきき，また 3 歳になった息子を自分の勤務先である幼稚園に入園させることによって，働くことと子育てを同じ場所で両立することが可能となったという。「保姆」に子どもを預けると 1 ヶ月 600 リンギット（約 18,000 円）ほど支払う必要があるが，自分の職場である幼稚園に子どもを入園させることによりお金の節約にもなるとアユーは説明した[9]。

　またこの頃，夫は夫婦が結婚後に首都圏郊外に購入した住宅がありながら，独身時代に購入したクアラルンプールのアパートを手放さずに保有し，そこに単身で暮らすようになっていた。これは通勤の至便性を考慮した上での苦肉の策であった。郊外にある夫婦の自宅と夫の職場があるクアラルンプールは約 50km の距離があり，通勤可能な距離ではあったが，昨今の朝夕の交通渋滞は酷く，午前 8 時までに出勤するためには午前 6 時前には家を出発しなければならずすっかり疲れたのだという。そこで，平日はクアラルンプールのアパートに単身で居住することにしたのだ。そのため，夫婦は，平日のみクアラルンプール中心地区に住む夫と，首都圏郊外に住む母子とで別居することになり，平日のほとんどはアユーが 1 人で子どもを育てることになった。

　このような居住形態について彼女は特に不満には感じていないという。2011 年 2 月に聞き取りをした際，彼女は「平日は幼稚園での仕事が終わったら息子を連れて夕食を外で簡単に食べてから帰宅して，その後宿題をさせて寝かしつけるだけだから大変なことはないのよ」と述べた。

---

9)　2011 年 1 月の聞き取り調査によると，アユーの月収は 3,000 リンギット（約 90,000 円）であった。毎月の主な固定的使途の内訳は，住宅ローン返済に 1,100 リンギット，車購入ローンの返済に 1,000 リンギット，実家の父親，母親にそれぞれ 250 リンギットずつ生活費として渡しているので，自由に使える分は少ない。夫の給料と合わせてなんとか生活が成立している状況のため，「保姆」に支払う費用を捻出することは金銭的に厳しいだろうとアユーの母親は筆者に説明した。

2-3　ペニーの場合

　ペニー（m）はA町出身の40代男性（l）と2008年に結婚した30代の女性である。彼女はA町の隣に位置するS町出身で，夫婦はA町に居住している。ペニーの夫は，A町から車で1時間の距離にあるマラッカで，車の販売員として営業職に従事している。ペニーは出生地S町の華文小学校の教員である。結婚した当初，夫婦は夫の父方祖母の家で暮らし祖母の世話をしていたが，2009年にA町の住宅団地内に中価格住宅を購入し転居した。

　2010年，ペニーは第1子となる娘（p）を出産した。

　当初からペニーの実家の両親はどちらも就労しているため，娘の子どもを世話することはできないと宣言していたので，生まれる子どもの養育は，ペニーの夫の母（o）が担うこととなっていた。しかし，孫を預かった3日後に夫の母は重度の糖尿病のため突然倒れ，長期入院することになってしまった。その後退院することはできたが，手足を自由に動かすことが困難となり，乳児の養育を行うことは事実上不可能となってしまった。最終的に夫婦はどちらの実家も頼ることができなくなったので，A町で「保姆」を探し，1ヶ月350リンギット（約10,500円）で契約を結び子どもを預けることにした。朝，夫が出勤する前の午前9時頃に子どもを「保姆」に預け，午後5時頃にペニーが引き取りに行く。ペニーが職場のあるS町からA町に戻るのは午後2時頃であるが，託児契約は夕方5時までなので，ペニーは帰宅後すぐに子どもを迎えに行くことはせず，午後は家事をしたり，自由に過ごすのだという。

　2012年11月，シンガポールで暮らすペニーの婚家の義妹（30代）（q）が第1子をA町で里帰り出産した。ペニーの出産後に糖尿病で倒れてしまった義理の母（o）は，今回は体調が良いと言い，娘の子育てを一部手伝っているようである。彼女の夫はシンガポールで働いているため，彼女もしばらくしたらシンガポールに戻るつもりだという。子どもはシンガポールに連れて行きたいが，あちらで「保姆」を雇えば給料が全部飛んでしまうので，A町に残していく予定だという。

第 II 部　親密性の労働の国際化の現状

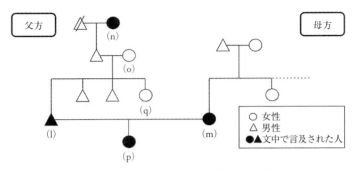

図 4　ペニーの場合（2008 年〜2009 年）

2-4. シーナの場合

　シーナ (s) は A 町出身の 30 代女性で，夫 (r) とは A 町のプロテスタント系キリスト教会での勉強会で知り合い結婚を決めた。シーナは大学卒業後早々に結婚したいと言って，A 町のキリスト教会に頻繁に通うようになった。もともと彼女はキリスト教徒ではなかったが，二人の弟が夭折してから一家で改宗したのだという。弟の体調が悪くなっていく時，道教の神々に祈りに祈ったが，結局願いは聞き届けられず弟たちは幼くして亡くなってしまった。絶望した父が率先してキリスト教に改宗したのだという。

　シーナの夫はマラッカでエンジニアとして働き，シーナは A 町の華文小学校教員である。結婚後，夫婦は A 町中心地区にある夫の実家に同居した。2009 年，夫婦に第 1 子となる長男 (u) が誕生した。

　夫の母はすでに他界しており婚家には女手が足りないため，シーナは仕事をしながら子育てをするには無理があると判断し，生まれた子どもは A 町にある妻の実家の母 (t) に預けることにした。実家の母に養育してもらう対価として，シーナは母に毎月 600 リンギット（約 18,000 円）を渡している。

　シーナは母親とは別に父には毎月 1,000 リンギット（約 30,000 円）を渡していたので，両親には彼女の月収の半分近くを渡していたことになる。近所の人に聞くところによれば，シーナの父は 60 歳を過ぎた現在も就労しており，お金に困っている様子はないという。「婚出した娘にお金を要求するの

第 7 章　セーフティネットとしての故郷

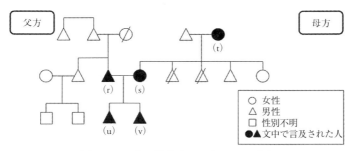

図 5　シーナの場合（2008 年〜2009 年）

はひどい」と近所の女性（60 代）はシーナの父親を批判していた。また，「孫の世話を母がするにしても，毎月 600 リンギット（約 18,000 円）も受け取るのはどうかしている．外に預けるにしても 700 リンギット（約 21,000 円）が相場なのだから，実の親に同じだけ渡すのは，少しやりすぎなのではないか」と噂していた。

　しかしシーナはそうは考えていなかった。シーナは結婚後も長女として家を支えていく必要があると考えていて，若い頃は一生独身のままで両親の世話をするつもりだと話していたが，それは夭折した 2 人の弟の代わりに自分が家を守らなければならないと考えていたからであった。早く結婚して沢山の子どもを生み育てなさいと親に言われたシーナは，キリスト教会に頻繁に通うようになった。その一方で，就職して以降，折に触れ両親にお金を渡すようにしていたが，結婚後も変わらず親には金銭的援助を行っていた。

　国家公務員であるシーナは低金利で住宅ローンを組むことができるため，2010 年，妻の実家近くに中古住宅を購入し，夫婦は夫の実家を出ることにした。そもそも夫の実家は古い上に三部屋しかないため常に人があふれているような状態で，三世代で同居するには手狭であったという。

　2010 年末，夫婦に第二子となる次男（v）が誕生した。公務員の産休期間は 2 ヶ月と 3 ヶ月から選択することができるが，シーナは将来的にあと 3 人の子どもを出産したいと考えているため，2 ヶ月の産休を選択したという。その後，2012 年夏に第三子の女児を出産した。子どもたちは全て現在もシーナの母親が平日は世話をしている。シーナは，あと 1 人は産みたいといった。

211

第 II 部　親密性の労働の国際化の現状

大変じゃない？と聞くと，可愛いもの，と答えた。

③　女性親族間関係の維持と養老実践としての子ども養育

　ここまで概観してきた 4 組の夫婦の子どもの養育実践をまとめると，以下の点でそれぞれの夫婦の状況が共通していることが分かった。

①　女性の就業は子どもの養育より優先される
②　子どもの養育は夫婦のリタイアした両親（主に母）が担う事例が多く，何らかの事情によりそれが困難な場合は，「保姆」などの外部養育サービスを利用して行われる
③　女性と実家との密接な関係は婚出後も維持される

　木脇がシンガポールの母親の特徴として指摘した希薄な母性規範意識は，確かにここで概観した 4 人の女性の子どもの養育実践にも看取できるものだといえるだろう。しかし，子どもに対する親密な感情を全て断ち切って就労を継続し，親や外部養育サービスを併用しながら子育てを行う様子もみてとれた。その一方で，子どもの養育に専念するために仕事を辞めるという選択は一切みられなかった。むしろ，就業を維持するためには，②で挙げたように，父方，母方あるいは外部養育サービスなどあらゆる手段を利用して子どもを養育していることが明らかとなった。

　事例の女性たちが子どもを産み育て，なおかつ仕事を辞めずに生活を維持していく上で，実際の養育者としての祖父母を確保することは最重要事項であった。しかしこの点は家族内に緊張を生じさせうる。アホイの第二子（内孫）とアユーの第一子（外孫）の養育をめぐり，どちらの子どもを優先的に育てるかでアユーとその母の間には緊張関係が生じたが，妹の助け舟によりこの衝突は回避された。この事例では問題解決のため，アホイの義母は嫁の子どもも娘の子どももどちらも養育しないと決めた。この意思決定には，アユーの未婚の妹による積極的な働きかけも影響していた。アユーの妹は，兄嫁で

212

あるアホイの子どもを献身的に養育する一方で，実姉の子どもが拒絶されるのを良しとしなかった。母が兄嫁の子どもだけを養育しないよう積極的に母に進言し，そして姉の子どもが「保姆」により養育されることになると母と連れ立ち姉の子どもの様子をできる限り見に行くようにしていた。一方，第二子の養育を婚家の女性たちに拒否されたアホイは，実家の母と姉を頼ることにより，子どもの養育と都市で働き続けることを両立することができた。

　このようにみてくると，婚出後も密接な母娘関係，姉妹関係が維持されることによって子どもの養育と都市での就労継続が両立可能となることが明らかとなった。

　また，定年が50代半ばと比較的早いマレーシアでは，孫の養育に協力することは「老後の仕事」として了解されている。アホイの婚家の両親は，義母のみならず義父も孫たちの送り迎えや弁当を学校に届けるなどして協力している。また孫の養育を担うことで，報酬も期待できる。たとえばアホイの義母とシーナの実母は，毎月600リンギット（約18,000円）を受け取っている。「保姆」を雇用した場合の市場の相場額は500リンギット（約15,000円）から700リンギット（約21,000円程度）なので，その額と比較しても大差ない金額を親に支払っていることになる。つまり支出という側面からみれば，身内に頼むのも外部養育支援制度に使うのも違いはないが，事例の女性たちは実母に子どもの養育を依頼するのである。これは，両親に対しある種の経済的支援を行っているとみなすことも可能であろう。この点についてはさらに詳細な聞き取り調査と参与観察の実施によって，彼らの認識と実践のレベル双方から明らかにする必要があるだろう。

　また，③で挙げた母方親族との密接な関係はすべての事例に共通するわけではないが，指摘しておくべき重要な点である。シルビア・ヤナギサコは，父系出自が前提とされる社会においても女性親族間の緊密な人間関係が存在することを指摘している（Yanagisako 1977: 207）。

　これらの集団に共通してみられるのは，①共住，②居住の近接，③相互扶助，④頻繁な交流，⑤親族間の強い感情的紐帯のパターンが認められるという点である。ヤナギサコが指摘した女性親族間関係にみられる5つの特徴のうち，姉妹や母娘間の③相互扶助，⑤感情的紐帯は，調査をする上で何度も

第 II 部　親密性の労働の国際化の現状

確認できるものであった。一方，①共住，④頻繁な交流は，故郷を離れ都市に居住する者が多いマレーシア華人社会においては必ずしもみられなかった。しかし物理的な往来が不可能でも頻繁に携帯電話で連絡を取り合うことやインターネットを使ってそれぞれが今何をしているのか，という状況は頻繁に共有されていた。このような通信技術による密な交流が維持されていた。また②の居住の近接という点については，配偶者選択の際に近距離居住者を選ぶ傾向がある点で共通していた。アホイ夫婦とシーナ夫婦は A 町を出身地とする者同士であり，アユー夫婦とペニー夫婦については出身町こそ異なるものの，A 町の隣町であった。このように女性が実家のある町と近接した場所に嫁ぐことは，婚姻後，実家（特に女性親族）との緊密な協力関係を維持する上で非常に重要な実践であるとみなすことができる。ジャッドやストラウチも，妻の実家と婚家の近接性は，女性間親族関係を維持する上で重要な要因であることを指摘している（Strauch 1984; Judd 1989）[10]。

おわりに

　本章では，独立後のマレーシアにおいて民族集団間の経済格差の是正を目的とした社会構造の転換によって劇的に変化した経済構造を明らかにし，女性の労働力率の上昇が子育てと就労継続の両立においてどのような実践を引き起こしたのかを 4 人の女性の事例から概観してきた。

　狩猟採集民の定住戦略を民族誌的手法で明らかにした考古学者ルイス・ビンフォードは「（狩猟採集民にとり）場所は同質ではなく，システム内における各自の役割により様々である」（Binford 1980: 4）ことを指摘しているが，マレーシア華人社会においても同様のことがいえるだろう。マレーシア華人にとって，移住先（あるいは出稼ぎ先）や故郷は，絶対的な場所なのではなく，

---

10) ヤナギサコはこのような関係を「母方中心性（matrifocality）」と呼ぶのではなく「女性を中心とした親族ネットワーク」と称している。それは，「母の（matri-）」という接頭辞が示すように「母方中心性（matrifocality）」という言葉は母を中心とした関係性を喚起させるため，女性を中心とした関係を示すには適当でないからである（Yanagisako 1977: 208）。

移動により連関する相対的なものであり，それぞれの場所は生活範囲とでも名付けることができるような拡張された領域なのではないだろうか。

　それぞれの場所は経済活動を行う場所，子どもの養育を行う場所というように場所に付随する役割に結び付いた意味を持ち，それらの場所がつながることによってはじめて生活が成立するのである。マレーシア華人の生活空間は，移住先や出稼ぎ先の都市部と故郷の田舎町という複数の地点を巻き込みながら形成される。それはどちらが欠けても成り立たない，移動することにより安定する日常生活である。このようにして，女性たちの故郷と都市の頻繁な往来によって賃金労働と再生産労働の両立が可能となり，低中所得層の生活維持が可能となることが分かる。

　都市と故郷との密接な関係を維持することは，都市労働者にとっての生命線である。「移動する人びとは二つの領域にまたがって生き」(Strauch 1984: 60)，二つの領域の往来により関係性のネットワークを張り巡らせ生活を維持する。このようにして，安定的に生活すること，そして移動しながら根を下ろすことが可能となる。この移動しながら根を下ろし，家を次代につなげていく暮らしを成立させる上で欠くことができないのは，女性親族間の密接なつながりである。母や姉妹の協力を得ることによって，故郷に不在でありながら故郷で子どもを養育することが可能となるのである。

　このようにして，本章の事例からは故郷を離れ都市で労働する女性が多いマレーシア華人社会においては，女性親族間ネットワークを駆使して子どもの養育実践が柔軟に行われていることが明らかとなった。この実践が彼らの理念にどのような影響を与えているのかという点を明らかにするのが次の課題である。

・**参考文献**・

石井由香 1999.『エスニック関係と人の国際移動 —— 現代マレーシアの華人の選択』国際書院

木脇奈智子 2007.「シンガポールの子育てと子育て支援」落合恵美子・山根真理・宮坂靖子編『アジアの家族とジェンダー』勁草書房，230-244

金子芳樹 2001.『マレーシアの政治とエスニシティ —— 華人政治と国民統合』晃洋書

房

櫻田涼子 2011.「都市と故郷の往還的移動による家の維持 —— マレーシア華人社会における女性の労働と子どもの養育をめぐる人類学的研究」京都大学グローバルCOE プログラム親密圏と公共圏の再編成をめざすアジア拠点 ワーキングペーパー次世代研究 57

高村加珠恵 2011.「現代マレーシアにおける政治と民族の関係 —— クランタンにおける PAS 派華人指導者台頭をめぐって」『アジア・アフリカ地域研究』11(1): 18-45

田村慶子 1999.『マレーシアとシンガポールにおける女性と政治 —— ナショナリズム・国家建設・ジェンダー』アジア女性交流・研究フォーラム

吉村真子 1998.『マレーシアの経済発展と労働力構造 —— エスニシティ，ジェンダー，ナショナリティ』法政大学出版局

——— 2006.「マレーシアの雇用と社会保障」宇佐見耕一・牧野久美子編『新興工業国における雇用と社会政策：資料編』調査報告書

Binford, L. R. 1980. "Willow Smoke and Dog's Tails: Hunter-gatherer Settlement System and Archaeological Site Formation." *American Antiquity* 45(1): 4-20.

Department of Statistics, Malaysia (DSM) 2008. *State/District Data Bank*, Putrajaya: Department of Statistics, Malaysia.

Furnivall, J. S. 1948. *Colonial Policy and Practice: A Comparative Study of Burma and Netherlands India*, Cambridge: Cambridge University Press.

Judd, E. R. 1989. "*Niangjia*: Chinese Women and Their Natal Families", *The Journal of Asian Studies* 48(3): 525-544.

Malaysia 1986. *The Fifth Malaysia Plan 1986-1990*, Kuala Lumpur: Government Press.

Mahpul, I. N., and Abdullah, A. N. 2011. "The Prevalence of Work-Family Conflict among Mothers in Peninsular Malaysia", *International Journal of Humanities and Social Science* 1(17): 154-161.

Strauch, J. 1984. "Women in Rural-Urban Circulation Networks: Implications for Social Structural Change." In T. J. Fawcett, S. E. Khoo and P. C. Smith (eds) *Women in the Cities of Asia*, Boulder, CO: Westview, pp. 60-77.

Yanagisako, S. J. 1977. "Women-Centered Kin Networks in Urban Bilateral Kinship." *American Ethnologist* 4(2): 207-226.

新聞

『光明日報』「中国女遭襲撃斃命・中国女骨灰帯返福建・夫列主嫌被通緝」2012 年 11 月 6 日

第 **III** 部

脆弱性の克服

第Ⅲ部では，人の移動がはらむ脆弱性の超克の可能性について検討する。

　すでに見てきたとおり，家事・介護労働者の国際移動には，多くの制限が課せられている。家事労働者であれば，労働法令が十分に適用されない点，閉鎖的空間で職住が分離しない点とそこで発生する虐待の懸念，短期滞在のみのビザ，入管政策による身体管理などである。親密性の労働のニーズは高まっているが，同時にその労働力の受け入れ制度は，上記のような制限の上に成立しているのだ。これまでの研究の多くは，この制限に注目してきた。それは「家事・介護労働」を労働たらしめるための指摘であると同時に，課題の克服を通じてディーセントワーク化への道を拓くためでもある。ただ，制限にとらわれた家事労働者がどのように生活世界を生き抜いているのかという実践への視座が欠けていたとも言える。多くの制限のなかで日常をたくましく生き抜き，そこで親密圏を構築していくことそのものが，彼女たちが移動先にとどまり続ける拠り所となっているのである。

　また，東南アジアを含む東アジアでは，多くの NGO が移住労働者の支援活動を展開している。その政治的なロビーイングが，彼女たちに課せられたさまざまな制限を取り除く可能性を秘めている。送り出し国と受け入れ国双方を抱えるアセアンの利害は錯綜しているが，その調整にあたっているのも，国家を超えて連携する NGO である。グローバルな人の動きは新自由主義の枠に規定されるだけではなく，自律的かつオルタナティブな「グローバル・シビルガバナンス」を自ら構築しつつある。

第**8**章

ラブ・ゲイン
── シンガポールの住み込み外国人
家事労働者にみる親密性の変容

上野加代子

1 関心の所在

「国際移動の女性化 feminization of migration」のフレーズに牽引されて，これまで数多くの研究がなされてきた。このなかでは女性が性的な存在であることを前提に，彼女たちのラブとセックスについての議論もはじまっている。ただし，それらの研究は，アメリカに定住しているメキシカン（Hirsch 2003），日本で結婚して暮らすフィリピン女性（Faier 2007; 2009），「メールオーダーブライド」での移住（Constable 2003; Piller 2011），オンラインで育んだ国際結婚者（Constable 2003; Saroca 2012）[1] といったように主に移民の定住者の間での議論であり，「国際移動の女性化」を検討するうえで欠かすことのできない「移住家事労働者」についてほとんど言及されてこなかった。香港を研究したConstable（1997）も，台湾を対象とした Lan（2006）もそれぞれの国における移住家事労働者の休日の活動を取り上げているものの，移住家事労働者の親密性のラブとセックスの部分そのものへの言及はなされてこなかった。

本章では，親密性や親密な関係性を，Constable（1997）に従い「身体的あるいは情緒的に近く，個人的であり，性的に親密で，プライベートになされるケアリングあるいは愛すること ── あるいはそのような印象を与え

---

1)　また Constable（2005）は，さまざまな地域における国際結婚についての刺激的な章から構成される本を編んでいる。

第 III 部　脆弱性の克服

る──，およびその社会関係」(Constable 2009: 50) と定義しておこう。これ
までの移住家事労働者の親密性に関する良く知られた研究は，パレーニャス
(Parrenas 2001a, 2001b, 2004, 2005a, 2005b)，ホートン (Horton 2009)，ホンダニュ
＝ソテロら (Hondagneu-Sotelo and Avila 1997) に代表されるように，女性と自
国の子どもとの関係を論じたものが中心であった。これらの研究は，「国境
を越えた親業 transnational parenting」(Parreñas 2001a)，「国境を越えた母性
transitional motherhood」(Hondagneu-Sotelo and Avila 1997) などの用語を用い，
就労国で家計の担い手となった母親が，どのように出身国に置いてきた子ど
もの養育というジェンダー化された役割を遂行するかということへの苦悩に
焦点があたっていた。この焦点化は，女性の国外への移動の結果，出身地域
のひとたちが利用するはずだったケア資源が枯渇すると考える点で，送り出
し国に対する「愛」の搾取や「コモンズ」の崩壊といった枠組み (Hochschild
2000; Isaksen et al. 2008) の議論にも共通するものである。いわゆる「ケア・ド
レイン」論である。
　このような議論の背景には，グローバル経済による第三世界に対する構造
的な抑圧の問題がある。つまり，国際移動の女性化の典型例とされてきた女
性の家事労働者としての海外就労は，本人の意志というよりは，世界銀行や
国際通貨基金による債務国に対する通貨の切り下げ，収益の低い地元産業の
切り捨てと多国籍企業の進出といった構造調整政策からの帰結という構造的
な側面から斬り込むことができるのである (Chang and Ling 2000; Ehrenreich
and Hochschild 2004; Lindio-McGovern 2003: 517-519; Parrenas 2001a)。グローバ
ル経済の構造的抑圧は，単に送り出し国の労働力の搾取にとどまるものでは
なく，親密圏の崩壊という打撃をも与えるものであるのだ。いうまでもなく，
海外出稼ぎの経済利益に隠れてしまいがちであったこれらの「グローバル不
均衡の隠された値段」(Isaksen et al. 2008: 414) である愛やケアの南北問題を批
判的に問い直すことは依然として重要である。しかし，このような「母親の
不在」と「親密圏への打撃」とをイコールでつなぐ議論では，女性たちが，
故郷に残してきた子どもや他の家族構成員に対してだけでなく，就労国での
人間関係においても親密性を担保しようと奮闘する現実が等閑視されること
になる。労働移動による親密な関係の変容というテーマは，送り出し国だけ

220

第 8 章　ラブ・ゲイン

でなく，就労国での人間関係の分析にも当てはめることができるし，そうしなければならないのである。

　そもそも，伝統的な関係性のみが良いものでありその変容は破壊と同義だというわけでもない。出身社会における既存の親密な関係の変容が，必ずしも常に彼女たち自身に否定的に捉えられているわけでもない。家族の暴力（Dannecker 2005; Oishi 2005: 120-122）や不幸せな結婚（Tacoli 1996: 18）を回避するために海外出稼ぎをする女性がいる。ある女性たちにとっては，海外での就労は，家族と距離をとり自律性を獲得するにあたって社会的に許容された限られた手段のひとつであるのだ（Dannecker 2005）。

　本章では，就労国シンガポールにおいて，移住家事労働者たちがどのように新たな親密圏を構築しているのかをみていく。シンガポールには 2012 年 6 月時点で 208,400 人の移住家事労働者がいる[2]。2005 年のヒューマン・ライツ・ウォッチの調査報告によると 3 分の 1 の家事労働者は 2 年間の契約期間の後，同じ雇用者と再契約をしている（Human Rights Watch 2005, p. 3）[3]。この数字はある雇用者たちはそれ以外の雇用者よりも親切であることを示唆するために用いられているが，本当にそのような単純な理由なのか，さらなる検討が必要であろう。

　海外就労は純粋な経済的利益をもたらすだけでなく，他者との新しい出会いの機会が提供されることで，親密な関係性が新たに構築される可能性もある。親密な関係性のなかでも，本研究は移住労働者の生活の中核的な部分を占めるかもしれない性的な関係（Kitiarsa 2008）に主に焦点を当てる。シンガポールの新聞などのメディア言説では移住家事労働者は性的に放縦であると描かれている[4]。しかし，奇妙なことにアカデミックな研究においては，移住家事労働者の性的な側面を含む他者との関係性についてはほとんど触れら

---

2)　Ministry of Manpower, Singapore "Foreign workforce numbers" http://www.mom.gov.sg/statistics-publications/others/statistics/Pages/ForeignWorkforceNumbers.aspx

3)　また，シンガポール人材省が取り組んだ調査によると，10 人のうち 7 人がいまの契約が終了してからもシンガポールで就労し続けたいと思っている（"MOM Survey 1,350 Domestic Helpers: Most Maids Happy with Work and Bosses" *The New Paper*, 12 August 2011, p. 8）

4)　移住家事労働者のトピックは，シンガポールでは新聞報道のターゲットになっている。なかでも，ボーイフレンドに関連した「悪行」は頻繁に取り上げられている。

221

第 III 部　脆弱性の克服

れていないのである。

　本章では，シンガポールで自分たちの滞在年限を延長する移住家事労働者
のなかで，出身国にみられるケア・ドレインが彼女たちの経済的利益だけで
なく，就労国でのラブやケアの獲得とどのように関連しているかを検討して
いく。

② 親密性を規定する構造的要因

　性的な関係における親密性の追求は，さまざまな構造的な要因と絡み合っ
た社会的な行為である。先行研究では，シンガポール国家の監視体制がタイ
の男性と女性ワーカーの性的な行為をどう規制するか (Kitiarsa 2008)，また
家父長的な移民政策がシンガポール男性と結婚するタイの女性にどのような
影響を及ぼしているかの検討がなされている (Jongwilaiwan and Thompson
2013)。これらの研究に示唆されているように，移住家事労働者においても，
国の移民政策が親密性に影響しうる。また，斡旋業者や雇用者による家事労
働者への不当な扱いに対する国の規制の不十分さの影響も大きい。具体的に
みていこう。

　シンガポールでは，外国人かどうかにかかわらず，すべての労働者に最低
賃金が制定されていない。さらに家事労働者は，労働時間，残業や休日を決
めた雇用法 Employment Act の適用範囲外である。そして雇用者の家に居住
することが義務づけられており [5]，長時間労働になりやすい。雇用法が適用
されていないことで，彼女たちは正当な労働者としてみなされず，労働市場
で周辺化されているのである。また移住家事労働者に適用される外国人雇用
法 Employment of Foreign Manpower Act は，雇用者が政府に預ける保証金を
定めており，移住家事労働者が不法活動，シンガポールの家庭崩壊をも含む
不道徳あるいは望ましくない活動に従事すれば 5,000 シンガポールドルの保
証金が没収される。半年に一度の妊娠検査があり，妊娠していると帰国しな

---

5)　"Employment of Foreign Manpower Act (Chapter 91A)" http://www.mom.gov.sg/Documents/services-
forms/passes/WPSPassConditions.pdf

ければならない[6]。シンガポール人材省は2010年1月より，雇用者の家事労働者への監督責任 —— 妊娠など —— を緩和したが[7]，家事労働者を監督する努力をし，問題があれば人材省にすぐさま通告し，もし妊娠などの違反があれば，航空券を購入し出身国に送り返さなければならない。いきおい，雇用者は家事労働者の屋外での行動を抑制するために，休日を与えない，外出を制限するなどのさまざまなテクニックを駆使するよう強いられることになる。その結果，彼女たちの他者との対面的な相互作用は制約を受け続け，それを補完するものとして携帯電話への依存度が増していく。

　次に，斡旋業者による家事労働者への扱いについてみてみよう。シンガポールでの就労を斡旋するエージェンシーのほとんどは，「先に飛んで，支払いは後 fly first, pay later」の方針を採用しているため，就労してからしばらくは，給料はエージェンシー費用の返済に充てられることになる。2011年の春時点でのエージェンシー費用は，サラリーカットの期間の毎月の小遣いの額（10〜50 シンガポールドル）などにもよるが，2年間の契約期間のうちインドネシア女性で給与7ヶ月〜10ヶ月分，フィリピン女性で給与4ヶ月〜8ヶ月分であった。雇用者から契約途中に解雇された場合はエージェンシーに戻されるが，そのたびにペナルティとして給与2ヶ月分が課される。これもまたエージェンシーへの借金になる。さらに，エージェンシーに収容された期間中は，寮費として一日20シンガポールドルを支払わなければならない。

　これらの借金返済の期間中に，自国の親族にお金が必要になった場合，雇用者や友人に借りることになる。一般に，親密な関係性の構築は，本人の情緒的なニーズに動機づけられると考えられがちだが，こうした状況においては，経済的なニーズにも動機づけられるのである。つまり，斡旋エージェンシーの採用慣行，そして家事労働者の権利保護の政策の欠如などが，彼女たちの自尊心や情緒的なニーズと共に，経済的なニーズを満たすべく，ボーイフレンドなどとの親密な関係性を促進することになる。

　もうひとつの構造的な要因は，シンガポールが，移住家事労働者に，ボー

---

6)　同上
7)　"Truth about security" bonds. http://www.mom.gov.sg/newsroom/Pages/PressRepliesDetail.
　　aspx?listid=187

第 III 部　脆弱性の克服

イフレンド候補者を大量に提供するということである。シンガポールには自国の男性や永住居住者に加えて，外国人専門職，男性技能職，そして男性現業労働者が入国している。シンガポール政府は，外国人労働者の性別や職種別統計の仔細を公表していないが，2012 年の 6 月時点で，家事労働者 208,400人を加えて 931,200 人の外国人の現業労働者が働いている[8]。シンガポールの外国人労働入国政策はトリプルトラックになっており，専門職や実業家に出される employment pass や技能職用の S pass とは違い，月収 2,000 シンガポールドル以下の建設や工場，港湾の労働者，そして家事などの現業労働者用のWork Permit の保有者は，配偶者をシンガポールに連れてくることができず，永住権の申請資格も持たない。そして移住家事労働者は，斡旋エージェンシーや雇用者の方針により，2 年間の契約期間の間に自国に戻ることができない。

　また，シンガポールで就労する移住家事労働者は，いわゆる結婚適齢期の年齢層の女性たちが多い。シンガポール人材省は，入国規制を初回渡航者について 23 歳〜 50 歳としている[9]。家事労働者の年齢別統計は公表されていないが，実際は 20 歳台から 30 歳台までの女性が圧倒的に多い。健康で頑丈そうにみえるという理由で雇用されやすいからである。

　ボーエンとスワンクは，構造的な分析は「グローバルな移住者が経験し表現する情緒的な次元を伴う個々人の相互作用を見落とし」がちだと指摘している（Boehm and Swank 2011: 4）。本章は，上記でみた構造的要因がどのように家事労働者の就労国での親密な関係性に影響しているのかを検討していく。とくに，本章ではシンガポールで家事労働者たちが経験するボーイフレンドなどとの性的な関係に着目する。この関係は，携帯電話への依存度が高いことから，本質的に流動的であるのがその特徴である。

　そのうえで本章では，移住労働の経済的な利益への着目は，移住者の生活と彼女たちの決定において極めて重要であるが，あくまでそのうちのひとつの次元でしかないということを論じたい。彼女たちの行動を分析するうえで

---

8)　Ministry of Manpower, Singapore "Foreign workforce numbers" http://www.mom.gov.sg/statistics-publications/others/statistics/Pages/ForeignWorkforceNumbers.aspx

9)　"Work Permit (Foreign Domestic Worker) − Before Employment" http://www.mom.gov.sg/foreign-manpower/passes-visas/work-permit-fdw/before-you-apply/Pages/basic-requirements-of-a-foreign-domestic-worker.aspx

は，経済的な動機以外にも，ラブや感情の側面を理解していくことが不可欠である。別の言い方をすると，複数の願望を現実のものとするために，女性は雇用者やボーイフレンドなどを含むひとたちとの間に多様な戦略や交渉を展開しているのである。

3 調査方法

　本章のデータは，2002年1月から2012年2月までのフィールドワークにもとづいている。シンガポール，インドネシア，フィリピンに合計7ヶ月滞在し，移住家事労働者ならびに元移住家事労働者にインタビューした。彼女たちは主に，シンガポール就労を経験している25人のフィリピン女性と36人のインドネシア女性であった。家事労働者が経済的な理由だけではなく，ラブやケアの獲得のために就労国に留まるという仮定を検討するために，シンガポールで2年の契約を更新している女性たちのインタビューを使用した。インタビューに加えて，彼女たちがどのように週末の休日を過ごしているのか，そして雇用者宅で働きながら，ボーイフレンドなどとどのように電話で連絡をとっているのかについて参与観察を行った。

　インタビュー対象者のなかには，10年近くインタビューに協力してくれた家事労働者たちも含まれている。研究期間中，これらの女性の婚姻状態も，彼女たちの親密な関係性の範囲や質も変化していった。初回のインタビュー時の女性たちの実年齢は15歳から55歳までであったが，20歳台から30歳台の前半に集中していた。フィリピン女性の半分は高卒であり，あと半分は大学を卒業したり，中退している。インドネシア女性のほとんどは中卒かそれに満たない。最初のインタビュー時の婚姻状態は，シングル，既婚，別居，離別，死別と多様であったが，シングルが約半分いた。筆者はまた，家事労働者をガールフレンドにもつ11人のバングラデシュとインド，ミャンマー，そしてシンガポールの男性にインタビューした。以下で用いたすべての名前は仮名である。

第 III 部　脆弱性の克服

　親密性，お金，交渉

「なぜ私がディスコに行くのか教えてあげる」

　雇用者からの手厳しい扱いを伴いがちな日々の長時間の労働は，家事労働者のケアしケアされる関係性へのニーズを高める。フィリピン出身のオリビアは「毎日，仕事と奥様との関係ですっかり疲れてしまう。一日の終わりには，私の話を聞いてくれる誰かが必要だ」。シンガポールにおいて構造的に周辺化された存在である家事労働者には，親密な関係性への渇望が生じやすい。それを満たす方法は，自分と同じ出身国（インドネシアの場合はできれば同じ地域や言語圏）の家事労働者のなかから親しい関係を育むことである。彼女たちは雇用者にみつからないように，就労中に携帯からショートメッセージを交換し，電話で話をする。そして休日には自分たちの出身国の移住者がたくさん集まっている場所で一緒に休日を過ごす。彼女たちは限られたお金や時間，ときには食料などを融通しあい，支え，支えられる耐久性のある関係を築こうとする。

　しかし，それ以外にも，シンガポールに出稼ぎに来ている男性外国人労働者やシンガポール人男性と親密な関係を育む選択肢がきわめて現実的なものとして存在している。筆者が，「移住家事労働者のどれくらいの割合が，ボーイフレンドと付き合っていると思うか」を本人たちに聞いたところ，多くが「半分以上」と答えたが，「8割以上」と答えたひとも複数いる。

　家事労働者が日曜日に大型スーパーに行くと，男性の外国人労働者から手を振られたり目配せをされたりしたあとに，手押しの買い物カゴや手提げカバンのなかに電話番号を書いた紙切れを投げ込まれることがある。日曜日に外国人労働者が集まるショッピングセンターや公園やディスコでは男性から気軽に声をかけられる。このような誘いはほとんどの場合，バングラデシュやインド，マレーシアなどからシンガポールに出稼ぎに来ている，家事労働者と同じ種類の就労ビザ（Work Permit）を有する男性労働者によるものである。彼らは，外出前に携帯番号を書いた紙切れを作ってデートの相手を探すのである。複数のインドネシア女性によると，シティプラザのショッピング

センターで服をみていると男性に「これは素敵な服だね」と声をかけられ，無視してもついてくる。もし彼女が笑みを返すと，「関心がある」というメッセージになる。「君は可愛い」「この服も似合うと思う」と言われ，女性が冗談で「そしたら買ってよ」と言うと，男性は財布を出そうとする。

　日曜日のディスコにも，家事労働者がたくさん集う。筆者は彼女たちに，「なぜ貴重な時間をディスコで過ごすのか」と尋ねると，インドネシアのアリは次のように答えた。

　　　私が休日に使うことができるのは，15［シンガポール］ドルで，私の女友達もそれぐらいの額である……私はタンジョンカトンの公園で友人たちと昼食パーティをする。皆が食事やドリンクやデザートを持ってくるのである……パーティが終わってショッピングにいっても，［この予算では］何も買えない。気分が落ち込むだけである。ディスコに友達といくと，6ドルの入場料でドリンク1杯がついている。3時間でも4時間でもねばることができる。私は狂ったように踊る。

　ディスコに集う男性は主にアジアの外国人労働者とシンガポールで働く西洋人，そして少数のシンガポール人である。彼らのなかには女性に「ドリンク要らない？」「ボーイフレンドいるの？」「携帯番号を教えて」といった甘言を言葉のシャワーのように浴びせるひとたちがいる。

　インドネシアのマラン出身の家事労働者のルースは，「今月は自分をなんとかコントロールできたが，来月は自信がない」と言う。ルースは雇用者から，些細なミスを（ミスをしていなくても）叱責され，「愚かだ，嘘つきだ，脳みそがない」と言われる。彼女は月に一度の休日にディスコにいき，ストレスを発散している。

　ルースと同様にインドネシアから来た家事労働者のアティは，携帯の待ち受け画面に息子の写真を設定し，彼女に街で話しかけてくる男性に携帯をかざす。彼女はシンガポールで男性と性的な関係をまだもったことがないが，彼女の頬にキスをした若いネパール人労働者のガールフレンドになるとどういうことになるのかと想像する。シンガポールに来た当初は，夫と2歳の息子に会えなくて辛かった。寂しさゆえに，休日に公園でランチパーティをす

第 III 部　脆弱性の克服

るグループに参加し，昼食が終われば，そのあとにディスコに行き，友人から紹介されたネパール男性に魅かれるようになった。夫からは，携帯メールで頻繁に送金の要請があり，また彼女が他の男性とつきあっていないかどうかを調べるために，休日毎にいまどこにいるのか電話がかかってくる。アティの近所では，彼女が出国する前から，シンガポールに出稼ぎにいく女性は夫に不義を働くという噂が広がっており，義理の母はアティもそうなるのではないかと心配していた。アティは，夫方親族からの疑いの眼差しと，逼迫した家計の経済状況ゆえに，男性からの誘いに対して脆弱になっている。

　バングラデシュ人の男性と付き合っているフィリピン出身のマリサは，15年もの長期間にわたって海外で働いてきたために，夫との間でライフスタイルや価値観が相違してしまったことがボーイフレンドを作る動機になったという。マリサは自分の家には居場所がないと感じている。

　ボーエンは，「部分的に，トランスナショナルな感情は，不貞のジェンダー化された特徴を反映しており，それは男性パートナーによるものがほとんどである」と指摘している（Boehm 2011: 101）。しかしシンガポールでは，不貞は女性の家事労働者によってもなされている。夫の海外出稼ぎで家に残された妻のケースについては指摘されていることであるが（Menjívar and Agadjanian 2007），家事労働者の夫や夫方親族もまた，送金が途絶えたり，妻に捨てられる可能性を恐れているのである。

　ところで，このような男性との関係性は家事労働者にどのような利益をもたらすのであろうか。多くの女性にとって，親密な関係性には「マッサージ効果」があるのかもしれない。ボーイフレンドからハンドタッチや甘言のシャワーを浴びることがマッサージのような癒しの効果を発揮するからである。この経験は，厳しい言葉を浴びせる雇用者の家族や雇用者の親戚，自国の虐待的な夫や彼女の行動に懐疑的な親族とは極めて対照的である。

　さらに家事労働者は性的なパートナーとしての男性だけを求めているのではない。彼女たちは，（同性愛者の男性を含む）男性の友人とも時間をかけて絆を深めていき，そうした男性に助力してもらう場合もある。あるインドネシア女性は，公園での彼女たちのランチパーティに時々顔をみせる友人の男性を，「私のブラザーのようなものだ」と説明した。彼女のインドネシア人

の元ボーイフレンドは，彼女と別れてから，彼女の携帯電話番号を不特定の
男性に広めていた。友人の男性が，この元ボーイフレンドと話をつけ，悪意
に満ちた行為をやめさせてくれた。このケースのように，男性との親密性は
保険のようなものとして機能しうることがわかる。

　加えて，遠方にいる女性の夫や婚約者は，シンガポールで「メイドである
こと」が本当に何を意味するのかについて，現地ボーイフレンドに較べると
理解が浅い。家事労働者の友人であるバングラデシュからの男性労働者は，
「彼女の家族にはお金が必要だ。しかし，雇用者の扱いはひどい…彼女を奴
隷のように扱う…本当に腹立たしいことである」と語った。性的な関係が
あってもなくても，このレベルの理解と共感を，自国の家族から得ることは
容易ではない。

　多くの先行研究が暗黙の前提にしているように，移住労働者が自国の家族
と国境を越えた関係を維持することを社会規範とする社会は多い（例えば
Boehm 2011: 97）。しかし，家族という考えを保持すべく行う家族構成員それ
ぞれの奮闘の形態は，家族構成員を分ける地理的な分断のどちらの側に立つ
かによって異なっている（Asis *et al.,* 2004: 200）。そして，距離が離れた自国の
夫や婚約者は，直接的な相互作用ができるシンガポールにいるボーイフレン
ドの代わりになるとは限らないのである。

「いくらお金をくれるの？」

　知らない男性が家事労働者の親密なボーイフレンドになっていく過程は，
いくつかの段階を経ることが多い。通常，その過程は外国人労働者が集まる
場所で男性が女性にアプローチをしたり，友達からその男性を紹介されたり
といったことではじまる。女性が笑みを返して，男性に携帯電話番号を渡す
と，親密な関係への大きなステップになる。

　ここで興味深いのは，関係のはじまりにおいて，女性が男性の気前良さを
測るテストをすることがある点である。キュートなバングラデシュの男性が
インドネシア出身のマニーの携帯に最初に電話したときに，彼女は電話を取
らなかった。その代りに彼にショートメールを送り，「トップアップ（プリペ
イド式携帯電話の利用可能残高）が足りなくて電話を掛けられない」と告げ

第 III 部　脆弱性の克服

た。もし彼が，彼女の携帯電話会社の名前を聞いて，彼女の番号のトップアップを補充してくれたのならば，彼は最初のテストに合格したのだが，その代わりに，マニーは「私も働いているけれど，あなたも働いているのでは？」というメールを受け取った。マニーは，その男性をケチだとみなし，彼の電話にもメールにも一切返事をしなかった。

　家事労働者たちは，キュートで，若くて，背が高い男性，できれば肌の色があまり黒くない体臭のきつくない男性が良いと言う。しかし，実際問題，彼女たちが重要視しているのは気前良さなのである。というのも，彼女たちは通常，男性との関係にお金を使うつもりがないからである。彼女たちは男性の外見を含む魅力と経済的なプロバイダーとしての力とを秤にかける傾向がある。

　次の過程としては，女性の友人たちが，その男性の外見，気前良さ，その他の性格的な特性を精査することが多い。男性が家事労働者をランチやドリンクにはじめて誘うとき，彼女は自分の女友達も連れてきていいかを彼に尋ねる。インドネシアからの家事労働者のナナは，インド出身のボーイフレンド候補に鼻高々であった。この男性はナナの 5 人の友人をファストフードのフライドチキン店に誘い，友人に対しても友好的だったからである。彼がテーブルを離れると，ナナと彼女の女友達は歓喜の声をあげて男性の品評会を始めた。ボーイフレンドへの集合的な評価は，共有された楽しみや失望の表現形式を取るのである（Boehm 2011: 101）。

　ハンサムで気前の良いボーフレンドをもつことは，その家事労働者の価値をあげると信じられている。彼女のボーイフレンド候補者の婚姻状態は，男性の見かけの良さと気前良さに較べると，重要性をもたないことが多い。家事労働者にとっては，出身国とシンガポールの滞在資格に関連したボーイフレンド候補のヒエラルキーが確実に存在している。シンガポール市民や永住権保有者，白人の駐在員がトップで，その次はセミプロフェッショナル用のS pass という労働許可書を持った外国人男性，最後は家事労働者と同じWork Permit の就労許可書をもつ，アジアの経済発展が遅れている国からシンガポールに出稼ぎにきている男性労働者である。言うまでもなくこのヒエラルキーは，男性の経済力に主に規定されている。

230

こうした男性のヒエラルキーは，ガールフレンドである彼女の自己イメージにも影響を及ぼす。ボーイフレンドは女性にとってのアクセサリーでもあり，ゴフマンが自己呈示のために必要だと概念化した「アイデンティティ・キット」（Goffman 1961＝1984: 20）の重要な部分を構成する。家事労働者としてシンガポールに入国するに際し，女性たちは，斡旋エージェンシー，雇用者，そしてシンガポール政府から価値を剥奪される（上野 2011: 37-65）。そのような価値の剥奪は，とくに高学歴のフィリピン女性にとっては下降の地位移動としてみなされる（Constable 1997: 65; Parreñas 2001a: 3）。こうした価値剥奪を受けた女性たちにとって，友人たちから高く評価される男性と一緒にいることは，自分が「特別な男性の注意を引きつける特別な女性」であることを証明するための手段として機能するのである。

親密な関係を展開する第三の過程は，ある男性のステディなガールフレンドになることである。通常，家事労働者は男性から携帯のトップアップなど，関係を維持するために必要なものと，そのほかの贈り物をもらう。この段階で，女性が男性に対して抱く欲望は複数であることが鮮明になる。実際，家事労働者の大多数は，ボーイフレンドに対してロマンティックラブを求めると同時に，経済的な援助を受けることを望み，そのことで自分の家族への送金額を増やそうとする。もしボーイフレンドがお金について関心がないふりをしたら，彼女は「いくらお金をくれるの？」とか「私の息子にパソコンを買ってもらえない？」とはっきりと頼むこともある。

もちろん，男性が彼ら自身の性的満足のために，お金の交渉をはじめることがある。女性は，性的サービスに対してお金を払ってくれる男性を紹介されたり，彼女のほうから経済的な動機付けで男性にアプローチすることがある。このような場合，女性のクライエントは外国人労働者である可能性が高い。しかし一般的に，男性側には，関係をロマンティックラブに変容させる強い経済的な動機付けが存在している。もし彼女がステディなガールフレンドになれば，彼は自分の性的満足のために料金を支払う必要がないからである。さらに，あるフィリピン女性によると，男女双方にとって「愛のあるセックスのほうが，ないセックスより良い」。

一般的に移住家事労働者が置かれている構造的に不利な条件を考えると，

第 III 部　脆弱性の克服

もし彼に何らかの魅力があれば，男性からの「恋人になって欲しい」という要求に強く抵抗できないかもしれない。さらに他の家事労働者の間でも人気が出そうな若くてハンサムな男性は，「自分たちはどういう関係でいるのが望ましいのか」を女性に交渉するうえで，彼女を弱い立場に追いやる。複数の欲望をもつ家事労働者は，性的な関係を持つ相手に，関係性の性質を経済的なものから，ロマンティックラブへと変質させられてしまうことがあるのである。

「本当に恋に落ちたのね」

　家事労働者にとって，最も安定的な関係が持てる相手は，シンガポール人男性と永住居住者である。そのような男性は，少なくとも送金の重荷からは自由であるため外国人労働者よりも経済的に有利であり，シンガポールを去る可能性も低い。これらのボーイフレンドは家事労働者に毎月のお小遣いを渡し，コンピューターをプレゼントするというのが一般的である。ここでも，彼の婚姻状況は重要ではない。というのも，彼女もまた結婚している場合が多いからである。あるマレー系シンガポール人の男性は，インドネシアの家事労働者を彼の「二番目の妻」だと紹介した。

　ボーイフレンドの経済的な安定性は，彼女の女性の友人にとっても重要である。もし，彼が気前が良いタイプなら，彼は，ガールフレンドの友人を招いて彼女の誕生日会を開催して出席者へのプレゼントまで準備し，また彼女の親友が急にお金が必要になったときには用立てまでしてくれることがある。この種のボーイフレンドとの関係が続けば，シンガポールでよりたくさんの貯金ができ，他の家事労働者に対して優越した立場に自分を置くことができる。

　他方で，家事労働者が，食事やドリンク，ホテル代まで負担し，ボーイフレンドにお金まで貸す場合もある。これは，自国の家族に重い送金義務がある男性の外国人労働者との関係で生じうることである。インドネシア出身の30歳代の既婚女性サラは，50歳台のマレー系シンガポール人とつきあっている。サラはギャングの夫から逃げるように息子を夫の親元に預けてきた。サラが離婚を切り出すと，「自殺するように」と言い放ったからである。対

照的に，彼女のシンガポール人のボーイフレンドは彼女の情緒的なニーズに
配慮し，毎月のお小遣いに加えて，自分たちで設定した様々な記念日や節目
に贈り物を渡している。しかし，サラは最近，20歳台後半のバングラデシュ
男性とも付き合い始めた。その関係においては彼女が彼に経済的なサポート
をする役である。

　ある日曜日の夕方，インタビューを兼ねた夕食会のテーブルで，サラは，
同時に二人の男性と親密に付き合うことの困難について話し始めた。ひとり
のインドネシア人女性は，バングラデシュのボーイフレンドに批判的であっ
た。他方，そのテーブルにいたフィリピン女性は，「あなたはこの男性と本
当に恋に落ちたのね」としみじみとした口調でコメントをしていた。

　みてきたように，家事労働者のなかにはボーイフレンドを友達に紹介する
ひとが多いが，なかには数人の親しい友人にしか打ちあけないひとたちもい
る。フィリピン出身のミッシェルは，「私は秘密にしておきたい…雇用者に
知られたらややこしいことになる」と話した。もうひとりのフィリピン女性
のアグネスは，雇用者の家から地理的に遠いところで，バングラデシュのボー
イフレンドと会うことにしている。なぜなら，彼女の友人のひとりが，近所
の人にデートをみつかって写真を撮られ，雇用者にフィリピンに帰国させら
れてしまったからである。

　ほとんどの雇用者は家事労働者がボーイフレンドをもつことに対して否定
的である。これには，シンガポールの新聞がボーイフレンドとの関係でトラ
ブルが起こった家事労働者のケースを頻繁に報道することや，前述したよう
に雇用者に家事労働者に対する監督責任があることと関係している。家事労
働者のなかには，雇用者にボーイフレンドに会いにいくことを気づかれない
ように，休日に公衆トイレで服を着替え，化粧をし，夕方には化粧を落とし
て戻ってくる女性たちが少なくない。

「彼は『俺の子どもを殺すな』と言ってくれた」

　ボーイフレンドと付き合うことに付随する出来事のひとつに，妊娠がある。
そして妊娠は，男性との別離や中絶につながることが多い。先行研究が示す
ように（Blanc 2001），彼女たちはボーイフレンドとの関係性を通じてラブと

第 III 部　脆弱性の克服

送金の点で得をしても，男性にコンドーム使用を強いることができない場合が多い。そして，その帰結は，女性が担うことになる。家事労働者にとって，妊娠は決定的なライフイベントである。というのも，家事労働者としてシンガポールで働けなくなるからである。もし自国に戻り出産し，新しい雇用者をみつけたとしても，高いエージェンシー費用がかかる。一般的には，家事労働者は，堕胎しようと試みる。

　インドネシア人女性スワティは，マレーシアの男性と付き合うなかで妊娠したが，親は彼女の送金を必要としていた。それに加えて，彼女はこのマレーシアの男性に強い情緒的な絆を感じており，帰国したくなかった。彼女は，熟していないパイナップルやドリアンを食べ，中絶ピルを服用し，子どもを自分でおろそうとしたが，うまくいかなかった。彼女はインドネシアに戻り，子どもを出産した。その新生児は深刻な健康状態で生まれ，高額な医療費が必要になった。彼女は病気の子どもを彼女の母親のもとに置いて，治療費を稼ぐためにシンガポールに戻ってきた。その子どもは4歳で死亡したが，スワティは葬式に出席できなかった。雇用者は彼女の息子のこともボーイフレンドのことも知らなかったからである。

　他方，妊娠によって，ボーイフレンドと決別することも多い。例えば，エトリは2006年にシンガポールにきたが，雇用者の別居している祖母（アマ）が料理を作るので，雇用者宅から祖母の家に通い，掃除と洗濯をして料理を持ち帰るという毎日を送っていた。良い雇用者ではなかった。いつも叱られ，彼女の食事の量も十分ではなかった。果物は腐りかけたものだけ食べさせてもらえた。そういう生活が1年近く続いたある日，帰り道でバングラデシュ出身の男性に呼び止められた。彼は近所の建設現場で働きながら，エトリが行き来するのを眺めていた。そして月に1度の休日にデートをするようになった。数ヶ月後，妊娠がわかった。彼に知らせると，開口一番「俺の子どもを殺すな」と言われた。エトリは嬉しかった。しかしその後，彼は携帯電話の番号を変えてしまい，連絡が取れなくなった。中絶するタイミングも逃してしまった。

　雇用者が家事労働者の行為を監視しており，休日も少ないので，家事労働者は友達やボーイフレンドとのコミュニケーションの手段として携帯電話に

依存するようになる（Kitiarsa 2008: 602）。携帯電話に依存した関係は，極め
て不安定である。家事労働者が嫌な男性からの電話をブロックするように，
男性側も同じことをするからである。彼らにもまた，シンガポールに膨大な
数のガールフレンド候補者がいるからだ。

　シンガポールで働く家事労働者の間で，望まない妊娠が現実に多く生じて
いる。これは，フィリピン女性が 2 年の契約終了後の休暇に自国に戻り，避
妊薬だけでなく，中絶のピルを購入し，シンガポールでこっそり販売してい
ることからもわかる。また家事労働者たちは，友人が妊娠ゆえに契約を終え
る前にインドネシアやフィリピンに帰国しているのを見てきているし，なか
には友達がシンガポールで中絶のためにクリニックに行くのに同行したとい
うひともいる[10]。中絶というプライベートなことであっても，女性が中絶費
用を友人たちに借りる際に，その話が伝わってしまう。お金を借りる先は，
友人の家事労働者だけではない。その友人のボーイフレンドが経済的に余裕
のあるシンガポール人であった場合には，そこから借りることもある。

　女性の就労国でのボーイフレンドやパートナー関係への希求は，痛みを伴
うことがある。彼女たちの海外出稼ぎの主な理由は経済的なものである。こ
れまでみてきたように妊娠は，関係の終結，中絶，強いられた帰国に結びつ
くことがあるので，ボーイフレンドと性的関係を持つことは合理的ではない
行為と見なされるかもしれない。しかし，性的関係をもつことは，合理的で
はなくても，「理にかなった行為」（Hirsch 2003: 4）であると解釈することも
できる。結果はどうなろうとも欲求不満や怒りをボーイフレンドとの関係で
解消しようとすることは，新聞でよく取り上げられているような絶望のうち
に自分や雇用者の家族を傷つけるケースよりもましである。エトリのケース
について，彼女の友人は，彼が「俺の子どもを殺すな」と言ったのは堕胎の

10）家事労働者を斡旋するエージェンシーの情報として，中絶費用は 4,000 シンガポールドル
　（264,000円）と報じられている（“Agency ordered to pay for maid's abortion” *The New Paper*, September
　22, 2010）。しかし筆者のインタビューでは，2000 年代の中頃までは 500 シンガポールドル（33,000
　円）で，2000 年代末には 700 シンガポールドル（46,200 円）で中絶がなされていた。2010 年 9
　月 29 日のシンガポールの新聞『ストレイト・タイムス』の記事によると，2010 年現在で
　196,000 人いる外国人家事労働者のうち，半年ごとに義務づけられている血液・尿検査で妊娠が
　判明したのを理由に帰国させられたのはこの 1 年間で約 100 人だけであるが，それ以外にも仕
　事を続けるために秘密裏に中絶している女性たちが存在する可能性がある。

第 III 部　脆弱性の克服

費用負担を避けるための方便だったと思っている。しかし，エトリは，彼との関係がシンガポールで起きた出来事のなかで唯一良かったことだと回想しているのである。

「日曜日には夫に会いに行く」

　移民研究者パイパーらは，従来の移動研究が，アジアの女性を主に労働者か花嫁のどちらかとしてしか扱ってこなかったと批判する（Piper and Roces 2003）。そうした従来の研究に対してパイパーらは，労働であれ，結婚であれ，就学であれ，国境を越えるひとの移動を継続したプロセスとして捉えるトランスナショナルなライフコース・パースペクティブを提唱している。たとえば「海外就労」と「国際結婚」とは，これまでの研究ではそれぞれ別の現象として扱われていたが，このパースペクティブでは，「海外就労が帰結する国際結婚」，あるいは「国際結婚の結果としての海外就労」などのように連続的な現象としてみることになる（McKay 2003; Piper and Roces 2003）。

　シンガポールでのいくつかのケースは，このパースペクティブの有効性を証明する結果になっている。インドネシアからの家事労働者のシシは，マレー系シンガポール人と月に 1 度の休日にデートしていた。彼女が 2 年の契約を終える前に，彼は彼女に結婚を申し込んだ。彼女はインドネシアに戻り，違う名前で新しいパスポートを作ってシンガポールに戻ってきた。パスポートを偽造したのは，家事労働者の経歴が結婚登録や長期滞在の許可の申請にマイナスになるのではないかと考えたからである。夫の親の意向で，シシは家事労働者の友人を結婚式に呼ばなかった。その後，彼女はシンガポールで永住権を獲得し，子どもを生んだ。子どもに手がかからなくなった現在では，マレーの菓子を市場で販売し，インドネシアの親には定期的に送金している。

　シシのケースは，インドネシアの家事労働者のあいだで流通している成功物語のひとつのタイプである。女性の移住を「労働者か花嫁か」という視点のみから見るならば，こうした成功物語は「労働者枠組み」からの逸脱の一エピソードとしてしか捉えられない。しかし，コーエンがいうようにこうした「成功物語」が労働移動を底支えしており（Cohen 1988: 79–90），シシのようなケースは，インドネシアからの移住者をシンガポールに引き付ける役目

を果たしている。つまり，女性の海外就労は，家事労働者として働き自国の家族に送金するという目的だけでなく，「自分が生まれかわること」という，従来の女性の移動研究では見落とされてきた目的によって駆動されていることになる。

　筆者の研究フィールドにおいて，この目的は，程度の差こそあれ，インドネシア人女性よりもフィリピン人女性の間ではっきりと意識化されていた。一般的に，家事労働者としてシンガポールに入るフィリピン人女性は，インドネシア人女性より年配である。シンガポールに来る前に大学に在籍していたひとや，就労経験のあるひとたちが少なくないからである。年齢の高さもあって，フィリピンからの家事労働者の少なからぬ部分は既婚者なのだが，実態として夫と離婚状態であるというひとがかなり多い。カトリック教国のフィリピンでは，離婚は手続きが煩雑でかかる費用も高額なため，夫と別居しながらも法律上は結婚している状態のまま，というのが普通だ。そして，夫と別居したあと，子どもたちの養育費を工面することが，シンガポール就労の主な理由になっているのである。

　たとえば，小学校の教員をしていたジョアンナは，3歳の息子を母親と叔母に預けてシンガポールに働きに来た。彼女は，外国人の夫をみつける決意が強かった。彼女は，貴重な休日のすべてをインターネットカフェで過ごし，フィリピンの家族とスカイプで話をしたあと，いくつかのインターネットのデートサイトでマッチした男性とメールやチャットをする。彼女はシンガポール人男性，シンガポールの外国人駐在員，永住権保持者をターゲットにしていた。重要なのは，ジョアンナはこの3つのカテゴリーのどれかに入る男性なら，息子の養育費のみならず，彼女のフィリピンでの婚姻を無効にするのに要する弁護士，精神鑑定，裁判所の費用の合計200,000フィリピンペソを支払ってくれるだろうと思っていたことである。稼得能力がある男性をみつけることで，自分の人生に変化をつけていくという女性の個人的な目標は，彼女の自国の家族プロジェクトのなかに埋め込まれている（Yeoh *et al.* 2002: 4）。外国人とのうまくいく結婚のみが，別れたい夫との関係を清算してくれ，家族の経済状態を決定的に好転させうるからである。

　もちろん，シンガポール人男性と結婚しようとするすべての家事労働者が，

法的に結婚できるわけではない。インドネシアの家事労働者のヨガはこの数年付き合っていたシンガポールの男性と再婚するつもりで，夫と離婚するために村に帰った。しかし，その後シンガポールでの滞在ビザ申請がうまく行かなかった。ヨガは友人から，男性の収入が低いか，彼女自身の家事労働者としての被雇用歴が問題になっているのではないかと言われたが，本当の理由は誰もわからない。ヨガはいまもシンガポールで働いている。それが彼女のボーイフレンドと定期的に会うことができる唯一の方法だからである。

　より頻繁に認められる形態は，シンガポールにいるマレーシアの男性労働者と結婚したインドネシア女性が，結婚後もシンガポールで働き続けることである。新郎はマレーシアのジョホールバルからシンガポールの建設現場に毎日通う。インドネシアの新婦は家事労働者として雇用者の家で働き，平日は携帯で，休日は夫とシンガポールかマレーシアで会う。シンガポールで，国境を超えたランデブーを遂行しているのである。

　また，フィアンセがシンガポールで働いているので，もう一方も後を追ってシンガポールにいくというケースもある。シンガポールのメディアで大きく取り上げられたミャンマー出身のカップル[11]の場合は，女性がシンガポールで電気技師として働くフィアンセを追いかけ，家事労働者として入国した。シンガポールの NGO の援助もあって，シンガポールで結婚式を挙げ婚姻登録まで成し遂げた。二人はもともと 6 年間ヤンゴンで付き合っていて結婚を考えていた。男性が先にシンガポールに就労したために，女性が後を追ったのである。これは，パートナーと一緒に暮らすために移動するパートナー・マイグレーション（Kingma 2006: 15）とよく似ている。しかし，この夫妻にはシンガポールでは一緒に住んで子どもを産むという選択肢はない。前述したように，シンガポールでは家事労働者は雇用者の家に住まなければならないし，妊娠することも許されていないからだ。実際，この女性は結婚後すぐに妊娠してしまい，女性だけがヤンゴンに戻り，別居生活になった。

11）"Myanmar couple on work permits wed though they'll live apart." *The Strait Times*, August 22, 2011.

「同性のパートナーさがし」

　家事労働者の親密な関係性として，同性愛の関係も取り上げなくてはならない。男性のように振る舞う女性は，シンガポールで働くフィリピン女性やインドネシア女性の間では「トンボイ tomboy」と呼ばれているが，トンボイたちのなかには，シンガポールや香港に同性のパートナーを探しに来ている場合もあるのだ。これらの国はコンパクトな都市国家であり，家事労働者がガールフレンドをみつけ，性的に親密な関係を育むのに有利な条件が整っているからである。シンガポールから一旦フィリピンに帰国したオリビアは，ミャンマー出身のガールフレンドが恋しくてすぐにシンガポールに舞い戻った。国土が狭く，公共交通システムが整っているシンガポールでは，休日さえあればお互い会うことは比較的容易である。

　シンガポールの家事労働者たちの間には，夫やボーイフレンドとの関係では異性愛者であったが，海外に出てから性的な好みを変えたひとたちがいる。あるインドネシアの家事労働者は，シンガポールではじめて付き合ったボーイフレンドから暴力を振るわれ，その後は男性的な身なりと行動様式の特徴を兼ね備えたトンボイの家事労働者と付き合うようになった。彼女は，「家事労働者たちの休日の公園やディスコでの振る舞いを観察するなかで，性的な好みは変更できるのだということを経験則として学習していったのだ」と述べている。

　彼女の経験について言うべきことは，彼女はシンガポールの公園やディスコで同性愛的な振る舞いをはっきりと観察することができたということである。これは逆に言えば，彼女たちの出身地域ではそうしたものは観察しにくかったということだ。つまり，そうした地域の同質的な価値体系が，女性たちに同性愛的なライフスタイルの展開を困難にしていたのである。カンツの同性愛のセクシュアリティと国際移動の研究は，メキシコから「安息の地」を求めて北上する同性愛者たちの経験を描いている（Cantú 2009）。同様に，シンガポールで家事労働者たちが休日を過ごす出身国ごとの集まり場所が，同性愛関係にある女性たちにとっての一時的な安息の地として役立っているのである。

　セクシュアリティには，プライベートな領域での身体的な関係に留まらず，

第 III 部　脆弱性の克服

公的な領域で表立って表現される側面がある（Hirsch 2003: 4）。移住家事労働者は休日に集う場所で，多様な性的ライフスタイルに遭遇する。彼女たちは実際に，同性愛のひとたちが日曜日の昼食の集まりで戯れているのを観察することができる。もちろん，家事労働者たちのなかには，そのような同性愛関係が顕示される光景に興味を持つひとたちだけではなく，それは奇妙だとか，理解しがたいことだとみなすひとたちも多い。しかし，重要なのは，これらの同性愛の表立っての表現が，シンガポールの移住家事労働者たちの日常的な場面になっているという事実である。異性愛の自明性は，就労国の新しい文脈において，弱まってしまうのだ。

ギデンスは，「同性愛者であるとの表明は，『快活な人間（ゲイ）』という同性愛者自身による自己描写の流布がその切っ掛けとなっており，このことは，ある社会現象が集合的な社会参加を通して承認され，変質させられていく再帰的自己自覚的過程の一例となっている」（Giddens 1992 = 1995: 29）と指摘している。公共の場で同性愛関係を高らかに表明する移住家事労働者たちのなかで，ギデンスのいうような「再帰的な自己」（Giddens 1991 = 2005）が出現していると見ることができる。就労国に渡ることで経済的基盤が確立し，人間関係の選択肢が増加したことを背景に，家事労働者たちは自分が何者であるかを自覚する力，さらには自分で自分を規定する力を身に付けつつあるのだ（Giddens 1992 = 1995）。

おわりに

ここまでの議論を要約すると，本章でみてきた女性たちは，単に東南アジアの経済発展が遅れた地域から来た「メイド」や，自国の家族における娘や母親や妻であるだけでなく，シンガポールで暮らす男性のガールフレンドであったり，契約妻や内縁の妻や配偶者であったり，さらには同性愛のパートナーであったりもする。シンガポールで働く他の親族や他の家事労働者，ときには雇用者家族との関係に加えて，ボーイフレンドやパートナーなどとの情緒的，性的，そして経済的な絆が，家事労働者にシンガポールでの滞在を

240

第8章　ラブ・ゲイン

延長させる誘因になっている。この選択が，本章のタイトルである「ラブ・ゲイン」のリアリティを反映しているのである。

　かくして，本章での議論は，海外出稼ぎ労働者の家族や地域における「ケアとラブの空白」を強調するケア・ドレインの仮説と対立する。この仮説に基づく議論は，家事労働者の自国での関係を良いものだと仮定し，女性の国際労働移動によって親密圏が破壊されることを焦点化するゆえに，就労国で新しく構築される親密な関係が等閑視されがちである。現実には，家庭内暴力から逃れるためや，自分と自分の子どもを扶養してくれる新しい男性を探すためなどでシンガポールに渡航する場合もある。彼女たちは，「女性であること」，とくに「移動する力」を資源として利用し，自分の人生に違いをつけようとしているのである（Morokvasic 2003: 102）。

　家事労働者としてのシンガポールへの労働移動の背景には，自国の家庭の経済的な困窮や，暴力的な配偶者からの逃亡，情緒的ならびに性的な生活を向上させようとする女性自身の戦略，そして海外で就労する間により確実な経済的手段を提供してくれるパートナーを探すことなどまで，実に多様な状況がある。特筆すべきことは，妊娠とシンガポール人ならびに永住権保有者との結婚に関する制度的ならびに構造的な制約にもかかわらず，少なからぬ数の移住家事労働者は，性的な関係を含む親密なつきあいを通して，自分たちの生活を情緒的ならびに物質的に向上させるべく奮闘しているという点である。

　本章では，移住家事労働者をラブとロマンスの追求者として浮き上がらせた。性的な活動は，男性と女性の移住労働者にとって，就労国での生活の重要な一部分である。それはまた，女性がボーイフレンドとの関係で，パワーを獲得するのに成功したり失敗したりする交渉のアリーナでもある。そのような「交渉の主体」としての女性の姿は，本研究では，現在の婚姻を無効にするための弁護士費用を支払ってくれる将来の愛すべき夫を探すフィリピン人女性の間でもっとも明確に観察されていた。

　彼女たちのロマンス追求行動は，寂しいとか，男性と遊びたいなどの個人的な理由だけではなく，ボーイフレンドを獲得することで，結果として家族への送金額が少し増えるかもしれない，あるいは稼得能力をもつ次の夫をみ

241

第 III 部　脆弱性の克服

つけることができるかもしれない，といった家族の経済的利益とも不可分に
絡み合い，自己正当化されている部分があるのである。

　移住家事労働者は，従来の自国での関係性を変容し，新しい関係性を創造
する。私たちがシンガポールにおける親密性の生きた経験に目をやれば，家
事労働者が他者とのロマンティックラブの言説に参加し，その構築に一役
買っていることがわかるであろう。ギデンスのいうように，ロマンティック
ラブは「自己への問いかけをある程度想定している」（Giddens 1992＝1995:
71）。彼女たちは，日曜日に念入りに化粧をして，フェイスブックのページ
に掲載するため自分の写真をとり，デパートやショッピング・モールの飾り
窓を自己の鏡にして，自分の姿が街を行き交う男性にとって魅力的に映るか
どうかを確認しながら，男性から見られ，また男性を選ぶ自分というものに
きわめて意識的になっている。

　家事労働者が語るラブストーリーには，英語とラブというコスモポリタン
の言語（Faier 2007: 153）と携帯電話というコミュニケーションツールによっ
て，伝統的な社会から出てきた彼女たちが，モダンな社会環境へ参加してい
くという側面が含まれている。雇用者の家で掃除，洗濯，料理をしながら，
家事労働者はハンズフリーの携帯を使って親密性関連のトピックについて友
人と話し込む。雇用者宅で働きながら，あるいは日曜日にディスコで踊り，
インターネットカフェで PC のスクリーンを凝視しながら，彼女はひたすら
メールを打ち，送信し続け，親密性をめぐる交渉に没頭していくのである。

・**参考文献**・

Asis, M., S. Huang, B.Yeoh 2004. When the Light of the Home is Abroad: Unskilled Female
　　Migration and the Filipino Family, *Singapore Journal of Tropical Geography*, 25(2): 198-
　　215.

Bao, J. 2008. *Marital Acts: Gender, Sexuality, and Identity among the Chinese Thai Diaspora*.
　　Honolulu: University of Hawaii Press.

Boehm, D. A. 2011. Deseos y Dolores: Mapping Desire, Suffering, and (Dis)loyalty within
　　Transnational Partnerships. *International Migration*, 49(6): 95-106.

Boehm, D. A. and H. Swank 2011. Introduction. *International Migration*, 49(6): 1-6.

Blanc, A. K. 2001. The Effect of Power in Sexual Relationships on Sexual and Reproductive

Health: An Examination of the Evidence. *Studies in Family Planning*, 32(3): 189–213.

Cantú, L. Jr. 2009. *The Sexuality of Migration: Border Crossings and Mexican Immigrant Men*. New York: New York University Press.

Chang, K. A. and Ling, L. H. M. 2000. Globalization and its Intimate Other: Filipina Domestic Workers in Hong Kong. in M. H. Marchand and A. S. Ryan (eds), *Gender and Global Restructuring: Sightings, Sites and Resistances*. London: Routledge. 31–47.

Cohen, R. 1988. *The New Helots: Migrants in the International Division of Labour*. Aldershot: Gower.

Constable, N. 1997. *Maid to Order in Hong Kong: Stories of Filipina Workers*. Ithaca: Cornell University Press.

――――― 2003. *Romance on a Global Stage: Pen Pals, Virtual Ethnography, and "Mail Order" Marriages*. Berkeley: University of California Press.

――――― (ed.) 2005. *Cross-Border Marriages: Gender and Mobility in Transnational Asia*. Philadelphia: University of Pennsylvania Press.

――――― 2009. The Commodification of Intimacy: Marriage, Sex, and Reproductive Labor. *Annual Review of Anthropology*, 38: 49–64.

Dannecker, P. 2005. Transnational Migration and the Transformation of Gender Relations: The Case of Bangladeshi Labour Migrants. *Current Sociology*, 53(4): 655–674.

Ehrenreich, B. and A. R. Hochschild 2004. Introduction. Ehrenreich, Barbara and Arlie Russell Hochschild (eds.), *Global Woman: Nannies, Maids, and Sex Workers in the New Economy*. New York: OWL Books. 1–13.

Faier, L. 2007. Filipina Migrants in Rural Japan and Their Professions of Love. *American Ethnologist*, 34(I): 148–162.

――――― 2009. *Intimate Encounters: Filipina Women and the Remaking of Rural Japan*. Berkeley: University of California Press.

Giddens, A. 1991. *Modernity and Self-identity: Self and Society in the Late Modern Age*. Cambridge: Polity Press.（アンソニー・ギデンズ『モダニティと自己アイデンティティ —— 後期近代における自己と社会』（秋吉美都・安藤太郎・筒井淳也訳）ハーベスト社，2005 年）

――――― 1992. *The Transformation of Intimacy: Sexuality, Love and Eroticism in Modern Societies*. Cambridge: Polity Press. Press.（アンソニー・ギデンズ『親密性の変容 —— 近代社会におけるセクシュアリティ，愛情，エロティシズム』（松尾精文・松川昭子訳）而立書房，1995 年）

Goffman, E. 1961. *Asylums: Essays on the Social Situation of Mental Patients and Other Inmates*. New York: Doubleday & Company.（アーヴィング・ゴッフマン『アサイラム —— 施設被収容者の日常世界』（石黒毅訳）誠信書房 , 1984 年）

Hirsch, J. S. 2003. *A Courtship after Marriage: Sexuality and Love in Mexican Transnational Families*. Berkeley, CA: University of California.

第 III 部　脆弱性の克服

Hochschild, A. R. 2000. Global Care Chains and Emotional Surplus Value. Will Hutton and Anthony Giddens (eds.) *On the Edge: Living with Global Capitalism*. London: Jonathan Cape. 130–146.

Hondagneu-Sotelo, P. and E. Avila 1997. I'm Here, but I'm There: The Meanings of Latina Transnational Motherhood. *Gender & Society* 11(5): 548–571.

Horton, S. 2009. A Mother's Heart is Weighed Down with Stones: A Phenomenological Approach to the Experience of Transnational Motherhood. *Culture, Medicine, and Psychiatry* 33(1): 21–40.

Human Rights Watch 2005. Maid to Order: Ending Abuses against Migrant Domestic Workers in Singapore. *Human Rights Watch* 17(10): 1–124. (http://www.hrw.org/reports/2005/singapore1205/)

Isaksen, L. W., Devi S. U., A. R. Hochschild 2008. Global Care Crisis: A Problem of Capital, Care Chain, or Commons? *American Behavioral Scientist* 52(3): 405–425.

Jongwilaiwan, R. and Thompson, E. C. 2013. Thai Wives in Singapore and Transnational Patriarchy. *Gender, Place and Culture* 20(3): 363–381.

Kingma, M. 2006. *Nurses on the Move: Migration and the Global Health Care Economy*. Ithaca, NY: Cornell University Press.

Kitiarsa, P. 2008. Thai Migrants in Singapore: State, Intimacy, and Desire, *Gender, Place and Culture* 15(6): 565–610.

Lan, P.-C. 2006. *Global Cinderellas: Migrant Domestics and Newly Rich Employers in Taiwan*. Durham: Duke University Press.

Lindio-McGovern, L. 2003. Labor Export in the Context of Globalization: The Experience of Filipino Domestic Workers in Rome. *International Sociology* 18(3): 513–534.

McKay, D. 2003. Filipinas in Canada: De-skilling as a Push toward Marriage. Nicola Piper, Mina Roces (eds.), *Wife or Worker?: Asian Women and Migration*. Lanham: Rowman and Littlefield, 23–51.

Menjívar, C. 2000. *Fragmented Ties: Salvadoran Immigrant Networks in America*. Berkeley: University of California Press.

Menjívar, C., and V. Agadjanian 2007. Men's Migration and Women's Lives: Views from Rural Armenia and Guatemala. *Social Science Quarterly* 88(5): 1243–1262.

Morokvasic, M. 2003. Transnational Mobility and Gender: A View from Post-wall Europe. Mirjana Morokvasic, Umut Erel and Kyoko Shinozaki (eds.), *Crossing Borders and Shifting Boundaries. Gender on the Move*. Opladen: Leske+Budrich, 101–133.

Oishi, N. 2005. *Women in Motion: Globalization, State Policies, and Labor Migration in Asia*. California: Stanford University Press.

Parreñas, R. S. 2001a. *Servants of Globalization: Women, Migration, and Domestic Work*. Stanford: Stanford University Press.

———— 2001b. Mothering from a Distance: Emotions, Gender, and Inter-Generational

Relations in Filipino Transnational Families. *Feminist Studies* 27(2): 361–390.

———— 2004. The Care Crisis in the Philippines: Children and Transnational Families in the New Global Economy. Barbara Ehrenrich, Arile Russell Hochschild (eds.), *Global Woman: Nannies, Maids, and Sex Workers in the New Economy*. New York: OWL Books, 39–54.

———— 2005a. *Children of Global Migration: Transnational Families and Gendered Woes*. Palo Alto, CA: Stanford University Press.

———— 2005b. Long Distance Intimacy: Class, Gender and Intergenerational Relations between Mothers and Children in Filipino Transnational Families. *Global Network*s 5(4): 317–336.

Piller, I. 2011. *Intercultural Communication: A Critical Introduction*. Edinburgh University Press.

Piper, N. and Mina Roces 2003. Introduction: Marriage and Migration. Nicola. Piper and Mina Roces (eds.) *Wife or Worker?: Asian Women and Migration*. Lanham, MD: Rowman & Littlefield Pub Inc, 1–21.

Piperno, F. 2007. From Care Drain to Care Gain: Migration in Romania and Ukraine and the Rise of Transnational Welfare. *Development* 50(4): 63–68.

Saroca, C. 2012. Filipino–Australian intimacies online: love, romance and 'naughty emoticons'. *South East Asia Research*, 20 (1): 53–82.

Tacoli, C. 1996. Migrating 'For the Sake of the Family?': Gender, Life Course and Intra-Household Relations Among Filipino Migrants in Rome. *Philippine Sociological Review* 44 (1–4): 12–32.

上野加代子 2011.『国境を越えるアジアの家事労働者 —— 女性たちの生活戦略』世界思想社

Yeoh, B. S. A., E. Graham and P. J. Boyle 2002. Migrations and Family Relations in the Asia Pacific Region. *Asian and Pacific Migration Journal* 11 (1): 1–11.

第9章 東アジアにおける移民労働と市民社会

五十嵐誠一

はじめに

グローバリゼーションの進展と拡大に伴う主権国家の枠を超えた貿易取引，資本の移転，人の移動は，もはや留まるところを知らない。移民労働という現象も，そのようなグローバリゼーションの「副産物」と言えよう。先進国と途上国との対称的な人口統計学的傾向は，少なくとも今後40年間にわたり，移民労働が国家経済を支える重要なファクターになりうることを示している（IOM 2008: 36-38）。

グローバリゼーション，とりわけその経済面の底流にあるのは，新自由主義というイデオロギー，思想，政策である。新自由主義経済は，しばしば非正規部門の拡大を惹起するとともに，正規・非正規を問わず労働条件水準を引き下げる（鈴木 2010: iii）。移民労働政策においては，国境の開放と労働移動の自由化が促進される一方で，自国民の安全のためとして移民管理の強化が図られる。かかる状況にあっては，自国民ではない移民労働者，中でも生産領域の非熟練労働者や労働者として認められにくい再生産領域の移民労働者が直面する多様な問題を解消することは，ことさら難しかろう。

東アジアという地域も例外ではない。冷戦終結後に加速度を増す経済のグローバリゼーションは，東アジア諸国を新自由主義路線の強化へと誘い（Hill, Park, and Saito 2012: 8-22），それを補強するように「新自由主義型地域主義」

第 III 部　脆弱性の克服

とも揶揄される地域レベルの枠組み作りが進められている（五十嵐 2014: 118-119）。このように経済的相互依存が深下する東アジアでは，政治的・経済的システムの介在によって大規模かつシステマティックに労働者の国際移動が生じている点に特徴がある。そこでは，外国人の高度人材の獲得競争が起こる一方で，労働集約部門での外国人の非高度人材の需要が高まっている。それにも拘わらず，東アジアの多くの国の移民政策では，もっぱら経済的観点から移民労働者が捉えられ，移民労働者が享受すべき様ざまな権利が依然として十分に承認されていない（Castles and Miller 2009＝2011: 125-147）。権利ベースのアプローチの必要性が強調されている「移民労働者のための ILO 行動計画」（2004 年）とは，およそかけ離れた状態にある[1]。

　このような移民労働政策の実状に鑑み，東アジア各国では早くから移民労働者の支援と保護を求める動きが市民社会の領域で形成されてきた。近年では，成長した各国の市民社会アクターが，国境を超えたネットワークを形成しながら，適切な移民労働規範を地域全体に浸透させるべく様ざまな運動を展開している。そのような運動は，支配的な趨勢である「上」からの「新自

---

1)　より具体的な指針は，以下の通りである。①各国における労働市場ニーズと人口学的動向を考慮しつつ，正規の労働移動を拡大する。適切な場合には，人口の高齢化が国の経済に及ぼす影響に対処するためのマネジメントされた移民を推進する。②受入国と送出国間での二国間・多国間での協定など，就労目的のマネジメントされた労働移動を推進する。③ ILO 第 181 号条約及び第 188 号勧告に従い，移民労働者の募集・契約機関を認可し，監督をする。④移民労働者のディーセント・ワークを推進し，移民労働者の権利に関する意識啓発を進める。⑤非正規の労働移動，不正な慣行，移民の密入国，人身取引を防ぎ，戦う。⑥全ての移民労働者の人権を保護し，推進する。移民労働者の社会統合及び社会への組み込みを推進する。移民労働者への差別を減じ，人種主義，排外主義をなくすための方策。⑦全ての移民労働者が，関連する全ての国際労働基準規定の恩恵が得られるよう確保するための方策を推進すること。全ての移民労働者が国内労働法制と適用される社会法の対象となるよう確保するための方策を講じる。⑧労働監督を改善し，移民労働者が脅迫されることなく苦情を申し立て，救済を求めることができるような手段を作る。⑨送金コストを削減する方策及び送金を生産的に投資することを推進するインセンティブ。⑩移民の帰国，出身国への再統合，移民による資本と技術の移転を促進する諸政策。⑪移民の雇用可能性を高めるため，適切な場合には，移民労働者のスキルと資格の認識と認定を推進する。移民労働者の倫理的な募集採用のための指針の推進，スキルのある保健・教育労働者の十分な供給を確保するための，相互に便益のあるアプローチを模索する。⑫「3K（きつい，汚い，危険）仕事」，家庭内労働及びインフォーマル経済に従事する女性など，特定の職業と部門に従事する男女の移民労働者が直面する特別なリスクに対応する。⑬正規の移民に関しては，二国間・地域内・多国間の協定を通じて社会保障やその他の関連する資格の携行性（ポータビリティ）を促進する（国際労働機関 2004）。

由主義型地域主義」に「下」から修正を迫ろうとする市民社会の構想（「オルタナティブ地域主義」）の一部をもなしている。

　先行研究を俯瞰するに，移民労働者を支援する市民社会アクターの動向については，十分に研究が蓄積されているとは言い難い。地域レベルにおける国境を越えた市民社会ネットワークに至っては，その実体すら十分に把握されていないのが現状であろう。そこで本章では，国内レベルのみならず地域レベルで多様な運動を展開する代表的な組織をも取り上げ，それらの活動を実証的に検証する。本書の主たる関心は再生産労働にあるが，市民社会の問題関心は，再生産領域を含めた移民労働全般に及ぶことが多い。よって，本章では，再生産領域に限定せずに市民社会の動向を検証したい。

　本章の構成は，以下の通りである。第1節では，本章の分析視角を検討する。ここでは，市民社会の役割と意義を移民労働というイシューに引き寄せて整理する。その上で，市民社会の参画と対抗力を重視した「シビル・レギュラシオン」と「シビル・ガバナンス」という概念を提示する。第2節では，東アジア諸国の労働基準法と労働基本権に注目し，移民労働者の権利保障状況を確認する。加えて，移民労働に関わる国際レジームの批准状況を概観する。第3節では，東アジアの受入国・地域（香港，台湾，シンガポール，タイ）の市民社会アクターの成長の歴史，活動，役割を分析する。第4節では，東アジアにおいて移民労働問題に取り組む代表的な市民社会ネットワークを具体的に考察する。とくに，「東南アジア諸国連合」（Association of Southeast Asian Nations＝ASEAN）に対する政策提言活動とメコン地域を対象とした活動に注目する。最後に，東アジアの移民労働に関する課題と展望を述べる。

1　分析視角の検討

1-1．生産領域・再生産領域の国際分業

　フォーディズムからポスト・フォーディズムへの変容が叫ばれて久しい。蓄積体制がフレキシブル化し，自由主義的生産至上主義が跋扈する現在，

第 III 部　脆弱性の克服

フォーディズム型の労使間合意は解体し，労働組合の地位は大きく低下した。フレキシブルな蓄積体制では，雇用関係は流動化し，労働力の柔軟な調整を可能にするために非正規雇用が増大する（斉藤 1998: 247-248; 2010: 197-199）。高度経済成長を迎えた先進国では，この不安定な非正規雇用の一翼を移民労働者が担っている。シンガポール，マレーシア，タイ，台湾，韓国，日本などにおいて，3K（危険，汚い，きつい）と言われる職種の労働力不足を移民労働者が補完してきたことは，もはや多言を要しまい（Tseng 2004; Kitiarsa 2005; Lee and Park 2005; Wong and Yazdanifard 2015）。そうした移民労働者は，労働基準法の適用対象になっている場合でさえも，パスポートの取上げ，強制貯金，時間外労働，保証金による身柄拘束などの問題に直面する。

　労働力の国際分業は，生産領域でのみ生じているわけではない。再生産領域でも進んでおり，それは「移民労働の女性化」と切り離して論じることはできない。1980 年代以降，香港，シンガポール，台湾では家事労働や介護労働において，近隣のアジア諸国から女性の移民労働者が大量に流入してきた。その背景には，先進国における既婚女性の社会進出，高齢者の増加，福祉費用の削減などが挙げられよう。以前は無償報酬であった家事や介護は，今や移民労働者の有償労働によって代替されるようになった。しかし，家事労働者は，多くの国で労働者として認められていないため，移民家事労働者は労働基本権を享受できず，搾取や虐待に直面することも少なくない。

　家庭内の情愛や性愛の市場化という意味では，キャバクラなどの遊興飲食業や性産業も，再生産領域の一翼を構成する[2]。日本では，経済成長に伴い飲食業で生じた人手不足を，フィリピン人エンターテイナーが埋めていった。エンターテイナーの多くは，劣悪な条件で働くことを求められ，遊興飲食業

---

2)　再生産領域を広く捉える議論が近年では盛んである。例えば，伊藤と足立は，ジェンダーの視点から再生産領域のグローバル化に接近するとき，再生産領域の社会領域を広げて概念化する必要に迫られるとし，国際結婚，ホステスの海外就労，人身売買など，労働という範疇では捉えきれない現象をも再生産領域に含める（伊藤・足立 2008: 9）。五十嵐も，再生産労働に介護，保育，家事代行サービスなどの家庭内から市場化されたものだけでなく，現実の生活者の冷蔵庫となっているコンビニとその背後にある弁当産業，低価格の外食産業，ビルの清掃やケータリング業者，さらにはキャバクラなどの遊興飲食業や性風俗産業を含めて捉える必要性を説く（五十嵐 2010: 29）。

は人身売買の温床ともなってきた[3]。周辺諸国から移民女性が集まり成長を遂げるタイの性産業でも，児童売春や人身売買が後を絶たない（Vungsiriphisal, Auasalung and Chantavanich 1999; Spires 2015）。

　再生産労働という現象をより緩やかに捉えれば，日本の農村などでケアの提供を期待した国際結婚もそこに含められよう（安藤 2009）。日本以上に急ピッチで少子高齢化に向かう韓国でも，外国人花嫁の数は増加の一途を辿っている（中尾 2010: 43-47）。台湾においては，とくに 1993 年に李登輝が採用した南向政策によって東南アジアとの関係が強化され，東南アジアからの花嫁が増加していった（ウ 2010: 24-29）。いずれの国でも，結婚移民に対する偏見や暴力などが問題視されている。

1-2. 政治システムと経済システムの介在

　移民労働が生じる要因については，やや古典的な議論ではあるが経済学において，プッシュ要因とプル要因が指摘されてきた。すなわち，経済成長によって労働力不足に直面する受入国に，経済発展が遅れ雇用機会が不足している送出国から移民が流入する（Ahsan, Abella, Beath, Huang, Luthria and Nguyen 2014: 92）。現在の国際社会では，これに地域という領域枠を加えなければならない。当該地域における経済統合の深化が，必然的に域内での人の移動を助長するからである。このような構造的要因に加え，主体に注目した場合，政府と企業およびブローカーの介在が，より組織化・制度化された労働力の移動を促進している点も看過できまい（Sassen 2007: 131）。さらに，移民労働の女性化という点では，若い女性を海外に出稼ぎに行かせることに対して寛容な社会的規範が，東南アジアには存在する（小川・王・劉 2010: 20）。

　東アジアにおける移民労働者は，しばしば政府によって熟練か非熟練かに分類される。前者は，主に看護師や医者，専門家，技術労働者，後者は，主に家庭内労働者，工場労働者，漁業従事者，生産労働者，農業労働者，産業労働者を指す。東アジアの場合，非熟練労働者が大きな割合を占めている点

3）　日本人と結婚した彼女らは，家計を助けるためか経済的に自立するために，介護労働に進出する姿も見られる（DAWN 2003 = 2005; 高畑 2009）。

第 III 部　脆弱性の克服

に特徴がある。以下，このような非熟練労働者に注目して東アジア諸国の受入れ政策を概観してみよう。

　東南アジアでは，まずシンガポールが，1965 年から労働許可制の下で輸出型製造業を支える単純労働者の受入れを開始する。78 年には外国人メイド計画を策定し，外国人家事労働者の導入に踏み切った（HRW 2005: 16）。シンガポールの後を追い工業化へ邁進するマレーシアは，80 年代に入るまでは無制度の下で受入れてきたが，84 年以降は二国間協定の下で農業，建設業，家事などで単純労働者の受入れを開始する（Freeman 1999: 73-74）。経済成長に伴い近隣 3 カ国から労働者が流入するタイは，78 年以降，外国人雇用法の特例やその時どきの閣議決定によって不法就労する外国人に労働許可を与えてきた（山田 2010: 16）。

　東北アジアでは，いち早く香港がイギリスの植民地下で 1974 年から家事労働者の政策的な受入れを始め，90 年には単純労働者の受入れに乗り出す（Ullah 2010: 10-11）。台湾は，工業化を背景とした労働需要の高まりを受けて 89 年から単純労働者の受入れに踏み切り，92 年には就業服務法を制定して家事・介護労働者の受入れを開始した（Huang and Douglass 2009: 53）。日本と韓国は，前者は 81 年，後者は 93 年から研修生制度という枠内での単純労働者の受入れを開始する。さらに，韓国は，2004 年から雇用許可制を導入し，単純労働者の本格的な受入れに踏み切った。

　民間の斡旋業者の関与と仲介は，生産領域，再生産領域の別を問わず広く見られる。いわゆる「移民産業」は，多くの場合，新自由主義政策と調和しており（Menz 2013），東アジアでは他の地域では見られないほど高度に発達している（IOM 2005: 103）。例えば，台湾，シンガポール，マレーシアでは，民間企業が単純労働者の人材仲介機能を果たしている（今野 2007: 13）。香港には，710 社の家事労働者の斡旋企業があるとされる（伊藤 2008: 26）。タイでは，斡旋業のネットワークが発達し，300 万人以上の移民労働者にサービスを提供している（Huguet and Chamratrithirong 2011: 3）。インドネシアとベトナムから台湾と韓国への国際結婚では，斡旋企業による仲介が主流である（奥島 2008: 25-26）。経済システムの介在による大きな問題は，搾取，不正，虐待に関わる斡旋業者の存在である。斡旋業者は，日本のエンターテイナー

252

で見られたように，インフォーマル・エコノミーに属することもあり，その場合には移民労働者は人身売買や強制労働に曝される可能性がより高くなる。

1-3. 市民的公共圏と市民社会の成長

　以上のような組織化・制度化された移民労働の拡大は，市民的公共圏と市民社会にも変容を迫る。

　市民的公共圏の議論に先鞭を付けたのは，批判理論の代表的論客であるハーバーマスであった。彼は社会空間を，相互理解を志向する社会的行為者の直接的なコミュニケーションによって構成される生活世界と，権力と貨幣の非人格的な交換からなるシステムとに分け，前者の中に親密圏と公共圏，後者の中に国家と市場をそれぞれ配置した（ハーバーマス 1994: 65-68, 72-78）。高度資本主義の発展に伴い，政治システム（権力）と経済システム（貨幣）による生活世界の侵犯（「生活世界の植民地化」）が進むと，公共圏は国家の外部の批判的空間としての機能を次第に喪失していった。このようなシステムの侵犯を阻止するために，公共圏がその批判的機能を回復させることが現代的課題として論じられている。かかる意味での公共圏を，狭義の公共圏としての市民的公共圏と呼べよう。

　より行為主体を重視すれば市民的公共圏を，国家と市場とは区別されたアソシエーションの領域としての市民社会と言い換えることも可能である。「非政府組織」（Non-Governmental Organization＝NGO）と「非営利組織」（Non-Profit Organization＝NPO）は，市民社会の領域で活動する代表的なアクターである。労働組合，協同組合，学術団体，宗教団体，さらには社会改革を求める多様な社会運動も市民社会の重要な担い手である。

　このように市民的公共圏および市民社会を，政府と市場から自律した組織や運動が生成される領域と捉えた場合，そこで活動する主体の移民労働における存在意義は，以下の点に見出せよう。

　第1に，移民労働者による労働組合の結成である。無論，労働組合の発達度は，国や地域によって濃淡があり，それには労働基本権に関わる政府の政

第 III 部　脆弱性の克服

策や法令が関係してくる。例えば，移民労働者による労働組合の結成や既存の労働組合への参加が法律で認められていないシンガポールと認められている香港とでは，市民社会の領域で生じる運動の性質や強さは大きく異なる。移民労働者の組織化に，労働組合や NGO・NPO が支援を提供する場合もある。

　第 2 に，既存の労働組合による移民労働者の組織化支援である。我が国でも見られるコミュニティ・ユニオンの活動が，その最たる例と言えよう（小川 2000a; 2000b）。コミュニティ・ユニオンは，主に自国民の非正規労働者の組織化に従事してきたが，近年では，時に NGO・NPO と協力関係を築きながら，非正規雇用の外国人労働者の組織化にも着手するようになっている（駒井 2004: 34-39）。一種の社会運動ユニオニズム（社会運動的労働運動）とも言える [4]。

　第 3 に，公共性（公共サービス）という観点で見れば，とりわけ公的サービスを受けるのが困難なことが多い周縁化された非熟練の移民労働者にとって，様々な社会サービスの提供を行う NGO・NPO は貴重な存在である。そのような役割を果たす NGO・NPO の重要性を認識して中央政府や地方政府が，NGO・NPO と協働関係を構築する場合もある。

　第 4 に，NGO・NPO は，移民労働者の代弁者となってその権利保障を求める政策提言活動に従事する。とりわけ，移民の排斥や移民の人権の侵害は，政府の政策や民間の斡旋企業の不適切な活動と無関係ではないことから，それらの行動に修正を求める対抗的な運動が展開される。そこでは，人権の倫理も頻繁に活用される。こうした動きは，今や国境を超えた濃密なネットワークへと発展し，移民労働に関わる地域規範と地域レジームの形成と変容を促進しつつある。

4）　社会運動ユニオニズムについては，論者によって定義が異なるが，鈴木は以下の共通点を列挙する。①既存の労使関係制度の制約を超えた労働運動，②労働組合の目的の再定義（コミュニティー，ジェンダー，環境問題などを組合の課題として取り込む），③労働組合と社会運動団体との協力あるいは同盟関係，④労働組合組織の民主化，組合員や活動家の草の根レベルでの動員，組合政策をめぐる組合内の討議の活発化，⑤労働者の草の根レベルでの国際連帯（鈴木 2005: 2）。

第 9 章　東アジアにおける移民労働と市民社会

1-4.　シビル・レギュラシオンとシビル・ガバナンス

　このような市民社会の動きは，我われを新たな理論的パースペクティブへ
と誘う。そのキー概念が，レギュラシオンとヘゲモニーである。

　端的に言ってレギュラシオンとは，社会（市民社会）による市場の制度調
整を意味する。この概念の登場には，政府による介入のみでは市場の不安定
性を取り除くのは困難であり，その役割を社会（市民社会）が担わざるをえ
ないという時代背景があった（山田 2005: 2-4）。しかし，蓄積体制がフレキ
シブル化し，非正規雇用と移民労働者が増加するポスト・フォーディズム時
代の現在，新たなソシエタル・パラダイムが模索されている[5]。

　ネオ・マルクス主義やポスト・マルクス主義では，グラムシのヘゲモニー
という概念を援用しながらレギュラシオンという概念を再定義しようとする
試みが行われている（平田 1993; 佐々木 2003）。そこでは，調整様式（レギュラ
シオン）をめぐるヘゲモニー闘争の場として市民社会が捉えられている（ヒル
シュ 1997: 165, 192）。本章の関心に引き寄せて言えば，市民社会とは，新自
由主義を推進する政府と市場（資本）による支配的ヘゲモニーが不可避的に
浸透し，その合意が形成される領域である一方[6]，政府と市場から自立した
運動が展開し，その運動が移民労働者の保護を強く求める対抗的ヘゲモニー
へと発展する場でもある。移民労働においては，新自由主義を推進する政府
と資本による支配的ヘゲモニーと移民労働者の保護を求める労働組合や
NGO による対抗的ヘゲモニーとの対立が観察できる。

　無論，対抗的ヘゲモニーは，決して一元的ではない。市民社会の現代的特
徴は，多様な社会運動の展開にある。よって，市民社会によるレギュラシオ
ンとは，フォード主義的な賃労働関係の調整という枠を超え，様々な社会運
動もが主題化され，多様なアイデンティティと利益の折り合いがなされる新
しい政治的実践に他ならない。実際，単一のイシューに見える移民労働でさ

---

5)　例えば，若森は，オルタナティブなレギュラシオンを予兆し，外国人労働者を不安定雇用に含
　めて論じている（若森 1996: 242-246）。
6)　経済学者のハーベイは，この新自由主義の台頭を市民社会のヘゲモニーという視角から考察し
　ている（Harvey 2005 = 2007）。

255

え，人権やジェンダーと不可分な関係にあり，多様な運動主体が関わっている。こうした市民社会の強化を通じた新たなレギュラシオンを佐々木は「シビル・レギュラシオン」と呼ぶ（佐々木 2003: 198）。

このようなポスト・フォーディズム時代における複雑な利害関係の調整を，ガバナンスという概念で論じることも可能であろう。斉藤はガバナンスを，ポスト・フォーディズムの時代の調整メカニズムとして捉え，レギュラシオン理論の新たな地平を切り拓く。すなわち，ガバナンスとは，「国家の公式機関や市場競争に代わって，当事者相互の情報交換，交渉，協力関係を介した空間の調整様式」に他ならない（斉藤 1998: 175）。「下」からの市民社会の参画と対抗力を重視すれば，「シビル・ガバナンス」と表現することもできよう。

東アジアでは，こうしたシビル・レギュラシオンとシビル・ガバナンスが，市民社会同士の国境を越えたネットワークの成長により，地域レベルでも発達し始めている。市民社会アクターは，時に「オルタナティブ地域主義」や「民衆中心的地域主義」を言説戦略としながら，「新自由主義型地域主義」（Mittleman 2000 = 2002: 116）や「市場志向の経済的地域主義」（Acharya and Johnston 2007: 250–251）などと揶揄される「上」からの地域主義に修正を迫る力を蓄えつつある。移民をトランスナショナルな主体と捉えれば，多国籍企業や国家による「上」からのトランスナショナリズムと移民とその支援者による「下」からのトランスナショナリズムという構図になろう（Portes, Guarnizo and Landolt 1999: 221）。既存の国家中心的・経済中心的な地域主義研究は，「下」からの市民社会による地域主義とトランスナショナリズムを軽視してきた。東アジアの経験は，このような先行研究に修正を迫る。

② 東アジアの移民労働政策とグローバルな移民労働レジーム

2-1. 労働基準法と労働基本権

ここでは受入国・地域である韓国，香港，台湾，シンガポール，マレーシ

ア，タイにおける移民労働者の権利保障状況を，労働基準法と労働基本権に
焦点を当てながら整理する。

韓国では，1988年2月に発効した第9次改正憲法の第11条と97年3月
に制定された勤労基準法の第6条によって，外国人労働者を差別から保護す
ることが規定されている[7]。2003年7月に制定された外国人労働者雇用法で
も，第22条において明確に外国人労働者への差別の禁止を定めており，外
国人労働者にも韓国人と同じように団結権，団体交渉権，団体行動権，国が
決める最低賃金を保障するとされている（宣 2007: 1-2）。これを受けて 2005
年4月には，移民労働者の労働組合が結成されたが，正式には認められてい
なかった。2015年5月に最高裁判所は，労働組合を合法とする判決を下し
ている。外国人家事労働者については，そもそも個人宅における仕事には勤
労基準法が適用されないため，その対象とはならない（ユー 2006）。外国人
家事労働者による労働組合の結成は可能である。

香港では，労働基準法に相当する雇傭条例が1968年9月に導入された。
雇傭条例は，家事労働者を含む全ての外国人労働者に適用され，標準雇用契
約書も政庁によって作成されている。法定休日・祝日の取得は，雇傭条例に
も標準雇用契約書にも定められており，出身国の違いで雇用契約の内容に差
は生じない。また，雇傭条例により，家事労働者を含め移民労働者には香港
市民と同様の権利が与えられており，労働組合の結成とそれへの参加も認め
られている（安里 2006: 12; 合田 2007: 76-77）。外国人家事労働者については，
87年4月から導入された「2週間ルール」（2年間の契約期間が終了した時，2
週間以内に帰国）が適用される。

台湾では，1984年7月に制定された労働基準法が産業労働者には適用さ
れる。増加の一途を辿る家事労働者と介護労働者については，98年4月に
政府は労働基準法を適用するという決定を下したが，99年1月には賃金の
高騰により雇用主の支払い能力を超えるという理由で適用対象外とした（城
本 2010: 34）。また，家事労働者を含め移民労働者が労働組合に参加すること
は可能であるが，労働組合を組織することは禁止されてきた。しかし，2010

---

7)　http://www.moleg.go.kr/english/korLawEng?pstSeq=47463

第 III 部　脆弱性の克服

年 6 月の労働組合法の改正によって，労働組合の指導者になることが可能になった（Chang 2011）。

　シンガポールでは，1968 年 8 月に制定された雇用法が労働基準法に相当し，それは外国人労働者に対しても適用される。しかし，労働許可証で働く外国人家事労働者は，対象とはならないため，時間外労働賃金や休祭日などの権利は保障されていない（Ueno 2014: 241）。労働組合に参加する権利とそれを結成する権利については，憲法で保障されているが，実際には治安や公的秩序を理由に議会が制限を課すことができ，登録を拒否する登記官の権限も極めて大きい[8]。加えて，労働組合法の第 30 条と第 31 条は，大臣の許可なく非シンガポール市民が労働組合を結成することとそれに参加することを禁じている。

　マレーシアでは，労働基準法に相当する雇用法が 1955 年に成立した。同法では，全ての外国人労働者はマレーシア人労働者と同等の扱いを受けるとされている。しかし，家事労働者は，適用対象外である。また，雇用法の第 8 条と 59 年に制定された労働組合法の第 28 条によって，外国人労働者の既存の労働組合への参加が保障されているが，内務省が労働許可の条件に労働組合への参加を禁じているため，実際の参加は困難である[9]。加えて，労働組合法の第 28 条は，労働組合の指導者はマレーシア市民に限ると規定しているため，外国人労働者が労働組合を結成することはできない。

　タイでは，労働基準法に相当する労働者保護法が 1998 年 1 月に制定された。同法は，外国人労働者を含む全ての労働者を同様に扱うことを求めている[10]。しかし，実際には無視されていることが多い。外国人家事労働者は，同法の適用対象外である。また，75 年 3 月に施行された労働関係法の第 88 条と第 101 条は，既存の労働組合への外国人の参加を禁じていないが，労働組合の指導者になることを禁じているため，移民労働者は労働組合を結成することができない。

　以上をまとめたものが表 1 である。韓国と香港を除く東アジアの受入国・

---

8)　http://www.refworld.org/docid/4fd88927c.html

9)　http://survey.ituc-csi.org/Malaysia.html?lang=en#tabs-2

10)　http://www.ilo.org/dyn/natlex/docs/WEBTEXT/49727/65119/E98THA01.htm

第9章　東アジアにおける移民労働と市民社会

表1　東アジアの受入国における移民労働者の権利

	韓国	台湾	香港	シンガポール	マレーシア	タイ
労働基準法の適用	○（×）	△（×）	○（○）	○（×）	○（×）	○（×）
労働組合の結成	○（○）	○（×）	○（○）	×（×）	×（×）	×（×）
労働組合への参加	○（○）	○（○）	○（○）	×（×）	△（×）	○（○）

(出所) 筆者作成。カッコ内は家事労働者の場合を表す。台湾の△は，産業労働者だけが適用されることを示す。
マレーシアの△は，認められているが事実上参加が困難なことを示す。

地域では，依然として権利が制限されていることが窺えよう。無論，韓国，
マレーシア，タイの例が示すように，法令上は権利が付与されていても，実
際には権利の享受が困難であることにも留意しなければならない。

2-2. 移民労働に関わる国際レジーム

　次に，「国際労働機関」（International Labour Organization = ILO）の整理に従
い [11]，とくに移民労働と関係が深い国際条約の批准状況を見ておきたい。移
民労働者の保護に特化した国際条約としては，1949年7月に採択された
ILO の「移民労働者条約（改正）（第97号）」がある。同条約は，移民労働者
を援助する施設や医療施設を維持することや労働条件・宿泊設備・社会保
障・その他に関して内外人均等待遇を行うことを政府に義務づけている。こ
れを補足する条約として75年6月に採択されたのが，ILO の「移民労働者
（補足規定）条約（第143号）」である。第143号は，移民労働者の劣悪な状況
の解消や移民労働者とその家族の機会および待遇の均等を求めている。

　これらの条約を補完しつつ，より包括的に人権の枠組みから，非正規を含
む移民労働者とその家族の権利の保障を求めたのが，1990年12月に国際連
合の第45回総会で採択された「全ての移民労働者とその家族の権利に関す
る国際条約」（International Convention on the Protection of the Rights of All Migrant
Workers and Members of Their Families/Migrant Workers Convention = MWC）である。
MWC では，移民労働者とその家族の権利の保障に関する市民的，政治的，

---

11) http://www.ilo.org/migrant/areas/international-standards-on-labour-migration-and-protection-of-
migrant-workers-rights/lang--en/index.htm

259

第 III 部　脆弱性の克服

表 2　東アジアにおける移民労働レジームの批准状況

	29号	87号	97号	98号	100号	105号	111号	138号	143号	181号	182号	189号	MWC
日本	○	○		○	○			○		○	○		
韓国					○		○	○			○		
中国					○		○	○			○		
北朝鮮													
モンゴル	○	○		○	○	○	○	○		○	○		
ブルネイ								○			○		
カンボジア		○		○	○	○	○	○			○		署名
インドネシア	○	○		○	○	○	○	○			○		○
ラオス	○				○			○			○		
マレーシア	○		※	○	○	○		○			○		
ミャンマー	○	○											
フィリピン	○	○	○	○	○	○		○	○		○	○	○
シンガポール	○			○	○	○					○		
タイ	○				○			○			○		
ベトナム	○				○			○			○		
東ティモール	○	○		○									○

(出所) 筆者作成。※サバ州のみ。なお，29 号，87 号，98 号，100 号，105 号，111 号，138 号，182 号は，ILO のコア 8 条約と呼ばれている。

経済的，社会的条項が記されている。

　移民労働者を含む労働者の基本的な権利に関する ILO の条約としては，強制労働の禁止を求めた「強制労働条約（第 29 号）」とそれを補完する「強制労働廃止条約（第 105 号）」，児童労働の禁止を求めた「最低年齢条約（第 138 号）」とそれを補完する「最悪の形態の児童労働条約（第 182 号）」，労働三権に関する「結社の自由および団結権保護条約（第 87 号）」とそれを確認した「団結権および団体交渉権条約（第 98 号）」，平等な扱いと差別の禁止を求めた「同一報酬条約（第 100 号）」と「差別待遇（雇用及び職業）条約（第 111 号）」などが挙げられる。

　それ以外にも個別的な条約として，ILO の「民間職業仲介事業所条約（第

第9章　東アジアにおける移民労働と市民社会

181 号）」がある。これは民間の職業仲介事業所を利用する労働者の保護を求めたものである。斡旋業者を利用することが多い移民労働者の保護とも関係してこよう。女性の移民家事労働者が多い東アジアでは，ILO の「家事労働者条約（第 189 号）」も大きな意味を持つ。第 189 号は，移民労働者を含む全ての家事労働者を対象としており，労働・社会保障法の適用対象外になることが多い家事労働者を労働者として認定し，その労働条件の改善を求めている。

　以上の国際レジーム群が，グローバルに拡大しつつある移民労働規範をおおよそ体現したものであり，それらの批准状況をまとめたものが表 2 である。東アジアにおいて，とくに移民労働に特化した第 97 号と第 143 号を批准しているのはフィリピンのみである。最も包括的な MWC を批准しているのも 3 カ国にすぎない。

③　受入国の市民社会

3-1.　香港の市民社会

　イギリスの植民地下で市民社会が育まれてきた香港では，移民労働者の組織化の自由が早くから保障されてきた。香港で特筆すべき移民労働者は，香港市民の家庭で働く女性の家事労働者である。ビザ・入境許可証別で見ても，半数近くにのぼる[12]。この香港では，NGO の支援を得ながら結成された移民労働者の労働組合が多数存在し，それらが連合を組んで移民労働者の待遇の改善等を求める運動を行っている。

　家事労働者の割合が最も多いフィリピン人については，早くも 1981 年 3月に教会系の NGO として「移民労働者ミッション」（Mission for Migrant Workers = MFMW）が，家事労働者への虐待や搾取に鑑みて結成された。84年 5 月に MFMW は，香港で最初のフィリピン人労働者の連合体となる「香

12）香港統計局によれば，2012 年現在，外国人家事労働者の数は 312,395 人である（Census and Statistics Department 2013: 43）。

261

第 III 部　脆弱性の克服

港フィリピン人連合」(United Filipinos in Hong Kong = UNIFIL-HK) の結成を支援する。UNIFIL-HK は，現在までに香港の外国人労働者問題に取り組む有力な連合体の 1 つとなっている[13]。

外国人労働者の組織化においては，1989 年に誕生した「アジア移民センター」(Asian Migrant Centre = AMC) という NGO が主導的な役割を果たしてきた。89 年 5 月にアジアで最初の外国人家事労働者組合として正式に登録された「アジア家事労働者組合」(Asian Domestic Workers Union = ADWU) の結成を支援したのも，他ならぬこの AMC であった。フィリピン人が主導する ADWU は，すぐにインドネシア人，タイ人，スリランカ人も参加する多民族組織へと変容し (Martens 1994: 51)，90 年代初めに勢力を拡大する。しかし，ADWU は，多数派のフィリピン人に対して少数派のタイ人の意向が反映されていないといった不満に直面し，次第に衰退していった (Swider 2006: 123)。それにとって代わるように，AMC の支援を得ながら新たな組織が国籍ごとに結成されてゆく。98 年には「フィリピン移民労働者組合」(Filipino Migrant Workers Union = FMWU)，99 年にはアジアにおけるインドネシア人初の家事労働者組合として「インドネシア女性移民組合」(Indonesian Migrant Women's Union = IMWU) が誕生する。これらに加えて，タイ人によって「タイ女性グループ」(Thai Women's Association = TWA) が設立された。

1990 年代後半になると国籍を越えた連携が進む。1 つは，MFMW の主導によって 96 年 10 月に誕生した「アジア移民調整委員会」(Asian Migrants Coordinating Body = AMCB) である。AMCB は，香港で最大規模の多民族の移民組織であり，FMWU や UNIFIL-HK などがメンバーとして参加している (Hsia 2009)。もう 1 つは，ADWU や IMWU などの組織が集結して設立された「移民の権利のための連合」(Coalition for Migrants' Rights = CMR) である。CMR は，AMC と連携しながら賃金，移民法，雇用契約などに関する政策提言運動を展開している。

これらの組織が一定の成果を収めた運動としては，賃金カットへの抗議運動が挙げられよう。1975 年に設けられた標準雇用契約は，移民家事労働者

---

13) http://www.migrants.net/

に最低賃金を支払うことを雇用主に義務づけているが，98年8月に香港市政局は経済低迷を主たる理由に家事労働者の賃金20％カットを提案した。これに対してAMCBとCMRは，政府役人に嘆願書を提出する一方で，6,000人超を動員して抗議運動を展開する。こうした運動によって賃金カットを5％に抑えることができた（Law 2010: 136-137）。2002年1月にも政府は再び賃金カットを試みようとするが，AMCBは5,000人超の動員を行い，賃金凍結を勝ち取った（Hsia 2009: 121-122）。

　出産に関する法改正に反対する運動も成功例の1つである。1999年に香港政府は，家事労働者が妊娠した場合には相互の合意により契約を解除できるとする法改正を試みようとした。これに対してCMRは，移民労働者と香港市民を動員し，法改正が全ての女性に対する攻撃であるという解釈を広めながら，労働局に提言書を提出する一方で，送出国政府に香港政府と議論するよう圧力をかけた。また，CMRは，ILO第97号に違反しているという異議申し立てをもILOに対して行った。このような運動の結果，法改正は棚上げになった（CMR 1999; Swider 2006: 126-127; Law 2010: 136）。

　AMCBを中心に展開される課徴金の廃止を求める運動も，注目に値する。課徴金とは，一種の労働者再訓練税である。2003年の賃金カットとほぼ同時に導入されたもので，雇用主に対して毎月400香港ドルの納入を義務づけている。AMCBは，これを実質的には家事労働者への課税であるとして批判してきた（AMCB 2006; 2008）。5年にわたる反対運動は実を結び，2008年に再訓練税は5年間停止されることとなり，2013年1月に廃止された（Davis and Asis 2013）。

3-2. 台湾の市民社会

　1970年代から急速な経済発展を遂げた台湾は，非熟練労働者の不足に直面したため，89年10月から移民労働者の就労を正式に許可し始めた。92年5月には就業服務法を公布し，移民労働者の法的な制御に乗り出す。現在までに移民労働者の全就業者数に占める割合は3％を超えるが，導入から20年以上が経過する間に大きな変化が生じている。建設業と製造業に従事

第 III 部　脆弱性の克服

する「産業外勞」と呼ばれる外国人労働者の数については，建設業では大きく減少し，製造業では横ばいであるのに対して，「社福外勞」と呼ばれる外国人の介護士と家政婦の外国人労働者に占める割合は，4割を超えるまでに増加している（中原 2009: 73-78）。

　既述したように台湾において移民労働者は，労働組合を設立することはできないが，既存の労働組合に加入することはできる。しかし，既存の労働組合は，移民労働者を高失業率の原因と見なし，その加入に対して消極的である[14]。このため，教会系の団体や自律的な NGO が，現在に至るまで移民労働者の支援において重要な役割を果たしている。

　代表的な NGO の1つは，1985 年 11 月に台湾長老派教会によって設立された「ステラ・マリス国際サービスセンター」（Stella Maris International Service Center＝SMISC）である。同センターは，主に外国人船員を支援してきた。もう1つは，聖コロンバン宣教会が 86 年 11 月に設立した「希望労働者センター」（Hope Workers' Center＝HWC）である。HWC は，移民労働者の生活の支援や意識の改革に取り組んでおり，「行政院労工委員会」（Council of Labor Affairs＝CLA）の委託を受けて，移民労働者の緊急保護も行っている。最後に，台湾長老派教会が 88 年 7 月に設立した「台湾草の根女性労働者センター」（Taiwan Grassroots Women Workers' Center）がある。同センターは，フェミニズムの促進を通じて女性労働運動の高揚を図ってきた（蔡・蕭 2007: 167-170）。

　以上の組織がキリスト教会の資金で設立されたのに対して，より自律的な組織として 1999 年 10 月に誕生したのが「台湾国際労働者協会」（Taiwan International Workers' Association＝TIWA）である。TIWA は，外国人労働者と外国人配偶者の人権の擁護とエンパワーメントを求める台湾初の NGO と言われている。TIWA は，2000 年に台北市の労働課の財的支援を得て，移民労働者に法的・組織化支援を提供する「移民エンパワーメントハウス」（House of Migrant Empowerment＝HOME）を設置した。この試みは，台北市と市民社会との協働の成功事例として注目された。これを足掛かりに TIWA は，「フィリピン人組合会議」（Kapulungan ng Samahang Pilipino＝KaSaPi）や「台湾インド

14）例えば，労働組合は，政府に対して外国人労働者の削減要求を行っている（http://www.jil.go.jp/foreign/jihou/2006_10/taiwan_02.html）。

ネシア人移民労働者連合」(Taiwan Indonesian Migrant Workers' Association =
TMWA) などの組織の結成を支援した (Lan 2005: 226)。

　2001年以降になると，市民社会アクターによる全国規模の政策提言活動
が展開されてゆく。まず，CLA が外国人労働者 (製造業と建設業) の住居費
を給与から天引きしようとしたことに抗議するために，HWC や SMISC な
ど 7 つのキリスト教団体が 2001 年に「台湾カトリック移住政策提言」
(Catholic Migrant Advocates, Taiwan) を結成し，共同声明を発表する。移民労働
者を支援するキリスト教団体がネットワークを形成して共同声明を出したの
は，これが初めてのことであった (CMA 2001) [15]。2003 年 3 月には TIWA が，
家事服務法の制定を目指すキャンペーンを開始する。家事服務法とは，外国
人の家事労働者も労働基準法の対象にすることを規定する法律である。この
運動を通じて 13 の団体が結集し「家事服務法推動連盟」(Promotion Alliance
for the Household Services Act = PAHSA) が誕生する。PAHSA は，2007 年に「台
湾移民エンパワーメントネットワーク」(Migrants Empowerment Network in
Taiwan = MENT) へと名称を変更する。MENT は，ブローカー制度の廃止，
雇用主間の自由な移動，許容滞在期間の廃止，家事労働者への労働基準法の
適用，労働組合を結成する権利の付与などを求めて 12 月 9 日に全国移民ラ
リーを実施した (MENT 2007)。

　これらに加えて，人権に焦点を置く NGO として「移民のための人権立法
連合」(Alliance for Human Rights Legislation for Immigrants and Migrants = AHRLIM)
がある。AHRLIM の誕生は，政府が「国家移民局」(National Immigration
Agency = NIA) を設置する提案を行ったことに端を発する。多くの NGO は，
NIA の目的が移民の取締り，捜査，本国送還にあると考え，その設置に反
対した。これを受けて 2003 年 11 月に，代表的なフェミニスト NGO であ
る「婦女新知基金会」(Awakening Foundation) の主導により多様な組織の間で
協議が行われ，翌 12 月に AHRLIM が誕生した。AHRLIM の議会へのロビー
活動によって，NIA の設置を求める法案は一時的に棚上げにされた。2007

---

15) それ以外の 5 団体は，Rerum Novarum Center, St. Christopher's Church, Hsin Chu Migrants'
　Concerns Desk, Migrant Workers' Concern Desk, Missionary Society of St. Columban JPIC Office で
　ある。

第 III 部　脆弱性の克服

年には AHRLIM がキャンペーンを行ってきた移民法の修正が実現した。従来は，市民権を獲得する前に離婚した外国人配偶者は台湾を去らねばならなかったが，この修正によって家庭内暴力などの理由がある場合には台湾での滞在が可能になった（Hsia 2008: 193-196）。

3-3. シンガポールの市民社会

　一党独裁体制下にあるシンガポールでは，市民社会の自律性は制限されている。このため，香港や台湾とは異なり，移民労働者が組織を形成することも NGO が政治的な活動を行うことも極めて困難である。加えて，国家コーポラティズムが発達するシンガポールでは，既存の労働組合が対立的な姿勢を取ることはなく，近年になるまで外国人労働者に対する支援は低調であった[16]。とくに，シンガポールでは，全世帯の約 15％が移民家事労働者を雇用しているが（Reisman 2009: 186），移民家事労働者には労働基準法にあたる雇用法は適用されず，最低賃金も保障されない。移民家事労働者に対する暴力，虐待，搾取も後を絶たない。ヒューマン・ライツ・ウォッチによれば，1999年から 2005 年までに仕事場での事故や自殺で死亡した移民家事労働者の数は，少なくとも 147 人にのぼる（HRW 2005: 38）。

　市民社会運動の萌芽としては，まず 1980 年代に家事労働者の人権を守る運動がキリスト教会関係者の主導で形成された。しかし，政府は，87 年 5月から 6 月にかけて治安維持法を発動して運動の指導者を逮捕したため，運動は消滅した（Yeoh and Huang 1999）。その一方で，政府を刺激しない社会福祉サービスは，もっぱら教会やモスクの力で継続していった。サービスの 1つは，技術訓練である。代表的なものとして，1986 年に元フィリピン大使のベネディクトらが手掛けて発足した「フィリピン継続的開発プログラム」（Filipino On-going Development Programme＝FILODEP）がある。FILODEP は，

16）実際，1978 年以来，労働者によるストライキは 1 件も行われていない。なお，2009 年にシンガポール唯一の労組ナショナルセンターである「全国労組会議」（National Trades Union Congress＝NTUC）と使用者団体である「シンガポール全国使用者連盟」（Singapore National Employers Federation＝SNEF）によって移民労働者の支援を目的とする「移民労働者センター」（Migrant Workers' Center＝MWC）が設立されている。

266

フィリピン人家事労働者に対する初の技術訓練プログラムであり，1995 年までにそれが運営する学校の生徒数は 1,100 人になった（Gonzalez III 1998: 114-115）。

1990 年代になると，教会の活動にも変化が生じ，多様な利害関係者との対話を重視する組織が登場する。98 年 6 月にカトリック教区委員会の中に作られた「移民労働者パストラルケア大司教区委員会」（Archdiocesan Commission for the Pastoral Care of Migrants and Itinerant People＝ACMI）である。ACMI は，労働問題について「人材省」（Ministry of Manpower＝MOM）や雇用主との対話を重視した点で他の組織とは異なっていた（小ケ谷 2007: 181-182）。

1998 年 11 月には，政策志向性の強い組織として「ワーキング・コミッティ」（The Working Committee＝TWC）が結成される。TWC は，活動家や知識人のネットワークであり，環境，人権，芸術，セクシュアリティなど様ざまな分野の市民団体によって結成され，10 カ月限定のキャンペーンを開始した。TWC の目的は，ネットワークを通じて批判的な公共空間を作ることであり，それに向けて 99 年 9 月には「Partnership for an Active Community」というエキシビションを組織し，10 月にはフェミニズムや外国人労働者に焦点を当てた市民社会会議を開催した（Perera and Ng 2002）。

この TWC を模範として 2003 年 2 月には，再び 9 カ月間限定の運動として「ワーキング・コミッティ 2」（The Working Committee 2＝TWC2）が結成される。TWC2 の結成を主導したのは，1985 年 1 月に結成された女性 NGO の AWARE であった。実際，TWC2 の中核となる創立メンバーの全員が AWARE のメンバーであった（Yeoh and Annadhurai 2008: 554）。TWC2 は，移民労働者，とくに女性家事労働者が直面する問題への社会の関心を喚起し，立法的手段を通じてそれらの処遇を改善することを主たる目的としていた。この目的のために TWC2 は，全ての利害関係者を集めた多様なフォーラムを実施し，関係する諸機関との非公開会合にも取り組んだ（Rahman, Yeoh and Huang 2005: 252）。TWC2 の活動で特筆すべきは，2003 年に「外国人家事労働者法」（Foreign Domestic Workers Act）の法案を起草したことであろう。この法案は，外国人家事労働者の適正な労働時間や休日の設定などを求めたもの

267

第 III 部　脆弱性の克服

である（TWC2 2012: 7）。キャンペーンを終えた後も TWC2 は解散せず，2004 年 8 月に団体法に登録し，Transient Workers Count Too へと名称を変え，移民労働者，とくに家事労働者の人権擁護を政府と社会に対して訴える活動を継続している（Rahman, Yeoh and Huang 2005: 252-253）。

　ACMI と TWC2 とともに，シンガポールでよく組織された NGO として取り上げられるのは，「移民経済のための人道的組織」（Humanitarian Organization for Migration Economics ＝ HOME）である。HOME は，ACMI の元コーディネーターによって設立され，2004 年 9 月に団体法に登録した。HOME には，ヘルプデスクと 24 時間ヘルプラインが設置されており，これまでに HOME は 5 万人以上の移民労働者に直接的な支援を提供している[17]。加えて，HOME は，移民労働問題に関する公教育や MOM の政策立案者との対話を通じた政策提言活動に取り組んでいるが，TWC2 と比較してサービス志向の組織であるため，政府と協調的な関係を構築している（Lyons 2009: 100-102）。

3-4.　タイの市民社会

　経済成長を遂げるタイには，とくにミャンマー，ラオス，カンボジアから多くの移民労働者が流入している。農業や建設業に従事する移民労働者の割合が最も多く，それぞれ 16.9％と 16.8％であり，次いで家事労働が続く（Huguet, Chamratrithirong and Richter 2011: 12）。家事労働については，アジア通貨危機以降，共働き家庭が増えたこともあり，低賃金の外国人労働者の需要が高まっている。その 7 割超がミャンマー人である（Toyota 2005: 290-292）。

　移民労働者，とりわけ非熟練労働者に対するタイ政府の政策は，その場しのぎで推移してきた。1979 年 3 月に制定された入国管理法と 78 年 7 月に制定された外国人雇用法によって，不法移民労働者は登録をすれば特別に滞在を認められるようになった。さらに，隣国 3 カ国からの労働者の雇用を特定

---

17) http://home.org.sg/home/index.html

268

の業種において一時的に特例として認めるという運用も行われた（山田 2010: 16）。しかし，入国管理法上は，依然として不法入国もしくは不法滞在である。いわば「半合法的」な雇用であるため，移民労働者は，労働基準法によって保護されず，しばしば搾取や虐待，労災に直面する。加えて，女性の場合は男性よりも，人身売買や性的暴力に曝されやすい（Archavanitkul 2011: 66）。

　タイにおいて移民労働者の支援と保護にいち早く取り組み始めたのは，「全国カトリック移民委員会」（National Catholic Commission on Migration = NCCM）であった。NCCMは，「タイ・カトリック司教会議」（Catholic Bishops' Conference of Thailand）傘下の自律的な組織である「カリタス・タイ」（Caritas Thailand）の中に 1987 年に設置された。NCCM は，当初は農村から都市への移民の人道的支援を行っていたが，海外からの移民が増加するに従い，それらの支援に従事するようになった[18]。

　1990 年代になり，軍事政権から民主政権への移行が進むと，政治的な活動に従事する組織が誕生してゆく。移民労働者の権利に関わる政策提言活動を展開する代表的な NGO として，「移民支援プログラム基金」（Migrant Assistance Program Foundation = MAP Foundation）が 96 年 4 月に結成される。MAP Foundation は，チェンマイを中心に活動する NGO であり，主にミャンマーからの移民の支援や保護に関心を持つ[19]。MAP Foundation は，とくに法的支援で成果を挙げており，2005 年には工場で働く 1,172 人の移民労働者の訴訟を支援している（ARCM 2007: 185）。この MAP Foundation と密接な関係を有しているのが，99 年 7 月に誕生した「ヤン・チ・ウゥ労働者協会」（Yaung Chi Oo Workers' Association = YCOWA）である。YCOWA は，ミャンマー人の学生活動家と移民労働者によって設立された NGO であり，とくにメーソートのミャンマー人の労働条件と生活条件の改善を目指した活動を展開している（Aung 2008）。

　これらの NGO を含む 15 の NGO からなるネットワーク組織も存在する。「移民のためのアクションネットワーク」（Action Network for Migrants = ANM）である。ANM が，政府との交渉能力を高めるために既存の労働組合と協力

18）http://www.nccmthailand.org/about-nccm.html

19）http://www.mapfoundationcm.org/eng/index.php?option=com_content&view=article&id=1&Itemid=3

関係を構築している (Surawanna 2011: 3)。いわば，タイでは移民労働というイシューを通じて社会運動ユニオニズムが形成されつつある。

ANMと協力関係にあるのは，「タイ労働連帯委員会」(Thai Labor Solidarity Committee = TLSC) である。TLSCは，25の労働者組織が結集して2001年に誕生した最大規模の労働者連合組織であり，外国人を含む労働者の権利擁護を目指す強力な労働組合が存在しなかった空白を埋める役割を果たしていった。当初TLSCは，タイ人の正規労働者に焦点を当てていたが，次第に非正規労働者と移民労働者にも関心を寄せるようになる。後者に関わる運動は，とくにタイ政府が全ての非合法移民に内務省への登録を義務づけた2004年以降に活発化し，TLSCは政府に対峙する先鋒的な組織となっていった (Surawanna 2011: 2-9)。TLSCやANMは，国際移民デーなどでたびたび移民労働者の保護と労働組合の結成許可を求める政策提言運動を行っている (Surawanna 2011: 2, 10; Thanachaisethavut 2007: 16-17)。

タイの性産業も，周辺諸国の女性が数多く流入していることから，移民労働という問題と切り離せない。支援を行う代表的なNGOは，1984年に結成された「娯楽に従事する女性保護のための教育手段」(Education Means Protection of Women Engaged in Recreation = EMPOWER) である。EMPOWERは，性産業に従事する女性労働者の教育支援，キャリア訓練，健康・エイズ教育を提供する一方で，性産業労働者の人権の促進や労働法の適用を政府に求める政策提言活動を行っている。近年では，2008年6月に制定された人身売買取締法が，腐敗した警察による搾取の道具となり，移民女性労働者の人権の侵害につながっていることを指摘し，問題となっている条項の破棄を政府に求めている (RATS-W Team 2012)。

4　ASEANと市民社会ネットワーク

4-1. 成長する市民社会ネットワーク

東アジアの市民社会アクターは，香港や台湾で見られたように，移民労働

者の待遇を改善させるほどの影響力を発揮していた。しかし，移民労働者の権利は，依然として多くの国で制限されている。このため市民社会アクターは，国境を越えたネットワークを形成しながら，主権国家に影響を与える地域機構や地域レジームに働きかけることで，移民労働者の権利の促進を図っている。

　東アジアにおいて，移民労働に関わる先駆的な市民社会ネットワークは，上述した香港の AMC である。AMC は，各国の組織が加入する形態を取ってはいないが，アジアの移民労働に関するリサーチ・ネットワークとして機能している。この AMC とともにネットワークのハブとして 1994 年に結成されたのが「アジア移民フォーラム」(Migrant Forum in Asia = MFA) である。MFA は，主として政策提言やトレーニング，能力構築などの役割を担っている。MFA には，上述した香港の AMC や CMR，シンガポールの TWC2 や HOME，台湾の HWC など，14 カ国から 39 の NGO が参加している。事務局はフィリピンのマニラにある[20]。

　それ以外にも移民労働に関心を持つ既存の NGO としては，1986 年 12 月に誕生した「アジア太平洋女性・法・開発フォーラム」(Asia Pacific Forum on Women, Law and Development = APWLD) がある。APWLD は，法律を利用した女性のエンパワーメントを目指して活動する NGO ネットワークである。アジア太平洋の 25 カ国から 183 の組織が APWLD に参加しており，それには香港の MFMW も含まれる[21]。事務局はタイのチェンマイにある。また，「アジアのエイズと人口移動に関する行動調査調整機構」(Coordination of Action Research on AIDS and Mobility in Asia = CARAM Asia) は，アジア地域の移民労働者の健康と人権の問題に取り組む NGO ネットワークであり，97 年 3 月に誕生した。マレーシアのクアラルンプールに事務局がある。18 カ国から 36 の NGO が CARAM Asia に参加しており，その中にはシンガポールの HOME やタイの MAP Foundation が含まれる[22]。

　これらの NGO に加え，労働組合のトランスナショナルなネットワークが

---

20) http://www.mfasia.org/about-mfa/members

21) http://www.apwld.org/about-apwld/our-members/

22) http://www.caramasia.org/index.php?option=com_content&task=view&id=658&Itemid=628

第 III 部　脆弱性の克服

移民労働に関心を寄せつつある。最も大きな組織は，「ユニオン・ネットワーク・インターナショナル・アジア太平洋地域組織」（Union Network International Asia-Pacific Regional Organization＝UNI-APRO）である。UNI は，2000 年 1 月に誕生した労働組合の国際組織である。UNI には，世界 140 カ国から 900 の労働組合が参加し，そのメンバーは約 1,500 万人である[23]。UNI-APRO は，その地域組織の 1 つであり，172 の労働組合，約 230 万人のメンバーからなる[24]。事務局はシンガポールにある。

　それ以外にも，「国際公務労連アジア太平洋」（Public Service International-Asia Pacific Regional Organization＝PSI-APRO）や「国際建設林業労働組合連盟アジア太平洋」（Building and Wood Workers' International-Asia Pacific Regional Organization ＝BWI-APRO）などがある。PSI は，公共部門の労働者の国際的な労働組合連合組織である。下部組織の PSI-APRO には，22 カ国から 122 の労働組合が参加する。地域事務局はシンガポールにある[25]。2005 年 12 月に誕生した BWI は，建設・林業・木材産業の労働者が組織する国際的な労働組合連合であり，130 カ国から 328 の組織が参加する[26]。BWI-APRO は，その地域組織である。

　2006 年 2 月には，ASEAN への関与に特化した新たな組織として，「アジア民衆政策提言連帯」（Solidarity for Asian People's Advocacy＝SAPA）が誕生した。SAPA の結成においては，アジアを代表する 5 つの市民社会アクターが中心的な役割を果たした。すなわち，6 カ国 42 の人権 NGO が加入する「人権と発展のためのアジアフォーラム」（Asian Forum for Human Rights and Development＝FORUM-ASIA），12 カ国でネットワークを構築して農村開発に従事する「アジア農村人材開発パートナーシップ」（Asian Partnership for Development of Human Resources in Rural Asia＝AsiaDHRRA），NGO の政策提言能力の向上を目指して 8 カ国 33 の NGO が参加する「東南アジア政策提言委員会」（South East Asian Committee for Advocacy＝SEACA），マレーシアのペナ

23）http://www.uniglobalunion.org/Apps/uni.nsf/pages/aboutusEn
24）http://www.uniglobalunion.org/Apps/uni.nsf/pages/about_asiaEn
25）http://www.world-psi.org/en/issue/asia-pacific
26）http://www.bwint.org/default.asp?Issue=About&Language=EN

ンを拠点に途上国の問題に取り組む「第三世界ネットワーク」(Third World Network＝TWN)，フィリピン，タイ，インドを拠点に南北問題に関する調査活動や社会運動を展開する「フォーカス・オン・ザ・グローバル・サウス」(Focus on the Global South＝FGS) である (五十嵐 2009: 94)。

　SAPA は，2006 年 4 月に下部組織として移民労働に特化して活動する「ASEAN 移 民 労 働 者 作 業 部 会」(Task Force on ASEAN Migrant Workers＝TFAMW) を設置する。TFAMW には，上述した AMC，MFA，APWLD，CARAM-Asia，FORUM-ASIA などの NGO ネットワークだけでなく，UNI-APRO，PSI-APRO，BWI-APRO などのトランスナショナルな労働運動組織も参加している。TFAMW は，地域レベルにおける国境を越えた社会運動ユニオニズムに他ならない。

　SAPA は，2007 年 4 月に憲章を採択し，それが求める「オルタナティブ地域主義」が明示された。すなわち，「最大利益とネオリベラルな政治経済的イデオロギーによって推し進められる現在の地域的統合と経済のグローバリゼーションのプロセスに対するオルタナティブとしての民衆中心の地域主義」である (SAPA 2007a)。SAPA とその下部組織である TFAMW は，地域機構として成長を遂げる ASEAN に働きかけることで，移民労働者の保護を東南アジアという地域全体で実現しようとしている。次節では，その活動を概観する。

4-2. ASEAN 憲章と SAPA

　ASEAN が公式文書の中で初めて明確に移民労働に言及したのは，1997 年 12 月の第 6 回 ASEAN 首脳会議で採択された「ハノイ行動計画」(Ha Noi Plan of Action＝HPA) であった。HPA では，「ASEAN 投資地域」(ASEAN Investment Area＝AIA) に関する枠組み協定を施行するにあたり，「ASEAN 加盟国間の資本，熟練労働者，専門職および技術の一層自由な移動を促進」することが求められた[27]。2003 年 10 月の第 9 回首脳会議で採択された「第二 ASEAN 協

---

27) http://www.aseansec.org/8754.htm

第 III 部　脆弱性の克服

和宣言」の ASEAN 経済共同体に関する項目においても，優先分野の地域統合の加速，実業家・技能労働者および才能のある人材の移動の促進が唱えられている[28]。この「第二 AESAN 協和宣言」の実行プログラムとして，2004年 11 月の第 10 回 ASEAN 首脳会議で採択された「ビエンチャン行動計画」（Vientiane Action Programme＝VAP）では，ASEAN 経済共同体は「物品，サービス，熟練労働者，資本が自由に移動する単一の市場および生産拠点」と位置づけられている[29]。つまり，「上」からのフォーマルな地域主義では，熟練労働者の自由な移動に重点を置く形で移民労働規範の導入が図られたと言えよう。このような「上」からの ASEAN 主導の規範形成に市民社会アクターは変容を求めてゆく。そうした動きが明確に観察されたのが ASEAN 憲章の制定過程であった。

　2005 年 12 月の第 11 回 ASEAN 首脳会議では，ASEAN 憲章に関する提言書の作成に取り組む「賢人会議」（Eminent Persons Group＝EPG）が設置された。10 人の有識者からなる EPG では，7 回の会合のうち 2006 年 4 月の第 3回会合と 6 月の第 4 回会合に市民社会の代表として SAPA が参加し，独自の提言書を提出した。移民労働について SAPA は，MWC や ILO のコア労働基準の重要性を強調しながら，全ての移民労働者を含む労働者の権利の承認や移民労働者の人権の保護などを求めた（SAPA 2006a; 2006b: 6-7; 2006c: 5-6）。こうして EPG は，市民社会の提言を受けながら最終報告書を作成し，それを 2007 年 1 月の第 12 回 ASEAN 首脳会議に提出した。

　EPG の報告書を受けて第 12 回 ASEAN 首脳会議では，政府高官からなる「高級作業部会」（High Level Task Force＝HLTF）が設置され，憲章草案の策定作業が開始された。HLTF は，2007 年 3 月に SAPA と対話を行い，SAPA はEPG に提出した提言書の内容を再び強調した。HLTF は，11 月の第 13 回ASEAN 首脳会議に最終草案を提出し，加盟 10 カ国がそれに署名する。その後，全加盟国の批准を経て 2008 年 12 月に ASEAN 憲章が発効した（五十

28）http://www.aseansec.org/15159.htm

29）http://www.aseansec.org/VAP-10th%20ASEAN%20Summit.pdf また，2007 年 11 月に採択された ASEAN 経済共同体に関する青写真でも，「熟練労働者の自由な移動」とのみ明記されている（http://www.asean.org/communities/asean-economic-community）。

嵐 2009: 97)。

EPG の最終報告書では，その目的の部分で，生産的な労働力における移民労働者の最大の可能性と有効な参加の促進，移民労働者の訓練・マイクロファイナンス・情報システムへのアクセスの促進が掲げられていた（EPG 2007: 27）。しかし，ASEAN 憲章ではそれらは全て削除され，単一市場の形成と市場重視の経済統合に向けて実業家，専門家，労働の円滑な移動が求められているにすぎない（第 1 条 5，第 2 条 2n）。これに対して SAPA は，再分配の正義，貧困の解消，平等な成長について全く言及していないこと，社会対話とコア労働基準を認識していないこと，移民労働者について明確に言及していないことなどを理由に，ASEAN 憲章を「期待はずれ」と批判した（SAPA 2007b）。

4-3. TFAMW の政策提言活動

SAPA が ASEAN 憲章の制定過程への関与に取り組む中で，下部組織である TFAMW は移民労働に特化した活動を展開した。まず，2006 年 12 月に，移民労働者の権利の保護を規定した地域的メカニズムの策定を求め，市民社会の提言を記した方針説明書を ASEAN に提出する。方針説明書には，以下の 15 の提言が掲げられた。すなわち，①全ての移民の基本的人権と人間としての尊厳の尊重，②コア労働基準とディーセント・ワーク基準，③強制的な移住の根源的な原因の解消，④虐待や搾取からの全ての移民労働者の保護，⑤人権侵害に対する移民労働者の斡旋業者と雇用主の責任性，⑥家庭内労働の承認と家庭内移民労働者の保護，⑦移民労働者の結社と表現の自由，⑧女性や児童など立場の弱い移民の人権の保護と促進，⑨非正規移民の人権の保護，⑩移民労働者の健康権の保護，⑪受入国での移民の社会的統合と社会的一体化，⑫発展に対する移民の貢献の承認，⑬包括的で首尾一貫した移民政策，⑭移民を保護する適切な立法的，行政的措置，⑮移民労働者とその家族の権利を保護する地域的な監視・苦情処理メカニズムの確立，である（TFAMW 2006）。

TFAMW を中心とした市民社会による圧力が強まる中で，ASEAN は 2007

275

第 III 部　脆弱性の克服

年 1 月に TFAMW の提言を汲み取った「移民労働者の権利の保護と促進に関する ASEAN 宣言」(ASEAN Declaration on the Protection and Promotion of the Rights of Migrant Workers, 以下，セブ宣言とする）を採択する。同年 7 月にはセブ宣言の実行と国際文書の作成を目的として「ASEAN 移民労働者委員会」(ASEAN Committee on the Implementation of the ASEAN Declaration on the Protection and Promotion of the Rights of Migrant Workers = ACMW) の設置が決定された[30]。

　セブ宣言の採択から 2009 年 4 月までに TFAMW は，8 回の国内協議会と 7 回の地域協議会を開催し，延べ 1,000 人以上の NGO 関係者が参加した (TFAMW 2009b; 2009c)。こうした協議会を通じて TFAMW は，意見を集約しながら市民社会の立場から ASEAN への政策提言と国際文書の作成に取り組んでいった。

　2008 年 4 月には，セブ宣言の理念の促進を目的として，フィリピンの労働雇用省と ILO の共催で第 1 回「ASEAN 移民労働者フォーラム」(ASEAN Forum on Migrant Labour = AFML) がマニラで開催された。市民社会からは，TFAMW のメンバーである MFA が唯一参加を許され，MFA は先述の方針説明書の具体的な説明を行った (TFAMW 2008a)。同月に行われた ASEAN 労働大臣会合に対しては TFAMW が，ACMW の速やかな設置に加え，ACMW の中に市民社会の参加の機会を提供する諮問機関の創設を求めた (TFAMW 2008b)。

　2008 年 11 月には，ASEAN 事務局長のスリン・ピッスワンに市民社会による国際文書の草案の要約を声明として提出する。その中で TFAMW は，全ての移民労働者を対象とすること，受入国と送出国の双方の義務，移民労働者とその家族の扱いにおける無差別原則，ジェンダーの重視という 4 つの原則に国際文書が依拠していることを前提として，受入国に対しては ILO の基準に沿った移民労働者の適正な扱い，送出国に対しては職業訓練等の提供，ASEAN に対しては移民労働者の保護に対する強いコミットメントを要求した (TFAMW 2008c)。

　2009 年 2 月の第 14 回 ASEAN 首脳会議では，TFAMW を含む市民社会の

---

30) http://www.aseansec.org/19264.htm, http://www.aseansec.org/20468.htm

指導者と ASEAN 首脳との対話の場が設けられ，そこで市民社会による国際文書案を ASEAN 事務局が受け取ることが約束され（TFAMW 2009a），4 月には市民社会アクターに ACMW で提言を行う機会が与えられた（TFAMW 2009b）。5 月には，2 年間の協議の末に完成した市民社会による国際文書案が ASEAN 労働大臣会合に提出された（TFAMW 2009d; Samydorai and Robertson 2009）。草案に対して ASEAN 事務局の社会福祉・女性・移民労働者・労働局長のタンブナンは，「ASEAN 事務局は…（中略）…ボトム・アップの協議プロセスを行った TFAMW のイニシアティブを評価」するとともに，市民社会による国際文書案を「ACMW にとって参考資料として極めて有効」と述べている（Samydorai and Robertson 2009: 9）。市民社会が作成した国際文書案の具合的な提言内容は表 4 の通りである。

　国際文書案では，まず一般原則として上述の 4 原則と市民社会・労働組合との協力の必要性が強調されている。前述した移民労働に関わる国際レジームについては，作成時に未採択であった ILO 第 189 号を除き全てに言及がある。既存の移民労働レジームが受入国の義務を重視しているのに対して，市民社会による国際文書案は，適切な雇用の確保や出国前訓練の実施など送出国の義務をも明確に提示している。加えて，地域機構としての ASEAN の強化とそれへの市民社会アクターの関与の促進が求められている。

　現在までに ACMW では，9 回の起草チーム会合が行われているが，そこでは法的拘束力と移民の定義をめぐって対立が生じ，国際文書の完成が遅れている。送出国であるフィリピンとインドネシアは，法的拘束力があり，非正規移民と移民の家族を含めた第一草案を提示したが，受入国であるシンガポールとマレーシアは，法的拘束力がなく不法移民を除外する対抗草案を提示した（TFAMW 2010）。これに対して TFAMW は，改めて権利ベースのアプローチの重要性を強調しながら，ACMW に対する働きかけを継続している（Wah 2014）。

第 III 部　脆弱性の克服

表 4　市民社会による国際文書案の要点

受入国の義務	関連する主な移民労働レジーム
団結権と団体交渉権の保障	ILO 第 87/97/98/189 号，MWC 第 26 条 / 第 40 条
賃金と労働条件における内国民待遇原則の遵守	ILO 第 97 号，MWC 第 25 条，CEDAW 第 11 条
標準雇用契約の締結	ILO 第 97 号 / 第 189 号，MWC 第 25 条
移民労働者のパスポートや労働文書等の所持権	MWC 第 14 条
外国人家事労働者が直面する諸問題の解消	ILO 第 189 号
政府に直接登録できる移民登録スキームの確立	
移民に対する適切な健康管理システムの確立	
適切な宿泊施設と生活環境の提供	ILO 第 97 号 / 第 189 号　CEDAW 第 12 条（1）
移民の公共医療サービスの利用	MWC 第 28 条（緊急時のみ）
労働安全衛生の確保	MWC 第 70 条，ILO 第 189 号，ASEAN 共同声明（2006 /2007）
移民労働者の家族と子供の適切な結婚，出生，教育政策	MWC 第 30/43/45 条，CRC 第 7 条，CEDAW 第 16 条
非正規就労者の権利の保護と促進	MWC 前文 / 第 25 条 / 第 68 条，BDIM
あらゆる形態の差別的政策・実践の廃止	ILO 第 97 号 / 第 189 号，MWC 第 7 条
適切な労働監督システムの確立	COMMIT
法制度の利用	MWC 第 16 条 / 第 18 条
非正規移民に対する適切な審査	BDIM，ASEAN 人身取引宣言
移民の社会文化的信念・慣習の尊重	MWC 第 12 条
移民による通信手段と移動車両の所有	MWC 第 14 条（通信手段のみ）

送出国の義務	
適切な雇用の確保と発展の権利の実現	発展の権利に関する宣言
移民全般に関わる出国前訓練の提供	
職業能力を向上させる包括的な能力構築プログラムの実施	
出国と帰国の手続き等に関する適切な制度の構築	MWC 第 65 条 / 第 67 条（帰国）
斡旋機関と仲介業者の監視と規制	ILO 第 181 号 / 第 189 号
移民労働者を保護する送出国の大使館の積極的な役割	
帰国する移民に対する効果的な再統合政策の実施	MWC 第 67 条
移民の帰国受入れと通過時の支援と保護	BDIM

受入国と送出国の義務	
民間斡旋業の規制・処罰と透明性のある雇用制度の確立	ILO 第 181 号 / 第 189 号
政府間での雇用制度の確立	
不平・不満に対する透明で効果的な調査の実施	
熟練労働者の移民の促進	第二協和宣言
移民労働者の能力と教育の認証評価	

第 9 章　東アジアにおける移民労働と市民社会

人身売買への予防措置	COMMIT
移民労働者の権利を保護する二国間・地域協力システム	BDIM
廉価で便利な送金システムと安全な預金システム	MWC 第 47 条
ILO のコア労働基準と国内労働法との調和	労働における基本的原則及び権利に関する ILO 宣言

ASEAN の義務
移民の保護のための地域的メカニズムの形成
移民の苦情を処理する ASEAN 制度メカニズム
ASEAN 人権機関における下位委員会の設置
宣言の進捗状況に関する報告書の作成
政府の報告書作成過程への市民社会の参加
ACMW への市民社会と労働組合の関与
ASEAN 移民フォーラムへの市民社会と労働組合の関与
加盟国外で紛争や危機的状況にある移民労働者の支援
国際文書に関わる加盟国間の対立の解消
国際文書の施行における市民社会組織との協力
国際社会からの支援の確保

（出所）Sinapan Samydorai and Philip S. Robertson, Jr., eds., *Civil Society Proposal: ASEAN Framework Instrument on the Protection and Promotion of the Rights of Migrant Workers*, Singapore: Task Force on ASEAN Migrant Workers, 2009, pp. 19–42 より筆者作成。なお，本文中にない国際レジームの略称は以下の通りである。
BDIM = Bangkok Declaration on Irregular Migration（非正規移民に関するバンコク宣言）
CEDAW = Convention on the Elimination of all Forms of Discrimination against Women（女子差別撤廃条約）
COMMIT = Coordinated Mekong Ministerial Initiative Against Trafficking（人身取引に対するメコン各国大臣による協調イニシアチブ）
CRC = Convention on the Rights of the Child（子どもの権利条約）

4-4.　ASEAN 移民労働フォーラムへの関与

　市民社会アクターの政策決定過程への関与は，先述した AFML でも進んでいる。第 1 回 AFML は，セブ宣言の理念の促進を目的として 2008 年 4 月に開催され，そこで AFML を年次開催することが決定された。さらに，2009 年 3 月の第 1 回上級労働役員作業グループ会議では，ACMW の行動計画の下で AFML を定期的活動として制度化させることで合意がなされた。AFML の主たる目的は，多様なステイクホルダーの経験等の共有を図り，セブ宣言の理念を促進し，提言を行うこととされている（ILO 2014: 2-3）。

　AFML には，以下の主体の代表が参加している。すなわち，政府，雇用者

279

第 III 部　脆弱性の克服

組織，労働者組織，市民社会組織，ASEAN 事務局，ILO，「国際移住機構」
(International Organization for Migration＝IOM)，国連ウィメン，そして TFAMW
である。伝統的な「三者構成主義」において既存の労働者組織は，移民労働
者の利益を十分に代弁しているわけではない。このため AFML においては，
TFAMW などの市民社会組織が移民労働者の利益代弁機能を担っている。
この AFML に対して市民社会アクターは，より多くのステイクホルダー（例
えば採用機関，保険会社，金融機関，インフォーマルな仲介人，移民労働者組織
など）の参画の必要性を唱えている。これを，MAP Foundation は「三者構成
主義プラス」と呼ぶ（Pollock 2009: 2-3）。そこでは，地域レベルでの前例のな
い新たな調整様式の確立が模索されている。

　市民社会アクターは，単に AFML に参加するだけでなく，その議題設定
等においてプレゼンスを高めつつある。例えば，2009 年 7 月に開催された
第 2 回 AFML では，TFAMW が主導して作成した国際文書案が主要参照文
書として用いられている（Samydorai and Robertson 2009: 10）。また，フォーラ
ムに参加した TFAMW は，国際文書が法的拘束力を有することを前提とし
て（TFAMW 2009e)，国内の労働法との調和，社会保護メカニズムの強化，
起草プロセスにおける市民社会のパートナー化，不安定な雇用下の移民労働
者の保護を求めるとともに，身分や出自を問わず全ての移民労働者とその家
族を対象とすること，地域外の労働者と家事労働基準法で対象となっていな
い漁民をも対象とすること，関連する国連と ILO の条約で謳われた基本的
な人権と労働基準を遵守することを主張した（TFAMW 2009f: 28-29）。

　2010 年 7 月に開催された第 3 回 AFML 以降は，明確な提言が作成されて
いる（表 3）。提言の内容は，移民労働者へのサービスや支援の提供のみなら
ず，移民労働者の権利の保護と促進にまで及ぶ。注目すべきは，トップ・ダ
ウンで閉鎖的な ACMW と異なり，市民社会アクターの参画が制度化された
マルチ・ステイクホルダー・ガバナンスの形態を取る AFML では，市民社
会アクターの要求に近い提言が作成されている点にある [31]。実際，第 4 回
AFML の提言では，「全ての移民労働者の家族」を保護の対象とすることと

31）実際，TFAMW は，AFML の提言の採択を歓迎した上で，権利ベースのアプローチの重要性
　　を強調する（Wah 2014）。

第 9 章　東アジアにおける移民労働と市民社会

表 3　ASEAN 移民労働者フォーラムにおける提言

回	提言内容
第 3 回 AFML 2010 年 7 月 19–20 日 ベトナム・ハノイ	・移民労働者の権利の促進と保護 ・情報とサービス ・受入国における送出国の代表の役割 ・幅広い利害関係者の協力 ・ASEAN，利害関係者，国際組織のパートナーシップ
第 4 回 AFML 2011 年 10 月 24–25 日 インドネシア・バリ	・肯定的な印象と移民労働者の権利と尊厳の促進 ・有効な帰国・再統合政策の促進
第 5 回 AFML 2012 年 10 月 9–10 日 カンボジア・シェムリアップ	・普遍的な人権と基本的原則・権利の促進 ・透明性，責任性，妥当性の促進 ・情報共有と国民意識の促進 ・有効な監視・苦情処理システムの促進 ・多数の利害関係者の有意義な参画の促進
第 6 回 AFML 2013 年 11 月 26–27 日 ブルネイ・バンダルスリブガワン	・データの集計，分析，共有 ・有効な苦情処理制度
第 7 回 2014 年 11 月 20–21 日 ミャンマー・ネピドー	・公平で適切な雇用保護・賃金支払 ・ディーセント・ワーク／生活条件への適切なアクセス
第 8 回 2015 年 10 月 26–27 日 マレーシア・クアラルンプール	・労働安全衛生意識の向上 ・労働安全衛生と雇用条件法令の遵守を促進し，有効な労働査察を確立するためのステイクホルダーの役割 ・労働安全衛生と雇用条件法令の遵守を促進し，有効な労働査察を確立するための受入国と送出国の協力
第 9 回 2016 年 11 月 9–10 日 ラオス・ビエンチャン	・移民労働者への社会保障の拡大 ・移民労働者の社会保障のポータビリティ

（出所）International Labour Organization (ILO), *The ASEAN Forum on Migrant Labour (AFML): Background Information Booklet*, Bangkok: ILO Regional Office for Asia and the Pacific, 2015, pp. 13–32 および http://apmigration.ilo.org/resources/recommendations-from-the-8th-asean-forum-on-migrant-labour-afmi と http://apmigration.ilo.org/resources/the 9th asean forum on migrant labour/ をもとに筆者作成。

第 III 部　脆弱性の克服

国際文書に法的拘束力を付与することが唱えられている（The ASEAN Secretariat 2011: 2）。加えて，搾取，不正，虐待に関わる斡旋業者が問題視される移民労働にあって，第5回 AFML では，ILO 第189号の批准と斡旋業者の監視と規制が要求されており，市場の制御も中心的な議題となりつつある（The ASEAN Secretariat 2012: 2-3）。

この AFML の制度化を足掛かりにして，東南アジアでは市民社会アクターを巻き込んだ移民労働規範の形成が進んでいる（ILO 2014: 9-10）。それは，4層構造を呈している。

第1に，2012年から開始した「国家三者予備会合」（National Tripartite Preparatory Meetings）であり，参加者は AFML とほぼ同じである。文字通り AFML に向けた予備会合である。

第2に，2013年から開始した経営者組織による地域レベルの予備会合である。これは，「ASEAN 経営者連盟」（ASEAN Confederation of Employers ＝ ACE）が主導する会合で，AFML に対する政策姿勢が議論される。ACE は，既に1980年11月に ASEAN の関連市民社会組織として認証されており，インドネシア，マレーシア，シンガポール，フィリピン，タイの経営者連合が参加する。これまで ACE は移民労働にあまり関心を寄せてこなかったが，AFML を介して主要アクターとして浮上した。

第3に，「ASEAN 労働組合会議」（ASEAN Trade Union Council ＝ ATUC）が主導して2014年から開始した予備会合である。1994年4月に誕生した ATUC は，ブルネイを除く ASEAN9カ国から18の労働組合組織が参加する連合体である。この ATUC と上述の ACE はともに，カナダ政府の支援によって2012年5月に開始した「ASEAN 三者プロジェクト」の中で重要なパートナーにもなっている。同プロジェクトは，地域における移民労働者の搾取の解消を目指したものである[32]。

第4に，TFAMW が主導する市民社会による予備会合である。そこでまとめられた提言が，直後に開催される AFML に提出されている（TFAMW 2011; TFAMW 2012）。

32）http://www.ilo.org/asia/whatwedo/projects/WCMS_193023/lang--en/index.htm

このように移民労働の分野では，AFML の開催を通じて，国家，市場，市民社会の主体による合意形成が進められおり，地域レベルでの前例のない新たな調整様式（レギュラシオン）が出現しつつある。市民社会の役割をより強化した「社会対話」とも言える[33]。

5　メコン地域と市民社会ネットワーク

5-1. 「上」からのメコン地域主義

　メコン地域では，1950 年代から現在に至るまで，多様な協力枠組みを通じてメコン地域主義が形成されてきた。メコン地域主義のパイオニアは，57 年 9 月 に 設 立 さ れ た「メ コ ン 川 下 流 域 調 査 調 整 委 員 会」（Committee for Coordination of Investigations of the Lower Mekong Basin）である。95 年 4 月には，その後継組織として，メコン川流域の水資源の持続的な開発，利用，保全，管理を目的とする「メコン川委員会」（Mekong River Commission ＝ MRC）が誕生した。それ以外の代表的な協力枠組みとしては，「アジア開発銀行」（Asian Development Bank ＝ ADB）のイニシアティブで 92 年 10 月から開始された「大メコン圏」（Greater Mekong Subregion ＝ GMS）経済プログラムや 95 年 12 月に第 5 回 ASEAN 首脳会議で承認された「ASEAN メコン川流域開発協力構想」（ASEAN Mekong Basin Development Cooperation ＝ AMBDC）などが挙げられよう。このような「上」からのフォーマルな地域主義の発達を通じて協力分野は多様化したが，いずれの枠組みでも経済と開発に重点が置かれ，移民労働については ADB の GMS 経済プログラムの人的資源開発において数年前から取り組みが開始されているぐらいである（ADB 2009）。

　その中で，早くからメコン地域の移民労働問題に強い関心を寄せてきたのは，「メコン機構」（Mekong Institute ＝ MI）である。MI は，タイ北部のコンケー

33）なお，ILO による「社会対話」とは，「政府，使用者，労働者の代表が，経済・社会政策に関わる関心事項に関して行うあらゆる種類の交渉，協議，情報交換」と定義される（http://ilo.org/ipec/Action/social-dialogue/lang--en/index.htm）。

第 III 部　脆弱性の克服

ン大学内にある政府間組織で，主として人的資源開発を目的として設立された。MI は，1996 年にニュージーランド政府によって GMS 諸国への開発援助プロジェクトとして開始し，その後は 2003 年までニュージーランド政府，タイ政府，コンケーン大学などの出資によって運営された。2003 年に MI は，GMS の 6 カ国政府によって運営されることになり，2007 年 8 月にはタイ政府の承認によって政府間組織としての地位を付与された。

　MI は，とりわけ 2006 年から移民労働問題への取り組みを開始する。2006 年 2 月に MI は，国境を越えた移住に関する最初の政策対話を行い（MI 2006)，2007 年 11 月には 2 度目の政策対話を実施した。こうした対話を通じて MI は，メコン川流域諸国に MWC を批准することを要求した（MI 2007)。

5-2.「下」からのメコン地域主義

　市民社会では，MI よりも早く取り組みが開始されていた。とくに，2003 年頃から，「もう 1 つのメコン地域主義」の実現を求める運動が形成され始める。その中心にいるのが，「メコン移民労働者ネットワーク」（Mekong Migrant Network＝MMN）である。

　MMN は，先述した AMC がメコン地域に関わる 20 以上のリサーチ・パートナーとともに 2001 年 9 月に立ち上げた「メコンにおける移民労働者」という共同プロジェクトに端を発する。このプロジェクトが 2003 年 10 月に MMN の誕生へと結びついた。カンボジアから 8 つ，中国から 5 つ，ラオスから 2 つ，タイから 20，ベトナムから 3 つの NGO が MMN に参加している。タイからは，前述した NCCM，MAP Foundation，YCOWA，EMPOWER がメンバーとして参加している[34]。MMN の事務局は AMC が務める。MMN は，メコン地域の移民に関する政府の政策の監視，政府の移民政策に関する継続的な調査，移民労働者とその家族の基本的人権の承認を求める政策提言活動，

---

34) メンバーについて詳しくは，MMN のウェブサイトを参照されたい（http://www.mekongmigration.org/?page_id=14)。

第 9 章　東アジアにおける移民労働と市民社会

表 5　MMN の主な活動

2004 年	9 月	移民に関するシンポジウムを開催（タイ）
2005 年	5 月	第 4 回 ASEAN 民衆会議に参加（フィリピン）
2006 年	2 月	MI の政策対話に参加（タイ）
	8 月	新たに「移民，発展，人権のための同盟」（AAMDHR）を設立
	10 月	MMN の調査協議会合を開催（ベトナム）
2007 年	5 月	第 8 回アジア太平洋移民調査ネットワーク国際会議を開催（中国）
	11 月	ASEAN 市民社会会議に参加（シンガポール）
		MI の政策対話に参加（タイ）
2008 年	4 月	ラノーン県でのミャンマー人移民労働者の窒息死に対する声明
		ASEAN 労働大臣会議に対する声明
	6 月	ミャンマーのサイクロンに対する人道的支援に関する声明
	7 月	移民と発展に関するワークショップの開催（ラオス）
	11 月	MI と移民労働者の管理に関する訓練課程の実施（タイ）
2009 年	1 月	タイ首相に対してロヒンギャの虐待・殺害に関する調査を求める公開書簡
	2 月	ASEAN 民衆フォーラムと ASEAN 市民社会会議に参加（タイ）
	5 月	マレーシアでのミャンマー移民の死亡に関する共同声明
	7 月	第 2 回 ASEAN 移民労働フォーラムに参加
	9 月	マレーシアでのミャンマー移民の死亡に関する共同声明
	12 月	MI と移民労働者の管理に関する訓練課程の実施（タイ）
2010 年	1 月	カンボジア人の強制送還に関するタイ政府への公開書簡
	2 月	ヤンゴンの労働者の労働権要求に対する公開書簡
		第 1 回 MMN 語彙ワークショップ（タイ）
	3 月	移民労働の語彙の共通理解を促すプロジェクトの開始
		ラノーン県でのミャンマー移民労働者の死亡の調査を求めるプレスリリース
	6 月	行政命令 125/2553 による移民労働者の逮捕に関するプレスリリース
	8 月	移民の傾向と対応に関するワークショップ（タイ）
	9 月	MMN の総会と第 2 回 MMN 語彙ワークショップ（タイ）
2011 年	2 月	タイとカンボジアの国境紛争に関する声明
	4 月	タイの NGO との共同声明
	5 月	メコン語彙ワークショップ（インドネシア）

285

第 III 部　脆弱性の克服

2011 年	11 月	GMS の移民に関するタイ語版書籍の刊行
	12 月	第 5 回移民と開発のグローバルフォーラムに対する声明
		GMS の移民に関する 2 冊の新書を刊行
2012 年	4 月	ミャンマー人移民の死亡に関してタイ政府に調査を求めるプレスリリース
	5 月	タイ，カンボジア，マレーシア移民労働者の権利に関する書籍の刊行
	12 月	国際移民デーでの同時イベント（タイとミャンマー）
2013 年	2 月	移民に関するシンポジウム（タイ）
	10 月	ミャンマーの市民社会組織とのネットワーク会合（ミャンマー）
	12 月	ロヒンギャ族の扱いに関するプレスリリース
2014 年	2 月	移民労働者とその家族に対するタイの扱いに関するプレスリリース
	3 月	女性労働の見直しに関する宣言
		「ASEAN の底辺」と題するワークショップ（ミャンマー）
	8 月	移民問題に関する地域交換プログラム（タイ）
2015 年	3 月	「メコンにおける ASEAN 統合と移民労働」ワークショップ（カンボジア）
	4 月	「ディーセント・ワークと生活賃金」に関するワークショップ（マレーシア）
	5 月	移民女性と健康に関するプレスリリース
	12 月	MWC25 周年に際する宣言
2016 年	1 月	送出国の役割に関する市民社会組織との協議会合（カンボジア）
	5 月	労働の日でのイベント（タイ）
	6 月	ASEAN へのアドボカシーに関する訓練課程の実施（タイ）

（出所）MMN のウェブサイトの情報をもとに筆者作成（http://www.mekongmigration.org/）。

自身の能力向上のための訓練などに取り組んでいる[35]。表 5 が示すように，MMN は他の組織とも連携しながら，移民労働に関する多様な活動を展開している。

　MMN は，2006 年 2 月と 2007 年 11 月に MI が行った移民労働に関する政策対話に参加し，移民政策の課題や移民の不当な扱いについての提言を行った（MI 2007）。2008 年 11 月と 2009 年 12 月に MMN は，MI とともに

35）http://www.mekongmigration.org/?page_id=13

メコン川流域諸国の政策立案者と政策実行者に対して移民労働者の管理に関する訓練課程を実施する（MI 2009）。そこに参画した市民社会アクターは，移民の権利を職員に意識させる啓蒙的な役割を果たした[36]。

2011 年から MI は，ニュージーランド政府の支援を得て 3 年間の「移民労働とケアプログラム」を開始し，その専門家会合に MMN と TFAMW が参加している。そこでは，現行の移民労働政策は時代遅れであり，セブ宣言とのつながりが希薄であることが議論された（MI 2011: 20）。「上」からのフォーマルなメコン地域主義は，管理に力点を置くきらいがあったが，市民社会関係者の参画によって，プログラムは移民の権利をも重視する方向に帰着したと言える。

国家や地域機関による「上」からのメコン地域主義に関するもう 1 つの特徴は，拘束的な国際条約ではなく，より緩やかで拘束力が弱い「覚書」（Memorandum of Understanding ＝ MOU）が取り交わされている点にある。これまでに，受入国となるタイと送出国となるラオス（2002 年 10 月），カンボジア（2003 年 5 月），ミャンマー（2003 年 6 月）との間で雇用に関する MOU が締結されている[37]。MOU は，移民労働者の雇用に関する適切な手続き，労働期間を超過した移民労働者の本国への送還，移民労働者の適切な保護，人身売買や不法労働の阻止などを主たる目的とする。この MOU に基づき，とりわけ非熟練労働者の登録が進められているが，管理としての性格が強いため，移民労働者の権利擁護には十分に活かされていない（MMN and AMC 2009: 4-5）。

このように MOU によってメコン地域では合法的な移動手段が確保されているが，大半の移民労働者が非公式の手段を用いているのが現状である。不法滞在移民は「逮捕，拘禁，国外追放」（Arrest, Detention and Deportation ＝ ADD）の対象となりやすい。このような状況に鑑み MMN は，2004 年 9 月

36）MMN の情報官であった Morita Noriko 氏とのインタビュー（2011 年 2 月 21 日，チェンマイ・タイ）。

37）また，人身売買に関する MOU も，タイとカンボジア（2003 年 5 月），タイとラオス（2005 年 7 月），カンボジアとベトナム（2005 年 10 月）の間で交わされた。これらに加えて 2004 年 10 月には，メコン川流域の 6 カ国（ミャンマー，カンボジア，中国，ラオス，タイ，ベトナム）によって人身売買に関する MOU に署名がなされた。

第 III 部　脆弱性の克服

から ADD に関する詳細な調査を行ってきた（MMN and AMC 2008）。この調査を踏まえて MMN は，ADD キャンペーンを開始し，メコン地域における ADD 関連の事件の体系的な監視，メコン地域の政策立案者との政策対話の継続，より効果的な政策提言に向けた他の組織との協議に取り組んでいる[38]。2011 年 1 月から MMN は，ADD に関する聞取り調査を実施し，2013 年には『選択の余地なし』という報告書を刊行した。同報告書によれば，近年タイでは移民の合法化や ADD を規定するガイドラインの導入が行われたが，その場しのぎの感は否めず，人権基準に逆行するケースが散見される。MMN は，とりわけタイ政府に対して，第 1 に合法的な移民を促進し，移民の権利と自由を尊重する政策に修正すること，第 2 に移民のディーセント・ワークを促進し生活状況を改善すること，第 3 に非正規移民の管理において ADD に代わる手段を採用すること，を提案している（MMN 2013: 46-47）。

　近年，MMN は，ミャンマー，カンボジア，ラオスへの急増する投資による労働と移民への影響を懸念している。MMN は，劣悪な労働基準と極端に低い賃金が原因で近隣諸国への移民が生じるが，移民先でさらに移民労働者が搾取や差別に直面していることを指摘する。この悪循環を断ち切るために，政府や関係する利害関係者に労働者保護と適正な賃金の確保を要求している（MMN 2014）。

　移民女性に対する活動も行われている。2014 年 10 月から 2015 年 3 月にかけて MMN は，メコン地域における移民女性の健康状況に関する調査を実施した。調査の結果を踏まえて MMN は，移民女性の健康状況の改善に向けてメコン川流域諸国に対して，保健医療サービスへのアクセスの改善，移民の保健医療に関する相互協力の確立，移民の人権と基本的自由の保障，HIV/AIDS への取組みを要求している。NGO に対しては，医療を提供する政府の持続性と責任性の向上に向けて政府と協力してゆくこと，移民女性団体の成長を支援してゆくこと，セルフケアとヘルスケアに関する情報を移民女性に提供してゆくことなどを求めている。ヘルスケア提供者に対しては，守秘義務を遵守し，翻訳を行いながら無差別に薬剤支援を行うことを求めて

38）活動について詳しくはウェブサイトを参照されたい（http://mekongmigration.org/add/）。

いる（MMN 2015: 75-78）。

おわりに

　デ・ファクト（事実上）の経済統合が進む東アジアでは，今後，移民労働者の数は増加してゆくことが予想される。移民労働者は，送出国に対しては送金によって経済の安定をもたらし，受入国に対しては不足する労働力を補完する役割を果たしている。それにも拘らず，非熟練の移民労働者は，送出先で厳しい待遇に直面することが少なくない。MFAの地域コーディネーターであるゴイスは，非正規労働者の過酷な扱い，家庭内労働者の未承認，人身売買，移動と結社の自由の剥奪，家族合流の未承認，帰国に対する支援の不足などの問題を指摘する（Gois 2007: 126-128）。総じて，東アジアにおいて，移民労働者は，あくまで一時的な存在として扱われ，社会統合や社会包摂に対する意識は希薄である。

　このような状況であるからこそ，東アジアの受入国では，移民労働者の支援や保護に従事する市民社会アクターが様ざまな活動を展開していた。無論，各国の市民社会の構図は，その国の制度的・構造的条件によっても規定され，決して一様ではない。香港と台湾では，移民労働者による労働組合の結成が進み，NGOによる政策提言活動が活発であった。シンガポールでは，依然として移民労働者の団結権は保障されておらず，NGOが移民労働に関わる問題に取り組んでいたが，その政治的な活動は制限されていた。タイでは，移民労働者は労働組合を結成できないが，移民労働者の権利擁護に向けて既存の労働組合とNGOとの連携が進んでいた。国によって活動に濃淡はあるものの，国内における市民社会アクターのプレゼンスは，拡大の一途を辿っていることは間違いない。

　こうして各国で成長を遂げた市民社会アクターは，地域全体での移民労働というイシューの先鋭化を目指して国境を越えた濃密なネットワークを構築しており，とくに地域機構としてのASEANやMIに対する影響力を高めていた。東アジアの市民社会ネットワークにおいて注目すべきは，労働組合と

NGO との国境を越えた連携である。トランスナショナルな領域空間における一種の社会的ユニオニズムは，他地域では見られない現象である。

　ASEAN や MI を中心とする東南アジアの動向を見るかぎり，現時点では市民社会が，地域レベルにおいて支配的な規範とディスコースを大きく変えるほどの成果を上げているとは言い難い。それでも，「下」からの地域主義，「下」からのトランスナショナリズムの成長は，否応なしに経済統合の社会面を炙り出す。それは，「新自由主義型地域主義」と揶揄される「上」からのフォーマルな地域主義に修正を迫る圧力の一部をなしている。SAPA は，2009 年 2 月に公表した共同方針の中で，「搾取的な移民の根幹に新自由主義パラダイム」が存在することを指摘している。SAPA を含む市民社会アクターは，この新自由主義パラダイムに変更を迫ろうとする（SAPA 2009）。こうした市民社会の影響力が高まるほど，地域レベルにおける「シビル・ガバナンス」「シビル・レギュラシオン」は，より現実のものとなろう。

〔付記〕

　本稿は，平成 27–30 年度科学研究費補助金・基盤研究（C）（研究課題番号 15K03311，研究課題名「メコン地域主義の新たな位相 ── レジーム・コンジェスションと『下』からの越境的公共圏」）と平成 28–32 年度科学研究費補助金・新学術領域研究（研究領域提案型）（研究課題番号 16H06551，研究課題名「文明と広域ネットワーク ── 生態圏から思想，経済，運動のグローバル化まで」）による研究成果の一部である。

・参考文献・

合田美穂 2007.「在香港フィリピン人家事労働者の現況 ── 香港が就労先として選択される理由」『甲南女子大学研究紀要　人間科学編』44: 75–81

安里和晃 2006.「東アジアにおける家事労働の国際商品化とインドネシア人労働者の位置づけ」『異文化コミュニケーション研究』18: 1–34

安藤純子 2009.「農村部における外国人配偶者と地域社会 ── 山形県戸沢村を事例として」『GEMC Journal』1: 26–41

五十嵐誠一 2009.「東南アジアの新しい地域秩序とトランスナショナルな市民社会の地平 ── ASEAN 共同体の形成過程における「下」からのオルターナティブな地

域主義に注目して」『国際政治』159: 89-103

───── 2014.「東アジアの市民社会と新自由主義グローバリゼーション ── オルタナティブな東アジア共同体に向けて」三宅芳夫，菊池恵介編『近代世界システムと新自由主義グローバリズム ── 資本主義は持続可能か？』作品社，112-133

五十嵐泰正 2010.「『越境する労働』の見取り図」五十嵐泰正編『越境する労働と〈移民〉』大槻書店，11-50

伊藤るり 2008.「再生産労働の国際移転とジェンダー秩序の再編 ── 香港の移住家事労働者導入政策を事例として」伊藤るり，足立眞理子編『国際移動と〈連鎖するジェンダー〉── 再生産領域のグローバル化』作品社，21-46

伊藤るり，足立眞理子 2008.「序文」伊藤るり，足立眞理子編『国際移動と〈連鎖するジェンダー〉── 再生産領域のグローバル化』作品社，5-17

ウ・シンイン 2010.「台湾における結婚移民女性に関する動向と支援策」『東京大学大学院教育学研究科紀要』50: 23-33

小ケ谷千穂 2007.「移住労働者とホスト社会が切り結ぶ『市民社会』── シンガポールにおける最近の動向から」佐久間孝正，林倬史，郭洋春編『移動するアジア ── 経済・開発・文化・ジェンダー』明石書店，170-193

小川浩一 2000a.「日本における外国人労働者の組織化 ── 神奈川シティ・ユニオンのケース・スタディを通して（上）」『労働法律旬報』1481: 41-49

───── 2000b.「日本における外国人労働者の組織化 ── 神奈川シティ・ユニオンのケース・スタディを通して（下）」『労働法律旬報』1483: 24-28

小川玲子，王増勇，劉曉春 2010「東南アジアから東アジアへの国際移動と再生産労働の変容」『アジア女性交流・研究フォーラム』19: 18-38

奥島美夏 2008.「インドネシア・ベトナム女性の海外進出と華人文化圏における位置づけ」『異文化コミュニケーション研究』20: 21-42

国際労働機関 2004.「グローバル経済における移民労働者の公正な取り扱い」

駒井洋 2004.「自治体の政策と NPO の活動の成果と課題」駒井洋編『移民をめぐる自治体の政策と社会運動』明石書店，19-41

今野浩一郎 2007.「アジアにおける外国人労働者受入れ制度の特徴と課題」労働政策研究・研修機構編『アジアにおける外国人労働者受入れ制度と実態』労働政策研究・研修機構，3-19

斉藤日出治 1998.『国家を越える市民社会 ── 動員の世紀からノドマの世紀へ』現代企画室

斉藤日出治 2010.『グローバル化を超える市民社会 ── 社会的個人とヘゲモニー』新泉社

佐々木政憲 2003.『オルターナティブ・ソサイエティ ── 時間主権の回復』現代企画室

城本るみ 2010.「台湾における外国人介護労働者の雇用」『人文社会論叢　社会科学

編』24: 27-64

鈴木玲 2005.「社会運動的労働運動とは何か —— 先行研究に基づいた概念と形成条件の検討」『大原社会問題研究所雑誌』562/563: 1-16

——— 2010.「はじめに」法政大学大原社会問題研究所，鈴木玲編『新自由主義と労働』御茶の水書房，iii-viii

宣元錫 2007.「韓国の移住外国人と外国人政策の新展開」『情報化・サービス化と外国人労働者に関する研究』7: 1-16

高畑幸 2009.「在日フィリピン人介護者 —— 一足先にやって来た『外国人介護労働者』」『現代思想』37（2）: 106-118

蔡盈修，蕭新煌 2007.「台湾にみる外国人労働者・配偶者と NGO」西川潤，蕭新煌編『東アジアの社会運動と民主化』明石書店，157-185

中尾美知子 2010.「韓国の『結婚移民者』にみる流動と定着」『岩手県立大学社会福祉学部紀要』12（2）: 41-50

中原裕美子 2009.「台湾における不熟練外国人労働者の現状と問題 —— ケアワーカーおよびベトナム人労働者を中心に」『九州産業大学経営学会経営学論集』19（4）: 71-89

ハーバーマス，ユルゲン著／細谷貞雄，山田正行訳 1994.『公共性の構造転換 —— 市民社会の一カテゴリーについての探求』未來社

平田清明 1993.『市民社会とレギュラシオン』岩波書店

ヒルシュ，ヨアヒム著／木原滋哉，中村健吾訳 1997『資本主義にオルタナティブはないのか？ —— レギュラシオン理論と批判的社会理論』ミネルヴァ書房

山田鋭夫 2005.「レギュラシオンと市民社会」『経済科学』52（4）: 1-16

山田美和 2010.「転換期を迎えるタイの移民労働者政策 —— 合法と非合法の間で」『アジ研ワールド・トレンド』176: 16-19

ユー，キルサン 2006.「韓国 —— 雇用許可制を導入」『Business Labor Trend』34-37

若森章孝 1996.『レギュラシオンの政治経済学 —— 21 世紀を拓く社会＝歴史認識』晃洋書房

Acharya, Amitav. and Alastair Iain Johnston 2007. "Conclusion: Institutional Features, Cooperation Effects, and the Agenda for Further on Comparative Regionalism," in Amitav Acharya and Alastair Iain Johnston, eds., *Crafting Cooperation: Regional International Institutions in Comparative Perspective*, Cambridge: Cambridge University Press: 244-278.

Ahsan, Ahmad. Manolo Abella. Andrew Beath. Yukon Huang. Manjula Luthria. and Trang Van Nguyen 2014. *International Migration and Development in East Asia and the Pacific*, Washington, D.C.: World Bank.

Archavanitkul, Kritaya 2011. "Migrant Workers and Human Rights in a Thai Context," in Jerrold W. Huguet and Aphichat Chamratrithirong, eds., *Thailand Migration Report 2011*, Bangkok: International Organization for Migration: 63-73.

第 9 章　東アジアにおける移民労働と市民社会

Asia Development Bank (ADB) 2009. Strategic Framework and Action Plan for Human Resource Development in the Greater Mekong Subregion (2009–2012).

Asian Migrant Coordinating Body (AMCB) 2006. "We Will Never Let up"; Migrants Declare Readiness to Pursue Fight to Abolish the Levy, 19 July 2006.

——— 2008. Submission of the Asian Migrants Coordinating Body for the Abolition of the Levy Charged to Employers of Foreign Domestic Workers, 28 October 2008.

Asian Research Center for Migration (ARCM) 2007. *Mitigating Exploitative Situation of Migrant Worker in Thailand*, Bangkok: Sriboocomputer-Printing.

Aung, Zaw 2008. *Protecting Labor Rights of Burmese Migrant Workers: A Case Study of Yaung Chi OO Workers Association in Mae Sot*, Thailand. Bangkok: Chulalongkorn University.

Castles, Stephen. and Mark J. Miller 2009. *The Age of Migration: International Population Movements in the Modern World*, New York: Palgrave Macmillan（スティーブン・カースルズ，M・J・ミラー著／関根政美，関根薫訳『国際移民の時代』名古屋大学出版会，2011 年）.

Catholic Migrant Advocates, Taiwan (CMA) 2001. A Joint Statement against Accommodation Fee Deduction, August 20, 2001.

Census and Statistics Department 2013. *Hong Kong Annual Digest of Statistics, 2013 edition*, Hong Kong: Census and Statistics Department.

Chang, Meg 2011. "Taiwan's Labor Law Revisions Take Effect May 1," *Taiwan Today*.

Coalition for Migrants' Rights (CMR) 1999. Submission to the Hong Kong Labor Department Regarding the Proposed Amendment to the Maternity Protection for Live-In Domestic Helpers, 21 July 1999.

Davis, Katelyn. and Rey Asis 2013. "Abolition of the Levy: The FDWs' Victory" *Resistance*, May 1, 2013.

Development Action for Women Network (DAWN) 2003. *Pains and Gains: A Study of Overseas Performing Artists in Japan from Pre-Departure to Reintegration*, Manila: Development Action for Women Network (DAWN 著／ DAWN-Japan 訳『フィリピン女性エンターテイナーの夢と現実 —— マニラ，そして東京に生きる』明石書店，2005 年）.

Eminent Persons Group (EPG) 2007. Report of the Eminent Persons Group of the ASEAN Charter.

Freeman, Gary, P. 1999. "The Quest for Skill: A Comparative Analysis," in Ann Bernstein and Myron Weiner, eds., *Migration and Refugee Policies: An Overview*, London: Pinter: 84–107.

Gois, William 2007. "Migration in the ASEAN Region," in Alexander C. Chandra and Jenina Joy Chavez, eds., *Civil Society Reflections on South East Asian Regionalism*, Quezon City: The South East Asian Committee for Advocacy: 119–132.

Gonzalez III, Joaquin L. 1998. *Philippine Labour Migration: Critical Dimensions of Public Policy*,

293

第 III 部　脆弱性の克服

Singapore: Institute of Southeast Asian Studies.

Harvey, David 2005. *A Brief History of Neoliberalism*, Oxford: Oxford University Press (デヴィッド・ハーヴェイ著／森田成也，木下ちがや，大屋定晴，中村好幸訳『新自由主義 —— その歴史的展開と現在』作品社，2007 年).

Hill, Richard Child. Bae-Gyoon Park. and Asato Saito 2012. "Introduction: Locating Neoliberalism in East Asia," in Richard Child Hill, Bae-Gyoon Park, and Asato Saito, eds., *Locating Neoliberalism in East Asia: Neoliberalizing Spaces in Developmental Space*, Malden, MA: Wiley-Blackwell: 1–26.

Hsia, Hsiao-Chuan 2008. "The Development of Immigrant Movement in Taiwan: The Case of Alliance of Human Rights Legislation for Immigrants and Migrants," *Development and Society*, 37(2): 182–217.

———— 2009. "The Making of a Transnational Grassroots Migrant Movement: A Case Study of Hong Kong's Asian Migrants' Coordinating Body," *Critical Asian Studies*, 41(1): 113–141.

Huang, Liling. and Mike Douglass 2009. "Foreign Workers and Spaces for Community Life: Taipei's Little Philippines," in Amrita Daniere and Mike Douglass, eds., *The Politics of Civic Space in Asia: Building Urban Communities*, London: Routledge: 51–71.

Huguet, Jerrold W. and Aphichat Chamratrithirong 2011 "Migration and Development in Thailand," in Jerrold W. Huguet and Aphichat Chamratrithirong, eds., *Thailand Migration Report 2011*, Bangkok: International Organization for Migration: 1–5.

Huguet, Jerrold W. Aphichat Chamratrithirong. and Kerry Richter 2011. "Thailand Migration Profile," in Jerrold W. Huguet and Aphichat Chamratrithirong, eds., *Thailand Migration Report 2011*, Bangkok: International Organization for Migration: 7–16.

Human Rights Watch (HRW) 2005. *Maid to Order: Ending Abuses against Migrant Domestic Workers in Singapore*, New York: Human Rights Watch.

International Organization for Migration (IOM) 2005. *World Migration 2005: Costs and Benefits of International Migration*, Geneva: International Organization for Migration.

———— 2008. *World Migration Report 2008: Managing Labour Mobility in the Evolving Global Economy*, Geneva: International Organization for Migration.

International Labour Organization (ILO) 2015. *The ASEAN Forum on Migrant Labour (AFML): Background Information Booklet*, Bangkok: ILO Regional Office for Asia and the Pacific.

Kitiarsa, Pattana 2005. "The "Ghosts" of Transnational Labour Migration: Death and Other Tragedies of Thai Migrant Workers in Singapore," in Beatriz P. Lorente, Nicola Piper, Shen Hsiu-Hua, and Brenda S. A. Yeoh, eds., *Asian Migrations: Sojourning, Displacement, Homecoming and Other Travels*, Singapore: Asian Research Institute: 194–222.

Lan, Pei-Chia 2005. "Surrogate Family, Disposable Labour and Stratified Others: Transnational Domestic Workers in Taiwan," in Shirlena Huang, Brenda S. A. Yeoh, and

Noor Abdul Rahman, eds., *Asian Women as Transnational Domestic Workers*, Singapore: Marshall Cavendish Academic: 210–232.

Law, Lisa 2010. "Defying Disappearance: Cosmopolitan Public Spaces in Hong Kong," in Anthony M. Orum and Zachary P. Neal, eds., *Common Ground?: Readings and Reflections on Public Space*, New York: Routledge: 129–142.

Lee, Yong Wook. and Hyemee Park 2005. "The Politics of Foreign Labor Policy in Korea and Japan," *Journal of Contemporary Asia*, 35(2): 143–165.

Lyons, Lenore 2009. "Transnational Imperatives in Singapore's Migrant Worker Rights Movement," *Critical Asian Studies*, 41(1): 89–112.

Martens, Margaret Hosmer 1994. "Migrant Women as Domestic Workers," in Margaret H. Martens and Swasti Mitter, eds., *Women in Trade Unions: Organizing the Unorganized*, Geneva: International Labour Office: 49–57.

Mekong Institute (MI) 2006. TrasnBorder Migration in the Greater Mekong Subregion.

————— 2007. Policy Dialogue Proceedings: Transborder Migration Policy Implementation and Monitoring: Its Effectiveness and Current Policy Gaps in the Greater Mekong Sub-Region Regional Policy Formulation Program.

————— 2009. End of Course Summary Report, Regional Training Course: Labour Migration Management in the Greater Mekong Sub-Region.

————— 2011. Proceedings: Experts' Meeting, Mekong Institute's Labor Migration and Care Program (2011–2013), Mekong Institute, Khon Kaen, Thailand.

Mekong Migration Network (MMN) 2013. *No Choice in the Matter: Migrants' Experiences of Arrest, Detention and Deportation*, Chiang Mai: Mekong Migration Network.

————— 2014. Bottom of ASEAN: Impact of Rushed Investment in "Last Frontier" Countries-Burma/Myanmar, Cambodia and Laos on Labour and Migration.

————— 2015. *Self-Care & Health Care: How Migrant Women in the Greater Mekong Subregion Take Care of their Health*, Chiang Mai: Mekong Migration Network.

Mekong Migration Network (MMN) and Asian Migrant Center (AMC) 2008. *Migration in the Greater Mekong Subregion: Resource Book: In-Depth Study: Arrest, Detention and Deportation*, Hong Kong: Mekong Migration Network and Asian Migrant Center.

————— 2009. *Migration in the Greater Mekong Subregion: Annotated Bibliography (Fourth Edition)*, Hong Kong: Mekong Migration Network and Asian Migrant Center:.

Menz, Geog 2013. "The Neoliberalized State and the Growth of the Migration Industry," in Thomas Gammeltoft-Hansen and Ninna Nyberg Sørensen, eds., *The Migration Industry and the Commercialization of International Migration*, New York: Routledge: 108–127.

Mittlelman, James H. 2000. *The Globalization Syndrome: Transformation and Resistance*, Princeton, N. J.: Princeton University Press（ジェイムズ・H・ミッテルマン著／田口富久治，松下冽，柳原克行，中谷義和訳『グローバル化シンドローム —— 変容と抵抗』法政大学出版局，2002 年）．

第 III 部 脆弱性の克服

Perera, Leon. and Tisa Ng. 2002. "First Steps: The Need to Do Something," in Constance Singam, Tan Chong Kee, Tisa Ng, and Leon Perera, eds., *Building Social Space in Singapore: The Working Committee's Initiative in Civil Society Activism*, Singapore: Select Publishing: 85–92.

Pollock, Jackie 2009. "ASEAN Stakholders and their Roles," presented at the 2nd ASEAN Forum on Migrant Labour, 30–31 July 2009, Bangkok, Thailand.

Portes, Alejandro. Luis E. Guarnizo. and Patricia Landolt 1999. "The Study of Transnationalism: Pitfalls and Promise of an Emergent Research Field," *Ethnic and Racial Studies*, 22(2): 217–237.

Rahman, Noor Abdul. Brenda S. A. Yeoh. and Shirlena Huang 2005. ""Dignity Overduetive" Transnational Domestic Workers in Singapore," Shirlena Huang, Brenda S. A. Yeoh, and, Noor Abdul Rahman, eds., *Asian Women as Transnational Domestic Workers*, Singapore: Marshall Cavendish Academic: 231–259.

RATS-W Team. and EMPOWER Foundation 2012. *Hit & Run: The Impact of Anti Trafficking Policy and Practice on Sex Worker's Human Rights in Thailand*, Chiang Mai: Empower Foundation.

Reisman, David 2009. *Social Policy in an Ageing Society: Age and Health in Singapore*, Cheltenham: Edward Elgar.

Samydorai, Sinapan. and Philip S. Robertson, Jr. eds. 2009. *Civil Society Proposal: ASEAN Framework Instrument on the Protection and Promotion of the Rights of Migrant Workers*, Singapore: Task Force on ASEAN Migrant Workers.

Sassen, Saskia 2007. *A Sociology of Globalization*, New York: W. W. Norton.

Solidarity for Asian People's Advocacy (SAPA) 2006a. Submission to the Eminent Persons Group on the ASEAN Charter, 17 April 2006, Ubud, Bali, Indonesia.

———— 2006b. Submission on the Economic Pillar for the Eminent Persons Group on the ASEAN Charter, 28 June 2006, Singapore.

———— 2006c. Submission on the Social-Cultural Pillar and Institutional Mechanisms to the Eminent Persons Group on the ASEAN Charter, 10 November 2006, Quezon City, Philippines.

———— 2007a. SAPA Charter of Principles, April 2007.

———— 2007b. Analysis of the ASEAN Charter, 18 November 2007.

———— 2009. Joint Position on the Perspectives & Strategies of Asian Migrants on the Global Economic Crisis, 25 February, 2009.

Spires, Robert W. 2015. *Preventing Human Trafficking: Education and NGOs in Thailand*, Farnham: Ashgate.

Surawanna, Tassanee 2011. "The Roles of Thai Labor Solidarity Committee and Alliances on the Movement for the Protection of Migrant Workers in Thailand," Kyoto Working Papers on Area Studies, No. 112: 1–19.

Swider, Sarah 2006. "Working Women of the World United?: Labor Organizing and Transnational Gender Solidarity among Domestic Workers in Hong Kong," in Myra Marx Ferree and Aili Mari Tripp, eds., *Global Feminism: Transnational Women's Activism, Organizing, and Human Rights*, New York: New York University Press: 110–140.

Task Force on ASEAN Migrant Workers (TFAMW) 2006. Civil Society-Trade Union: Position Paper on an ASEAN Instrument on the Protection and Promotion of the Rights of Migrant Workers, December 7, 2006.

———— 2008a. ASEAN Forum on Labour and Migration: Task Force Activities Reported, April 25, 2008.

———— 2008b. Statement of the Task Force on ASEAN Migrant Workers to the Ministers of Labour at the ASEAN Labor Ministers Meeting, April 30, 2008.

———— 2008c. Development of Engagement Mechanism between ASAN Committee for Migrant Workers and the Task Force on ASEAN Migrant Workers, November 25, 2008.

———— 2009a. First Civil Society Interface at ASEAN Summit, Includes TFAWM, February 28, 2009

———— 2009b. First Meeting of the ACMW on the Drafting of the ASEAN Instrument on the Protection and Promotion of the Rights of Migrant Workers, March 27, 2009.

———— 2009c. National Statement, Singapore National Consultation on the ASEAN Declaration on the Protection and Promotion of the Rights of Migrant Workers, April 16–17, 2009.

———— 2009d. Final CS ASEAN Framework Instrument on the Protection and Promotion of the Rights of Migrant Workers, May 12, 2009.

———— 2009e. Press Release, The ASEAN Framework Instrument for Migrant Workers Must be Legally Binding, Said Task Force on ASEAN Migrant, August 6, 2009.

———— 2009f. Recommendation to the ACMW Meeting in Chaing Rai Thailand, 28–29 September 2009.

———— 2010. Press Release, Draft Deadlocked over Key Issues, February 16, 2010.

———— 2011. Civil Society's Statement for the 4th ASEAN Forum on Migrant Labour, 24 October 2011, Bali, Indonesia.

———— 2012. Recommendations from the CSOs Preparatory Meeting for the 5th ASEAN Forum on Migrant Labour, 8 October 2012, Siem Reap, Cambodia.

Thanachaisethavut, Bundit 2007. *The Thai Labour Movement in 2007: Action and Development*, Bangkok: Friedrich-Ebert-Stiftung, Thailand Office.

The ASEAN Secretariat 2011. The 4th ASEAN Forum on Migrant Labour, 24–25 October 2011, Bali, Indonesia.

———— 2012. The 5th ASEAN Forum on Migrant Labour, 9–10 October 2012, Siem Reap, Cambodia.

Toyota, Mika 2005. ""Burmese" Housemaids as Undocumented Workers in Thailand," in

第 III 部　脆弱性の克服

Shirlena Huang, Brenda S. A. Yeoh, and Noor Abdul Rahman, eds., *Asian Women as Transnational Domestic Workers*, Singapore: Marshall Cavendish Academic: 288–304.

Transient Workers Count Too (TWC2) 2012. *Newsletter*, 7(2): 1–11.

Tseng, Yen-Fen 2004. "Politics of Importing Foreigners: Foreign Labour Policy in Taiwan," in Han Entzinger, Marco Martiniello, and Catherine Wihtol de Wenden, eds., *Migration between States and Markets*, Aldershot: Ashigate: 100–118.

Ueno, Kayoko 2014. "Strategies of Resistance among Filipina and Indonesian Domestic Workers in Singapore," in Emiko Ochiai and Kaoru Aoyama, eds., *Asian Women and Intimate Work*, Leiden: Brill: 239–262.

Ullah, AKM Ahsan 2010. *Rationalizing Migration Decisions: Labour Migrants in East and South-East Asia*, Farnham, Surrey: Ashgate Publishing.

Vungsiriphisal, Premjai. Siwaporn Auasalung. and Supang Chantavanich 1999. Report on Migrant Children in Difficult Circumstances in Thailand, Asian Research Center for Migration and Institute of Asian Studies, and Chulalongkorn University.

Wah, Joseph 2014. "ACMW is still Drafting the ASEAN Framework Instrument on the Protection and Promotion of the Rights of Migrant Workers," March 14, 2014 (http://aseanpeople.org/acmw-is-still-drafting-the-framework-on-the-protection-and-promotion-of-the-rights-of-migrant-workers/).

Wong, Mei Wei. and Rashad Yazdanifard 2015. "The Review of Challenges Foreign Workers Face in Construction Industry of Malaysia," *Global Journal of Management and Business Research*, 15(4): 13–16.

Yeoh, Brenda S. A. and Shirlena Huang 1999. "Spaces at the Margins: Migrant Domestic Workers and the Development of Civil Society in Singapore," *Environment and Planning*, 31(7): 1149–1167.

Yeoh, Brenda S. A. and Kavitha Annadhurai 2008. "Civil Society Action and the Creation of "Transformative Spaces" for Migrant Domestic Workers in Singapore," *Women's Studies*, 37(5): 548–569.

あとがき

　社会関係の中で営まれてきた親密性の労働が，親密圏の中では自己完結なしえなくなり，その社会化・市場化が生じた。そこに外国人労働者や結婚移民が「導入」されたのだが，その包摂のあり方は，受け入れ国の政策によってさまざまであった。「押し出された」ケアの担い手は，外部化が進展していないマレーシアにおける事例では家族・親族だったが，社会化が進んでいる日本では雇用労働者として，家族福祉が展開する国々では家内労働・結婚移民として接続された。性労働 —— 性愛一致の原則という意味においては親密圏で完結してきた —— にも，外国人が関わっている。このプロセスにあるのは，親密性の労働のアウトソーシングの正統化だ。こうした労働がもともと社会関係の中に埋め込まれていたとすれば，埋め込みからの取り出しには市場や政策の力が必要だということになる。そして，親密性の労働の再編成は今日に至るまで断続的に続いている。

　本書でも各章で取り上げてきたように，この親密性の労働が外部化される際の問題は，途上国女性へとそれが外部化・商品化される過程で，多様な移動のチャネルが形成され，ジェンダー，国籍，階級，シチズンシップによる脆弱性が作り出されてきた点である。この超克においては，受け入れ国政府／送り出し国政府それぞれの対応もさることながら，国家を超えた地域レベルでの取り組み，特に新たな公共圏の構築に向けた市民社会による試みが特筆される。また，ミクロな視点で国際移動する人々に着目すると，諸権利が強く制限された外国人家事労働者も自身の親密圏を不断に構築しつつ，コミュニティを形成している。そうして自ら地域に根差そうとする「主体」の挑戦もまた，彼女たちの脆弱性克服の可能性として見えてきた。

　本書の検討が始まったころ，東日本大震災が起こった。これを機に，日本における人の国際移動についていくつか重要な変化があったので，ここではそれを取り上げたい。大震災後の被災地では，失業した結婚移民に対する職業支援が本格的に始まった。特にNGOによる介護の職業訓練は，彼女たちの職業の選択肢を増やした。当時，沿岸部の被災地では，第一次産業やパブなど，資格を必要としない職業に従事する結婚移民が多かった。介護は無資格でも就労が可能だが，従来は「外国人である」ことを理由に，結婚移民の介護従事への道はほとんど閉ざされていたのだ。外国人を対象とした研修は

299

気仙沼や南三陸町などで実施されたが，これを通じて今日まで就労している外国人被災者もいる。

こうした社会統合のあり方について，「アジア人女性はケアに向いている」という言説に従って彼女たちをケアに従事させるのは不適切だと，批判的な声もある。実際に，外国人女性を特定の枠組みに閉じ込めておく懸念もある。他方で，従来と比べて彼女たちの職業の選択肢が増えたのも事実である。筆者の聞き取りにおいて，「かいごではたらくははおやのすがたをこどもにみせたい」と記したフィリピン人居住者がいた。彼女はエンターテイナーを経て配偶者として来日し，NGO の支援で介護を学んだ 1 人であった。すでに定着している外国人住民の就労は，職業選択の自由があるにもかかわらず限定的であり，派遣業者に登録するか，あるいはパブなどの飲食業に従事するかしかない者も多い。多様な選択肢が，彼女たちが社会で活躍できる基礎となるのだ。外国人住民の生活保護受給が批判されるなかで，労働市場で活躍できるケイパビリティを強化する支援を充実させるのは，本人のためにも，人口減少社会においても好ましい。

2008 年に始まった経済連携協定（EPA）に基づく看護師・介護福祉士も，この間に大きく変わった。四面楚歌で開始されたこのスキームも，最近では学習支援体制が充実し介護福祉士の合格率が半数を超えるようになった。「外国人看護師・介護福祉士候補者は職場にも好影響を与えている」といった意見が多く寄せられ，多様性の良さが徐々に発揮されるようになってきた。

国籍法の改定により，日本人とのあいだに生まれ，これまで海外在住で認知されてこなかった子ら（新日系人）の日本定住も進みつつある。子を持つ親としての責任を負うのは当然であり，この改定の意義は大きいが，これには市民団体による支援が大きな影響力を及ぼした。「多文化」の法的枠組みがないなかで，こうした変化がもたらされたことの意義を評価したい。

親密圏をめぐる移動のチャネルは複雑さを増してきた。安倍政権下で，特区制度において外国人による「家事労働」の就労が認められるようになった。また，留学を通じて介護福祉士を取得した場合には，「介護」の在留資格が与えられることになった。技能実習制度にも，「介護」の枠が設けられた。これらは，明示的ではないにせよ，介護保険制度の維持を前提として海外からの人材を確保するという流れである。換言すれば，こうした海外人材の受け入れは，福祉国家を維持するための人材補てんなのだ。

以上のような親密性の労働に従事する外国人のチャネルの多様化について，一見すると，多様な人々で支える社会へと一歩一歩進んでいるようにも思える。しかし，必ずしもそうではない。親密性をめぐる人の国際移動は，

あとがき

減少することなく増え続けているという意味において，また不可視化された
領域において伸展しているという点において「静かな増大」だが，他方で親
密性の労働が外部化される際のアレルギー —— 身体性と侵入性に関わる拒
否反応 —— が見られるのもまた事実だ。

「多文化社会」とよく言うが，その法的根拠は未だ存在しない。そもそも
日本政府は「移民」という言葉を使わないことからもわかる通り，実態と制
度は大きくかい離している。例えば，ほとんど普遍的には実施されていない
日本語教育や職業訓練については，より多くの機会を提供すべきで，経済的
に自立できる基盤として整備が必須だ。技能実習の「介護」や，経済連携協
定の介護福祉士は短期滞在型の枠組みだが，日本語の厳しい要件が課される
一方で，日本に定着している外国人住民に対する支援は乏しい。ちぐはぐな
社会統合政策である。

新日系人（Japanese Filipino Children: JFC）が来日する際，その母親は介護
職に従事する事例が多い。NGO による支援なしで入国する場合には，夜間
保育に通えるよう，パブなど夜の仕事に就く者もいる。逆説的だが，高所得
で保育サービスを確実に利用できるのは，水商売なのである。生活保護に頼
らなくても生きていける選択肢は限られている。日本語学習の経験がないの
で，書き言葉はほとんどできない。自立が自己の努力を超えたところに存在
すると，それは本人にとっても社会にとっても好ましいとは言えない。

留学や技能実習制度の詳細は省くが，いずれの場合も来日に際して借金を
抱える傾向が強い。教育を担う日本語学校による留学生のリクルートが活発
だが，経済的な見通しが十分でないことも多く，費用や授業料の前借金の返
済ができずに学業がおろそかになって帰国する「自己破産」のケースが，介
護でも出てきた。技能実習制度も同様で，保証金の取り立てなどが事実上，
法令や業界での取り組みでは規制できておらず，彼女たちの脆弱性を強化し
ている。

こうした短期滞在型で，かつ来日時の借金がある意味で制度化されている
と，債務奴隷化したあげく逃亡につながる可能性が高い。非合法空間へ逃げ
込むと，なかなかそこから抜け出せないまま性労働と関連付けられることも
多く，予期しなかったライフコースをたどることになる。近年の制度改革に
おける留学と技能実習 —— いずれも「介護」—— は，多様な人々で支えられ
る社会を演出しつつ，その実態は時代に逆行したものだ。そもそも留学も技
能実習も，労働者確保のための制度ではない。したがって，働き手を期待す
る現場とはかい離しており，そこからさまざまな齟齬が生じる。借金と逃亡，
非合法空間での彷徨の可能性は，ケアをめぐる制度が抱える，不完全な労働

301

者性やシチズンシップの問題を強化させかねない。

このケアの担い手不足の時代においては，やはり生産と再生産のバランスの見直しが必須だろう。性役割分業，雇用慣行，ワークライフバランス，ケアの有償労働にかかわる労働者性，そしてシチズンシップのあり方の改革である。介護離職が10万人に達するなかで，すべての人がケアを提供しケアにアクセスできる，またそれを多様なケア従事者が支える，そういう社会システムの構築が必要となる。外国人の雇用は，その選択肢の1つでしかないと認識すべきだ。

なお，本書の著者の多くが，社会活動を通じて移民や外国人労働者とかかわりを持っている。それぞれの論文は，そうした社会活動を通じて形成されたものでもある。市民団体による支援活動はまた，現状を認識するうえで格好の素材となる。そこでは制度の有難さ・齟齬・不在を体感できるし，現実に向き合うことで将来像も垣間見える。特に日本では，多文化や移民に関する基本法がなく，法的枠組みが脆弱なため，市民団体による活動が活発だ。したがって市民セクターの果たす役割も大きく，そういう意味では相互扶助的コミュニティが制度の欠落部分を補っているとも言える。しかし，「コミュニティ」は公的役割を補完することはできるが，代替にはなりえない。本書では，法的に担保されるべき案件が多く存在していることも指摘してきた。福祉の生産の母胎として，国家やコミュニティや親密圏はせめぎあうのではなく，補完しあうことが重要だ。

最後に，本書のきっかけは落合恵美子先生（京都大学大学院文学研究科）が代表者を務められたGCOE「親密圏と公共圏の再編成をめざすアジア拠点」であった。本書は，その際の研究会の成果である。この場をお借りして，感謝を申し上げたい。刊行にあたっては，京都大学学術出版会の鈴木哲也編集長ならびに國方栄二氏に大変お世話になった。お二人には，タイトルや各章の構成を始め細部に至るまでご意見をいただいた。厚くお礼を申し上げる。いくつかの論文については大幅な変更があったため，左海陽子氏に力をお借りした。

本書は，当初の予定より大幅に遅れての刊行となった。各方面にご迷惑をおかけしたことを心よりお詫びする。本書の執筆者に対しては，情報のアップデートをお願いせざるを得なかったが，それが叶い，人の国際移動にかかる最新の知見を盛り込めたのは僥倖である。深謝したい。

安里和晃

索　引

［A–Z］

AMC　271
ASEAN　移民労働者委員会　276
ASEAN　移民労働者作業部会　273
ASEAN　移民労働者フォーラム　276
ASEAN　経営者連盟　282
ASEAN　三者プロジェクト　282
ASEAN　投資地域　273
ASEAN　メコン川流域開発協力構想　283
ASEAN　労働組合会議　282
Brexit　1
DV　69
JFC　160, 164, 167, 176
LTCIE 制度　104, 108, 113, 117, 123
LTCIE 法の全面改正を求める合同対策委員
　　会　117
MCA 公共サービスおよびクレーム部　198
NEP　199
Partnership for an Active Community　267

［ア行］

アイデンティティ・キット　231
アイデンティフィケーション　67
アジア移民センター　262
アジア移民調整委員会　262
アジア移民フォーラム　271
アジア開発銀行　283
アジア家事労働者組合　262
アジア太平洋女性・法・開発フォーラム
　　271
アジア農村人材開発パートナーシップ　272
アジアのエイズと人口移動に関する行動調査
　　調整機構　271
アジア民衆政策提言連帯　272
斡旋団体　170, 183
安親班　133-134, 137
安定　64
育児　151
移住家事労働者　219
移住女性のエージェンシー　95
一種の社会運動ユニオニズム　254

移動の女性化　161
移動の制度論　160
移民エンパワーメントハウス　264
移民経済のための人道的組織　268
移民支援プログラム基金　269
移民の権利のための連合　262
移民のためのアクションネットワーク　269
移民のための人権立法連合　265
移民レジーム　38
移民労働　247
　　――者（補足規定）条約（第 143 号）　259
　　――者条約（改正）（第 97 号）　259
　　――者の権利の保護と促進に関する
　　　　ASEAN 宣言　276
　　――者のための ILO 行動計画　248
　　――者パストラルケア大司教区委員会
　　　　267
　　――者ミッション　261
　　――とケアプログラム　287
　　――の女性化　184
インドネシア女性移民組合　262
インフォーマル・エコノミー　253
エージェンシー　39, 41, 52, 92, 95-96,
　　223-224
越境家族　183
エンターテイナー　28, 40, 161
　　――ビザ　83
大メコン圏　283
親孝行　22
オルタナティブ地域主義　249, 256, 273

［カ行］

海外雇用機構（POEA）　83
階級　54
介護　15
　　――施設　14, 134
　　――保険　23-25.39
　　――労働　23, 176
外国人介護労働者　139
外国人家事労働者　14, 21, 163
　　――法　267

索　　引

外国人雇用法（Employment of Foreign
　　Manpower Act）　222
外国人花嫁　251
外国人労働者　130, 195
階層　122, 132, 146, 162
　　――化　55-57, 65
改定入管法　64
外部化　15
学縁　186
家事　13-14, 154
　　――服務法推動連盟　265
　　――労働　162
　　――労働者　20-22, 39
　　――労働者条約（第189号）　261
家族　184, 188
　　――介護手当　23
　　――ケア　25
　　――再統合　185
　　――主義　21, 25, 123
　　――主義（的）福祉レジーム　16, 30, 32,
　　　　38, 102
　　――直結型　40
　　――賃金　60
　　――統合　41
　　――の再統合　171
　　――の情緒化　16
家庭内暴力　69
家庭内療養保護士　112
家庭内労働　129
　　――者　108
ガバナンス　256
カリタス・タイ　269
韓国　103
　　――人女性ケアワーカー　121
　　――におけるケア労働市場　122
看護師・准看護師　141
監護養育　64
感情的紐帯　213
看病人　24-25, 115
疑似的な福祉　20
希望労働者センター　264
教育　31-32, 97, 114, 145, 168, 181-183,
　　270, 278
行政院労工委員会　264
強制労働条約（第29号）　260
強制労働廃止条約（第105号）　260

近代家族　17, 27, 31, 33, 60
グローバリゼーション　247
ケア　2, 13-15, 19-26, 39-44, 66, 83,
　　161-163, 185-186, 219-220
　　――・ドレイン　220
　　――ギバー（caregiver）　176
　　――チェーン　26
　　――の国民化　24
　　――の質　118
　　――の商品化　13
　　――の脆弱性　38
　　――の脱家族化　103
　　――放棄　28
ケア労働　103, 162
　　――市場　123
　　――の再家族化　123
　　――の社会化　123
　　――の脱女性化　22, 42, 203, 123
ケアワーカー　117
経済的交換　18
経済連携協定（EPA）　15, 24, 34, 159
経路依存性　57
結婚　4
結婚移民　39, 121, 142, 163
　　――女性　122, 147
結社の自由および団結権保護条約（第87号）
　　260
賢人会議　274
現代の性奴隷制　84
現代の奴隷制作業部会　84
高級作業部会　274
興行　163, 165
　　――ビザ　14, 33-34, 165
　　――労働者　66
交渉の主体としての女性　241
公的扶助　70
高度人材　29, 248
高齢者介護保険制度　110
高齢者ケアワークの脱家族化　118
高齢者長期介護制度　123
高齢者の介護　134
国際移住機構　280
国際移動の女性化（feminization of migration）
　　219
国際結婚　14, 30, 142, 162
国際建設林業労働組合連盟アジア太平洋

272
国際公務労連アジア太平洋　272
国際商品化　21, 34
国際レジーム　261
国際労働機関　259
国籍　166
　──取得　175
国民戦線　198
国連越境組織犯罪防止条約　84
国家移民局　265
国家共同体　22
国家コーポラティズム　266
国家三者予備会合　282
国家のモラルエコノミー　63
子どもの教育　187-188
コミュニティ　40
　──・ユニオン　254
　──化　17
雇用法 Employment Act　222
娯楽に従事する女性保護のための教育手段
　270

[サ行]
最悪の形態の児童労働条約（第 182 号）　260
再帰的な自己　240
再形成　27
再生産役割　62
再生産労働　16, 18, 161, 193, 215, 249
　──の国際分業　162
在宅ケアセンター　108
最低年齢条約（第 138 号）　260
在日国際結婚女性　50
再分配　22
債務奴隷化　30, 42, 179
蔡英文　156
差別待遇（雇用及び職業）条約（第 111 号）
　260
サポート地獄　105
三者構成主義　280
支援型のケア　123
ジェンダー　54, 162
　──化　18, 23, 27, 34
　──化されたシステム　63
　──化されたモラルエコノミー　64
　──構造　61
　──平等　12, 21, 26, 33, 37

　──役割　69
仕送り　42, 151
自己実現　171
市場化　19
施設ケアセンター　108
シティズンシップ　39-42, 53-54
シビル・ガバナンス　249, 290
シビル・レギュラシオン　35, 43, 249, 256,
　290
市民社会　253
　──アクター　256, 271, 279, 289
市民的公共圏　35, 253
社会運動（社会的）ユニオニズム　270, 290
社会的交換　16-19, 23, 28-29
社会統合政策　32, 35
社会保障制度　122
じゃぱゆき（さん）　59, 161
周縁化　71
自由主義的地域主義　44
自由恋愛　29
就労訪問制度　107, 120
出生後認知　36, 73
上昇婚　33
生の安全性　74
生の可能性　70
商品化　15, 38
情報　187
女性親族間関係　213
女性に対する雇用機会の増大　122
女性の移動労働　185
女性の労働力率　200
シングルマザー　71
新経済政策（New Economic Policy: NEP）
　197
人権と発展のためのアジアフォーラム　272
人材省　267
人種　54
新自由主義　155, 247
　──型地域主義　247-248
人種化　58
人種関係　58
人身取引禁止議定書　84
人身取引禁止行動計画　84
人身取引報告書　85
親密圏　13, 38, 221
　──構築　28

305

索　　引

——の再編成　15-16
親密性
　——の期待　183
　——の再編　43
　——の搾取　28
　——の労働（親密な労働）　7, 15-16, 159,
　　162, 180, 187
ステイクホルダー　279
スティグマ化　53
スティグマの内面化　90
ステラ・マリス国際サービスセンター　264
ステレオタイプ　69
全ての移民労働者とその家族の権利に関する
　　国際条約　259
住み込み　4
生後認知　175
生産労働　18
脆弱性　35, 69
生存戦略　194
性的家族　73
性的シティズンシップ　65
性の商品化　13
性別分業　59
性役割分業　16, 129, 163
性労働　162
世代別分業体制　26
セックスワーカー　161
セブ宣言　276
全国カトリック移民委員会　269
選択肢の下方限定　90
送金　185
相互扶助　22, 213
贈与論　17
ソシエタル・パラダイム　255
組織的人身取引　83

[タ行]
タイ・カトリック司教会議　269
退役軍人　143
対抗的ヘゲモニー　35, 255
第三世界ネットワーク　273
タイ女性グループ　262
第二 ASEAN 協和宣言　273
代理子　21, 28
代理母　28
タイ労働連帯委員会　270

台湾移民エンパワーメントネットワーク
　　265
台湾インドネシア人移民労働者連合　264
台湾カトリック移住政策提言　265
台湾草の根女性労働者センター　264
台湾国際労働者協会　264
立場性の理論（Standpoint Theory）　80
脱家族化　22, 38
脱市場化　17
脱商品化　22
脱女性化　41, 118
多文化共生政策　36
多民族国家　195
誰が子どもをケアするのか　132
団結権および団体交渉権条約（第 98 号）
　　260
単純労働　163
　——者　252
地縁　186
中国大陸出身の移民女性　148
中国朝鮮族　107
長期ケア　110
　——サービス法　156
朝鮮族　23-25, 107, 119, 121
賃金労働　22, 215
付添婦　23-24, 139
ディーセント・ワーク　288
低学歴化　183
定住者　69
出稼ぎ　162, 184
伝統的相互扶助組織の現代的展開　198
同一報酬条約（第 100 号）　260
東南アジア諸国からの結婚移民　122
東南アジア政策提言委員会　272
逃亡　68
特定の場の知識（local knowledge）　80
共住　213
トランスナショナル　67
　——な母親業　185
　——なライフコース・パースペクティブ
　　236
トンボイ tomboy　239

[ナ行]
内外価格差　34
ナニー　132, 137

索　引

難民危機　1
2 週間ルール　257
二重（の）役割　60, 150
日本語　30, 42, 180-181, 188
　　──教室　182
日本国籍　182
入管法　32, 41, 64-65, 84, 87, 93, 183
ネオ・マルクス主義　255
ネットワークの喪失　90
農村花嫁　51, 165
ノンエリート女性　61

[ハ行]
パッケージ化　183
花嫁　31, 41, 49, 52, 62, 165
ハノイ行動計画　273
母親　30, 167
　　──業　186
非営利組織　253
ビエンチャン行動計画　274
非介入主義　32
非市場領域　16, 18
非熟練移住労働者　65
非熟練労働者　247
非正規滞在　69
非政府組織　253
人手不足　160
人の移動　20-21, 171
平等　33, 66
フィリピン移民労働者組合　262
フィリピン継続的開発プログラム　266
フォーカス・オン・ザ・グローバル・サウス
　　273
フォーディズム　249
複合社会　196
福祉国家　25
不就学　183
プッシュ・プル要因　171, 251
不法残留者　79
　　──半減計画　85
不法滞在者　79
不法労働者　148
ブミプトラ　195, 197
プランテーション経営　196
ヘゲモニー　255
ベトナム人女性　149

弁証法　55
包摂　40, 65
包摂／排除　54-55
法的シティズンシップ　64
母子関係　73
ポスト・フォーディズム　249
ポスト・マルクス主義　255
母性愛　16, 193
母性規範　201
保姆　206-208, 212-213
香港フィリピン人連合　261

[マ行]
マレーシア華人　193, 215
　　──公会　198
マレー人　196
ミドルクラス　60
民間職業仲介事業所条約（第 181 号）　260
民衆中心的地域主義　256
民族集団　195
民族暴動（racial riots）　196
無産階級　54
無徴化　59
メーソート　269
メコン移民労働者ネットワーク　284
メコン川委員会　283
メコン川下流域調査調整委員会　283
メコン機構　283
メコン地域　249, 283
モラルエコノミー　62-63

[ヤ行]
ヤン・チ・ウゥ労働者協会　269
有徴化　59
輸出志向型産業　63
ユニオン・ネットワーク・インターナショナ
　　ル・アジア太平洋地域組織　272
養育　36, 202
養老　212
嫁　23, 61
　　──不足　51, 165

[ラ行]
ラブ・ゲイン　241
ラポール　167
離職率　177

307

索　　引

リベラリズム　66
良妻賢母　31
療養保護士　41, 114, 118, 123
　　──教育　120
ルーツ　172
レギュラシオン　255, 283

労働市場の二重化　41
ロマンチックラブ　16

[ワ行]
ワーキング・コミッティ　267
ワーキング・コミッティ2　267

執筆者紹介 (執筆順, [ ] は担当章)

安里和晃 (あさと わこう) [編者, 第 1 章]

京都大学文学研究科文化越境専攻准教授

主な著訳書:「移民レジームが提起する問題 —— アジア諸国における家事労働者と結婚移民」(『季刊社会保障研究』51 (3-4), 2016 年);「経済連携協定を通じた海外人材の受け入れの可能性」(『日本政策金融公庫論集』30, 2016 年); "Incorporating Foreign Domestic Workers as Providers of Family Care: Case Studies of Hong Kong, Taiwan and Singapore", in Ochiai, Emiko and Leo Aoi Hosoya ed., *Transformation of the Intimate and the Public in Asian Modernity*, 2014, Brill; "Nurses from Abroad and the Formation of a Dual Labor Market in Japan", *Southeast Asian Studies*, 49(4), 2012;『労働鎖国ニッポンの崩壊』(編著, ダイヤモンド社, 2011 年)。海外講演については, OECD, アジア開発銀行, 厚生労働省など多数。フィリピン政府在外フィリピン人委員会, フィリピンの NGO, 京都市内の小中学校などと連携したフィリピン系移民に対する支援を実施する。2014 年, フィリピン大統領賞受賞。

髙谷 幸 (たかや さち) [第 2 章]

大阪大学大学院人間科学研究科准教授

主な著訳書:『追放と抵抗のポリティクス —— 戦後日本の境界と非正規移民』(ナカニシヤ出版, 2017 年),「近代家族の臨界としての日本型国際結婚」(大澤真幸編『岩波講座現代 9 身体と親密圏の変容』岩波書店, 2015 年);「〈親密圏〉の構築 —— 在日フィリピン人女性支援 NGO を事例として」(『社会学評論』62(4), 2012 年)

青山 薫 (あおやま かおる) [第 3 章]

神戸大学大学院国際文化学研究科教授

主な著訳書:*Asian Women and Intimate Work*, eds. with Ochiai, E., Brill, 2014; *Thai Migrant Sex Workers from Modernisation to Globalisation*, Palgrave/Macmillan, 2009;『「セックスワーカー」とは誰か —— 移住・性労働・人身取引の構造と経験』(大月書店, 2007 年)

李 恵景 (イ・ヘギョン) [第 4 章]

培材大学校公共政策学部教授 (Professor, Dept. of Public Policy, Pai Chai University)

主な著訳書:*Immigration Policy*, Seoul: Park Yong Sa, 2016 (Lee, Hye-Kyung, et. al, in Korean) (이혜경, 이진영, 설동훈, 정기선, 이규용, 윤인진, 김현미, 한건수 (2016) [이민정책론] 박

영사); "The Labor Market Integration of Migrants in S. Korea: A Comparison by Ethnicity or Source Country", in *APPI Working Paper Series*, 2017; "Research Trends in International Migration and Multicultural Studies in S. Korea", *Korean Society*, 15(1) (in Korean) (이혜경 (2014) "국제이주·다문화연구의 동향과 전망"『한국사회』15(1)), 2014; "Employment and Life Satisfaction among Female Marriage Migrants in South Korea" Asian and Pacific Migration Journal, 22(2), 2013; "Preference for Co-ethnic Groups in Korean Immigration Policy: A Case of Ethnic Nationalism?" *Korea Observer*, 41(4), 2010.

王　宏仁 (ワン・ホンゼン)［第 5 章］

国立中山大学社会学部教授 (Professor at the Department of Sociology, National Sun Yat-sen University)

主な著訳書："Discourses on Non-conforming Marriages: Love in Taiwan", in *International Journal of Japanese Sociology*, (co-authored with Mei-hua Chen), 2017；『巷 子 口 社 會 學 (*Streetcorner Sociology in Taiwan*)』台北：大家出版社，2014; "Becoming a Migrant in Asia: Evidence from Vietnamese Peasants' Emigration", *Pacific Affairs*, 86(1) (co-authored with Daniele Belanger), 2013; *Politics of Difference in Taiwan*. London and New York: Routledge. (co-editor with Tak-wing Ngo), 2011.

左海陽子 (さかい　ようこ)［第 4 章翻訳，第 5 章翻訳・編集］

京都大学野生動物研究センター・特定職員／京都造形芸術大学文明哲学研究所・客員准教授

主な著訳書：「フェミニズムにおける「私」と「公」のダイナミクス」(古谷野郁・左海陽子訳)，落合恵美子編『親密圏と公共圏の再編成 —— アジア近代からの問い』京都大学学術出版会，2013;「フェミニズムとジェンダー政策の日独比較論」(山本耕平・左海陽子訳)，落合恵美子・橘木俊詔編著『変革の鍵としてのジェンダー —— 歴史・政策・運動』ミネルヴァ書房，2015

原めぐみ (はら　めぐみ)［第 6 章］

和歌山工業高等専門学校総合教育科助教

主な著訳書：「表象としての女性」(共著, 宮原曉編『東南アジア地域研究入門 2　社会』, 慶應義塾大学出版会，2017 年)；"Japan as a Land of Settlement or Stepping stone for 1.5-generation Filipinos", in Itaru Nagasaka and Asuncion Fresnoza-Flot eds, *Mobile Childhoods in Filipino Transnational Families: Migrant Children with Similar Roots in Different Routes*. London: Palgrave, 2015 (co-authered with Takahata Sachi)；「フィリピン人 —— 「主婦」となった女性たちのビジネス」(共著，樋口直人編『日本のエスニック・ビジネス』，世界思想社,

執筆者紹介

2012 年）

櫻田涼子（さくらだ　りょうこ）［第 7 章］

育英短期大学現代コミュニケーション学科准教授

主な著訳書：『食をめぐる人類学 —— 飲食実践が紡ぐ社会関係』（編著，昭和堂，2017年），「越境する『故郷の味』—— オーストラリアにおけるマレーシアの飲食文化の展開」（阿良田麻里子編『文化を食べる，文化を飲む —— グローカル化する世界の食とビジネス』，ドメス出版，2017 年）；『「華人」という描線 —— 行為実践の場からの人類学的アプローチ』（編著，風響社，2016 年）；*Rethinking Representation of Asian Women: Changes, Continuity, and Everyday Life*（編著，Palgrave-Macmillan 2016）

上野加代子（うえの　かよこ）［第 8 章］

徳島大学大学院総合科学部教授

主な著訳書：『国境を越えるアジアの家事労働者』（世界思想社，2011 年）；「福祉の研究領域における構築主義の展開」（『社会学評論』269 特集号，2017 年）；「『児童福祉から児童保護へ』の陥穽 —— ネオリベラルなリスク社会と児童虐待問題」（『犯罪社会学研究』41，2016 年）；『児童虐待の社会学』（世界思想社，1996 年）

五十嵐誠一（いがらし　せいいち）［第 9 章］

千葉大学大学院社会科学研究院准教授

主な著訳書：『東アジアの新しい地域主義と市民社会 —— ヘゲモニーと規範の批判的地域主義アプローチ』（勁草書房，2018 年），*The New International Relations of Sub-Regionalism: Asia and Europe*（co-edited with Hidetoshi Taga, Routledge, forthcoming），『民主化と市民社会の新地平 —— フィリピン政治のダイナミクス』（早稲田大学出版部，2011 年），「市民社会」（山本信人編『東南アジア地域研究入門 3 政治』，慶應大学出版会，2017 年），「フィリピンにおける新たな政軍関係の展開 ——『市民的文民統制』は可能か」（酒井啓子編『途上国における軍・政治権力・市民社会 —— 21 世紀の「新しい」政軍関係』，晃洋書房，2016 年），「東アジアの市民社会と新自由主義グローバリゼーション —— オルタナティブな東アジア共同体に向けて」（三宅芳夫・菊池恵介編『近代世界システムと新自由主義グローバリズム —— 資本主義は持続可能か？』，作品社，2014 年），"The Developing Civil Public Sphere and Civil Society in East Asia: Focusing on the Environment, Human Rights, and Migrant Labor"（Emiko Ochiai and Hosoya Leo Aoi, eds., *Transformation of the Intimate and the Public in Asian Modernity*, Brill, 2014）

変容する親密圏／公共圏　13
国際移動と親密圏
── ケア・結婚・セックス

© W. Asato 2018

2018 年 1 月 25 日　初版第一刷発行

編　者　　安　里　和　晃

発行人　　末　原　達　郎

発行所　　京都大学学術出版会

京都市左京区吉田近衛町 69 番地
京都大学吉田南構内（〒606-8315）
電　話（075）761-6182
FAX（075）761-6190
URL　http://www.kyoto-up.or.jp
振　替　01000-8-64677

ISBN 978-4-8140-0072-2
Printed in Japan

印刷・製本　㈱クイックス
定価はカバーに表示してあります

本書のコピー，スキャン，デジタル化等の無断複製は著作権法上での例外を除き禁じられています。本書を代行業者等の第三者に依頼してスキャンやデジタル化することは，たとえ個人や家庭内での利用でも著作権法違反です。

シリーズ　変容する親密圏／公共圏

※継続刊行中，定価は税別

第 1 巻　親密圏と公共圏の再編成
　　　　── アジア近代からの問い ……………落合恵美子 編　3,600 円

第 2 巻　アジア女性と親密性の労働
　　　　………………………落合恵美子・赤枝香奈子 編　3,600 円

第 3 巻　絵画と私的世界の表象 ………………中村俊春 編　4,000 円

第 4 巻　コリアン・ディアスポラと東アジア社会
　　　　………………………松田素二・鄭根埴 編　3,600 円

第 5 巻　往還する親密性と公共性
　　　　── 東南アジアの宗教・社会組織にみるアイデンティティと生存
　　　　………………………………………黄蘊 編　3,000 円

第 6 巻　モダニティの変容と公共圏
　　　　………………………………田中紀行・吉田純 編　3,400 円

第 7 巻　東アジアの労働市場と社会階層
　　　　………………………………………太郎丸博 編　3,200 円

第 8 巻　セクシュアリティの戦後史
　　　　………………小山静子・赤枝香奈子・今田絵里香 編　4,000 円

第 9 巻　競合する家族モデル論
　　　　………………ライカイ・ジョンボル・ティボル 著　3,800 円

第 10 巻　男子の権力 ………………………片田孫朝日 著　3,800 円

第 11 巻　承認欲望の社会変革
　　　　── ワークキャンプにみる若者の連帯技法
　　　　………………西尾雄志・日下渉・山口健一 著　3,400 円

第 12 巻　せめぎ合う親密と公共 ── 中間圏というアリーナ
　　　　………………………………秋津元輝・渡邊拓也 編　4,200 円

第 13 巻　国際移動と親密圏 ── ケア・結婚・セックス
　　　　………………………………………安里和晃編　4,200 円